세상은 온통 "능력주의"로 뒤덮여 있는 듯 보인다. 능력주의가 지닌 긍정적인 면이 많지만, 부작용도 적지 않다. 능력주의에 대한 우려와 비판의 목소리가 커가고 있는 현실에서 일곱 명의 기독교윤리학자가 이 책에서 대안을 모색하고 있다. 독자들은 아마도 나처럼 책을 읽기 시작한 순간부터 깨달음의 기쁨과 새로운 소명감이 살아나는 경험을 하게 될 것이다. 보다 더 공정한 세상을 위해 기도하며 애쓰는 모든 그리스도인이 꼭 읽었으면 좋겠다는 마음으로 이 책을 적극 추천한다.

김경진 | 소망교회 담임목사

기독교윤리학이란 "우리의 삶을 하나님의 뜻에 비추어 비판적으로 반성하며, 하나님 나라에 잇대어 개인의 삶과 사회 실현, 즉 기독교적 문화 형성을 위해 힘쓰는 학문"이라고 정의할 수 있다. 특히 21세기 초반 우리의 삶을 사회윤리학적 관점에서 비판적으로 반성할 때 기독교사회윤리학이 우선 다뤄야 할 과제는 메리토크라시(능력주의)다. 기독교윤리학자들이 메리토크라시에 대해 다양한 학제 간의 연구를 소개하며 신학으로서의 기독교윤리학적 해석과 대안을 제시했다는 점에서 이 책은 의미와 가치를 지닌다.

우리는 이 책에 실린 다양한 글을 통해 능력주의에 대한 사회학적·철학적·법적·경제적·여성적 관점을 포함한 정치적 함의에 대해서도 폭넓은 이해를 얻을 수 있다. 그러나 이 책은 무엇보다 기독교윤리학적인 관점에서 메리토크라시에 대한 분석과 통찰, 이에 한발 더 나아가 과감한 대안 사회를 제시함으로써 사회에 공헌한다. 예컨대 민주주의, 특히 대의민주주의의 한계로서의 메리토크라시, 메리토크라시를 정당화하는 맥락으로서의 신자유주의 등에 대한 통찰은 그리스도인들이 이 시대를 책임 있는 신앙인으로 살아가도록 지평을 넓혀 준다. 자본주의와 개신교 윤리의 역사적 관계성에 대한 비판적 성찰과 그에 기반한 현대 금융 자본주의에 대한 급진적 비판과 대안 모색은 핵심적인 주제임과 동시에 매우 도전적인 과제다. 이와 함께 사회적 불평등을 완화할 수 있는 구체적 방법으로서의 법의 역할과 교육을 통한 역량 강화를 주장하는 것도 주목할 만하다.

무엇보다 이 책은 이 시대 우리 사회, 특히 젊은이들이 고민하고 힘겨워하는 주제를 통전적으로 분석하고 이해할 수 있도록 돕는 역할을 한다는 점에서 환영받을 만하다. 나아가 이 책의 저자들은 개인적 삶의 문제가 곧 사회구조적인 차원과 밀접한 관계를 맺고 있음을 명료하게 인식할 수 있게 도와준다는 점에서 기독교윤리학자들다운 역할을 책임 있게 수행한 것으로 평가받을 수 있다. 그들은 주제에 대한 분석과 이해를 넘어 성서적 비전에 근거한 대안 사회의 내용과 방향성을 제시하고 있다. 따라서 이 책은 이 시대를 아파하는 신앙인들에게 독서에 참여하고 토론하며 공감하고 결단하고 나아가 대안 사회를 형성하는 일에 동참하라는 초대장이라 할 수 있다. 시대의 아픔에 동참하는 성숙한 신앙인들에게 이 책을 절절한 마음으로 추천한다.

임성빈 | 한국기독교학회 회장, 장로회신학대학교 전 총장

하나님 나라를 그려주는 달란트 비유, 포도원 품꾼의 비유, 청지기 비유, 탕자의 비유에 흐르는 원리는 은혜다. 은혜의 특성은 무자격, 과분함 그리고 심지어 어떤 면에서는 불공평함이다. 반면에 세상의 원리는 공로다. 능력주의는 공로의 횡포(The Tyranny of Merit)로서 권리와 오만과 남용으로 치닫기 쉬운 위험한 사상이다. 더구나 능력주의는 "공정하다는 착각"에 빠져 승자에게는 교만을 패자

에게는 굴욕감을 안겨준다. 종교개혁의 정신은 공로가 아니라 은혜인데, 번영 신학 같은 능력주의 신학이 개혁교회에서도 여전히 영향력을 행사하고 있다. 차제에 신학자들이 능력주의의 문제를 신학, 사회, 정치, 교육, 경제 전반에 걸쳐서 7개의 논문으로 심도 있게 연구한 것은 종교개혁 정신의 현대적 적용이다. 이 책의 저자들은 한국 사회에 만연한 능력주의의 문제점들을 지적할 뿐 아니라 해결책까지도 구체적으로 제시하고 있다. 실력 위주의 자본주의 체제는 사회를 불평등과 양극화와 무한 생존 경쟁으로 인해 공멸하는 피바다로 만들 것이다. 그것은 은혜를 권리로 만드는 것이다. 저자들은 기독교윤리학자들로서 받은 능력을 은혜와 선물과 혜택으로 여기며 겸손하게 공동선에 기여하는 방법으로 서로 연대하고 배려하며 맡은 책임을 느끼고 섬기며 상생하는 궁극적인 가치를 지향하는 블루오션을 제안한다. 능력주의 신학의 반성으로부터 시작하여 사회 전반에 새로운 패러다임을 제공하기에 신학뿐 아니라 각 분야에 유용한 지침이 되리라 믿기 때문에 독자들에게 이 책을 강력하게 추천한다.

한기채 | 중앙성결교회 담임목사, 기독교대한성결교회 114년차 총회장, 한국기독교윤리학회 전 회장, 서울신학대학교 교수 역임

능력주의의 함정

기독교윤리의 관점에서 본 능력주의

MERITOCRACY

능력주의의 함정

기독교윤리의 관점에서 본 능력주의

책임편집 · **조용훈 · 이종원**

조용훈 · 이종원

김성수 · 신혜진

이봉석 · 이지성

최경석

새물결플러스

차례

능력주의로 인한 불평등과 양극화의 윤리적 문제
이종원 | 계명대학교 조교수

한국 사회의 메리토크라시 특성 비판
신혜진 | 이화여자대학교 강사

능력주의의 문제와 법의 역할
- 볼프강 후버의 법윤리의 적용 -
김성수 ㅣ 명지전문대학 교목

능력에서 연대로
"오징어 게임"을 기독교윤리적으로 바라보기
최경석 ㅣ 남서울대학교 부교수

한국 사회의 능력주의 현상에 대한 이해와 기독교윤리적 제안
이봉석 | 감리교신학대학교 겸임교수

머리말

메리토크라시(Meritocracy), 곧 능력에 의한 지배를 뜻하는 능력주의는 근대 이전 사회의 특징이었던 신분제와 세습된 권력에 의한 지배라는 구습을 타파하는 합리적인 대안으로 받아들여졌다. 능력주의는 세습된 신분이나 조건에 의해 제약받지 않고 누구라도 자기 능력을 발휘할 수 있다면 자신이 원하는 사회의 지배적 지위와 경제적 부를 획득하고 향유할 수 있는 사회를 구현하는 것이니, 그것은 정의롭고 공정한 사회를 보장해주며 개인의 자유를 마음껏 펼치게 하는 것처럼 보였다. 한 개인이 자유로운 자발적 의지로 자신의 능력을 키우고 그 능력에 의해 사회경제적 성과를 이루며 그것을 향유한다면 그 개인은 행복하고 그 사회는 정의롭다는 것이 일반적인 사람들의 생각이다. 이런 생각은 서구에서만이 아니라 한국에서도 만연해 있고 사회, 정치, 경제, 교육의 현실에서 크게 영향을 끼쳤다. 하지만 그사이 이에 대한 비판적 성찰이 일기 시작했다.

능력주의는 자신이 표방하는 대로 정말 정의롭고 공정한 사회를 구현하는 것일까? 개인이 성취한 성과가 오로지 그 개인의 능력에 의해서만 기인하는 것이 아니라 그 개인의 능력에 속하지 않는 우연적 요소나 차별적 요소에 의해 좌우되는 것은 아닐까? 능력주의는 숨겨진 차별적 구조를 감추고 형식적인 기회의 균등만을 강조하면서 사회의 불평등 구조를 조장하고 있는 것은 아닐까? 설령 능력주의가 순수하고 정의로운 형태로 실현된다고 하더라도 그로 인해 조성되는 사회가 참으로 좋은 사회일까? 능력주의는 한 개인의 성취를 지나치게 개인주의적인 관점에서만 바라보는 것은 아닐까? 더구나 우리가 가지고 누리고 이루는 모든 성과는 하나님의 은혜로운 선물이니 감사할 따름이며, 그러한 감사함으로 인해 그 성과를 자신의 배타적 향유가 아니라 타인에 대한 섬김과 연대를 지향해야 한다는 성서적 가르침에 능력주의가 부합할 수 있을까?

한국기독교윤리학회는 2022년 4월에 "기독교윤리학자들이 바라본 메리토크라시"라는 주제로 정기 학술 대회를 열었다. 능력주의를 기독교윤리적 관점에서 고찰하고 비판하자는 취지였다. 이미 사회학, 경제학, 윤리학의 측면에서는 메리토크라시에 대해 비판적으로 고찰하고 있었다. 하지만 교회 현장에서 능력주의는 비판 없이 수용되는 경향마저 보인다. 이에 한국기독교윤리학회는 능력주의에 대해 정확하게 분석하고 기독교윤리적으로 평가할 필요를 느꼈다. 이를 위해 조용훈, 이지성, 이종원, 신혜진, 김성수, 최경석, 이봉석 교수께서 여러 방면으로 메리토크라시에 대해 기독교윤리적으로 그리고 신학적으로 탁월하게 분석하고 평가해주었다. 이 귀한 원고들이 한 권의 책으로 묶여서 메리토크라시에 대해 일목요연하게 조망할 수 있도록 허락한 필자들에게 감사드린다. 또한 이처럼 책으로 묶여 나올 수 있도록 수고해주신 한국기독교윤리학회 고재길 회장과 임원들에게도 고마움을 표한다.
이 책을 통해 하나님 나라와 의가 이 땅에 더욱 충만하기를 희망한다.

2023년 9월 25일
전 한국기독교윤리학회 회장 오성현

MERITOCRACY

능력주의 사회에서 한국교회의
사회윤리적 과제에 대한 연구

조용훈 | 한남대학교 교수

* 이 글은 "능력주의 사회에서 한국교회의 사회윤리적 과제에 대한 연구"라는 제목
으로 『대학과선교』, 55집(2023), 111-139에 게재된 것이다.

I. 들어가는 말

지금 우리 사회에는 정의와 평등 그리고 공정성에 대한 관심이 뜨겁다. 특히 MZ세대의 공정성에 대한 뜨거운 관심은 세대 간 갈등 이슈나 선거 이슈와 맞물려 중요한 사회적 의제가 되었다. "기회는 평등할 것이고, 과정은 공정할 것이며, 결과는 정의로울 것이다"라는 문재인 전 대통령의 취임사(2017)에는 이러한 우리 사회의 현실과 국민의 요구가 고스란히 반영되었다. 그럼에도 2003년 이후 계속된 KTX 여승무원 정규직 전환 논란, 평창동계올림픽 여자 아이스하키 남북단일팀 구성(2018), 인천국제공항 비정규직 보안 요원의 정규직화 논의(2020)를 두고 거세게 일어났던 공정성 시비가 계속되었다. 이러한 사회 현실은 현재 우리 사회의 이데올로기이며 운영 시스템인 능력주의(meritocracy)에 대한 학문적 관심과 대안을 마련하기 위한 정치인과 전문가들의 노력을 기대하고 있다.[1]

능력주의란 개인의 능력과 노력에 따라 사회적 지위나 정치적 권력 그리고 경제적 부를 차등적으로 분배하고, 그 같은 불평등 분배를

----

[1] 2010년대 100만부 이상 팔린 『정의란 무엇인가』를 통해 우리 사회에 "정의" 열풍을 불러일으켰던 마이클 샌델은 10년 후 『공정하다는 착각』을 통해 능력주의 사회의 공정성 문제의식을 확산시키는 데 일조했다. 이런 사회적 관심과 기대를 반영해서 한국기독교윤리학회는 2022년 봄 학술대회 주제를 "기독교윤리학자들이 바라 본 메리토크라시"로 정하고 활발한 발표와 토론을 진행했다. 참조. 한국기독교윤리학회 정기 학술대회 미간행 자료집, 「기독교윤리학자들이 바라본 메리토크라시」(2022년 4월 30일).

도덕적으로 정당화하는 이데올로기이고 사회 시스템이다. 능력주의가 근대 사회에 등장할 때만 해도 전근대 사회의 혈통과 신분에 따른 특권과 세습 그리고 상속을 타파하고, 개인의 노력이나 능력에 따른 사회적 계층 이동을 보장한다고 여겨 일반 대중들로부터 열렬히 환영받았다. 하지만 세월이 흐르면서 성공한 엘리트에 의한 새로운 형태의 계급이 등장하고, 그들의 부와 특권을 대물림하려는 시도가 계속되며, 사회적 계층 이동이 어려워지면서 능력주의의 이념과 약속에 대한 회의와 비판의 목소리가 커가고 있다. 실제 우리 사회에도 "더 이상 개천에서 용이 나오지 않는다"라는 탄식과 수저 계급론과 맞물리면서 능력주의에 대한 비판적 논의가 확산되고 있다. 일찍이 1958년 영국에서 출판된 소설 『능력주의의 발흥』에서 사회학자 마이클 영(Michal D. Young)은 개인의 지능과 노력을 더한 능력(merit)을 수치로 평가하여 차등적으로 보상하는 사회 시스템을 능력주의라고 정의했다. 그러면서 그가 예언한 대로 능력주의 사회의 현실이 디스토피아적으로 변해가고 있다.[2]

이런 비판적 현실 인식에 기초하여 우리는 능력주의 이념과 그 철학적 토대를 기독교 사회윤리의 관점에서 분석하면서 보다 더 공정하고 인간다운 새로운 사회를 모색하는 일에 기여하고자 한다. 먼저, 능력주의 사회 속 인간과 사회의 현실을 분석하고, 이어서 윤리학적 관점에서 정의와 공정성에 대한 이론을 검토하며, 마지막으로 신학적 관점

....

2   마이클 영/유강은 옮김, 『능력주의: 2034년 공정하고 정의로운 엘리트 계급의 세습 이야기』(서울: 이매진, 2004).

에서 능력주의 이데올로기와 사회 시스템을 교정하는 데 필요한 교회의 신학적·사회적 역할을 탐색하는 순서로 논의를 진행하겠다.

II. 능력주의 사회 속 인간과 사회

1. 능력주의 사회의 특징

개인의 성공과 부가 혈연이나 세습이 아니라 오로지 개인의 능력과 노력에 좌우되어야 한다는 능력주의 이념이 작동하는 사회는 어떤 특징을 지닐까? 특히 한국 사회에서 능력주의는 어떤 방식으로 전개되고 있을까?

첫째, 능력주의 사회는 학력 평가 곧 시험 성적에 기초하여 대학과 직장 그리고 사회적·정치적 지위를 차등 배분하는 학력 사회다. 특별히 한국 사회는 학교에서 성적 순위를 한 개인의 능력을 평가하는 절대적 기준으로 삼고 서열화된 대학 간판에 따라 사회적 지위나 경제적 부를 분배하는 "시험 능력주의" 사회라 규정할 수 있다.[3] 공부를 잘해서 학업 성적이 우수한 사람이 유능할 것이라는 생각 때문에 기업이든 정부든 명문대 출신을 선호한다. 문제는 학력이 절대화되면서 교육 시스템 자

---

3 김동춘, 『시험능력주의: 한국형 능력주의는 어떻게 불평등을 강화하는가』(서울: 창비, 2022).

체가 입시 교육을 위한 수단으로 전락하고 성공한 엘리트들을 중심으로 학벌이 만들어지면서 사회가 계층화되고 있다는 점이다. 김동춘의 지적대로 학력주의 혹은 학벌주의는 단순히 교육(제도)의 문제가 아니라 사회적 지위 배분이나 노동 시장을 작동시키는 지배 체제의 일부가 되었으며 교육은 그것을 재생산하는 구조로 바뀌었다.[4]

어느 대학 출신이냐가 한 사람의 능력을 평가하는 데 결정적으로 영향을 끼치는 학력 사회와 학벌 사회의 특징을 지닌 능력 사회에서 사람들의 관심은 대학 입시에 집중된다. 그 결과 대학 입시는 수험생 자신만 아니라 학부모까지 가담하는 치열한 "전쟁"으로 발전한다. 몇 해 전 방영했던 드라마 "스카이 캐슬"은 학력에 기초한 능력 사회에서 교육과 가정 및 사회가 어떻게 왜곡되는지 잘 보여주었다.

둘째, 능력주의 사회는 성과와 업적에 따라 차등적으로 보상하는 성과 사회 혹은 업적 사회의 특성을 보인다. 프로 스포츠나 연예계는 물론 기업의 영업 활동에서 각 개인이 보여주는 성과는 연봉만 아니라 그 사람의 가치를 결정하는 지표가 된다. 게다가 1등만 기억하는 자유주의 시장 경제에서 사람들은 다른 사람보다 더 나은 성과를 내기 위해 무한 경쟁의 덫에 빠져든다. 사람들은 다른 사람과 경쟁하는 것은 물론 과거의 자신과도 비교하면서 끊임없이 자신을 닦달한다. 게다가 경제가 세계화되면서 사람들의 경쟁이 세계적 수준으로 높아지고 확대되면서 경쟁은 훨씬 더 치열해지고 잔인해진다.

....

4   앞의 책, 32.

한병철은 성과 사회의 특징으로 사람들이 자기 자신을 소진시킬 때까지 무한정으로 착취한다고 보았다. 사람들은 "할 수 있다"는 무제한적 긍정성에 기반을 두고 더 큰 업적과 더 많은 성과를 내기 위해 자발적으로 과잉 행동을 시도한다. 그 결과 성공한 사람이나 실패한 사람 모두 건강한 자아상을 상실하면서 수많은 우울증 환자와 사회 낙오자를 양산한다. 우울증은 긍정성의 과잉에 시달리는 성과 사회의 질병으로서 자기 자신과 전쟁을 벌이고 있는 인간을 반영한다. 말하자면, 성과 사회에서 살아가는 인간은 스스로를 소진할 때까지 자신을 착취하는 가해자인 동시에 피해자라는 점에서 비극적이다.[5]

셋째, 능력주의 사회는 테크노크라트 엘리트가 주축이 된 새로운 귀족 사회 혹은 귀족 정치를 만들어간다. 최첨단 기술과 자본을 지니면서 경제, 정치 그리고 군사적 분야에서 이를 소비할 능력을 가진 미국 최상층의 파워 엘리트와 달리 한국 사회에서 테크노크라트 엘리트는 1990년대 이전까지의 군부와 그 이후의 경제 엘리트인 재벌 그리고 2000년대 이후의 기술, 법률, 언론 엘리트로 이루어진다.[6] 전통 귀족 사회가 혈통과 세습에 따른 귀족들에 의한 통치(aristocracy)를 추구했다면, 능력주의 사회는 기술, 법률, 언론 그리고 학문 분야의 엘리트와 관료들이 지배하는 테크노크라시(technocracy)다. 사람들은 고도의 전문

---

5 한병철/김태환 옮김, 『피로사회』(서울: 문학과지성사, 2012), 28-29.
6 신혜진, "능력주의 사회에 대한 비판: 사회적 주체로서 여성을 중심으로", 한국기독교윤리학회 정기학술대회 미간행 자료집, 「기독교윤리학자들이 바라본 메리토크라시」(2022), 35-42.

지식이나 기술을 지닌 각 분야의 엘리트들이야말로 각종 사회 문제나 정치 이슈를 가치중립적 입장에서 효율적으로 해결할 수 있으리라고 기대한다. 그래서 능력주의 사회의 국가 통치자들은 으레 자기 정부가 명문대 출신의 유능한 엘리트 관료들로 구성되어 있음을 강조한다.

대니얼 마코비츠(D. Markovits)는 전통적인 귀족 통치와 근대의 테크노크라트 엘리트주의 사이에 존재하는 유사성에 주목한다. 그 둘은 똑같이 자신들과 일반 국민 사이를 계층화하고 자신들이 성취한 지위와 특권을 자식 세대로 대물림하려고 한다. 둘 사이에 차이가 있다면, 테크노크라트 엘리트주의가 귀족들이 가진 토지 대신에 인적 자본이나 문화 자본을 세습하려 한다는 점일 것이다.[7] 이런 점에서 두 통치 체제는 공통적으로 모든 국민이 권력의 주인이며, 국민이 직접 정치에 참여한다는 민주주의(demo-cracy) 이념을 심각하게 위협한다.

마지막으로, 능력주의 사회는 전근대 사회와 달리 "은밀하게" 특권과 부를 대물림하려는 세습 사회의 특징을 보인다. 전근대 사회가 혈통에 따른 "노골적인" 세습이었다면, 능력주의 사회의 세습은 "은밀한" 방식이라는 점에서 차이가 있을 뿐이다. 능력 사회에서 이렇게 은밀한 세습을 가능케 만드는 수단 중 하나가 바로 학력이다. 부모의 경제적 능력이나 문화적 자본은 자녀의 학력에 엄청난 영향을 주기 마련이다. 그러다 보니 능력주의 사회에서 부모의 문화적 자본과 사회적 자본은

---

7   대니얼 마코비츠/서정아 옮김, 『엘리트 세습』(서울: 세종, 2021), 439-440.

자녀의 학력을 통해 합법적으로 자녀에게 세습된다.[8] 전근대에 귀족의 특권이 "타고나는 것"이었다면, 현대 엘리트의 특권은 "만들어지는 것"이 다를 뿐이다. 자녀 교육을 위한 부모의 집중 투자는 전근대적 세습 사회에서 이루어지는 사후 상속 방식과는 다른 생전 상속 방법이라 할 수 있다.

2. 능력주의 사회 속 인간 현실

능력주의 사회에서 사람들은 너나없이 몸과 마음에 병이 든다. 마이클 영은 능력주의 사회에서 성공한 사람은 자기가 지닌 역량 덕분에 성공했다는 터무니없는 도덕적 오만에 빠지는 반면에 실패한 사람은 자신이 게으르고 무능해서 실패했다는 자기 모멸감을 느끼고 자존감마저 잃어버리게 된다고 보았다.[9] 이러한 이유에서 마이클 샌델(M. Sandel)은 능력주의가 승리자는 물론 패배자에게도 동일하게 가혹한 "폭군"(the tyranny)이라고 했다.[10] 이 폭군은 성공한 엘리트는 오만하게 만들고, 패배한 다수에게는 모멸감을 안겨주며, 사회 낙오자는 삶의 막다른 길로

----

8 2012-2019년 사이에 국가장학금신청 현황 자료에 따르면, SKY 대학생의 40%, 의과 대학 재학생의 48%가 고소득층 부모를 둔 자녀들로 밝혀졌다. 참조. 이경숙, "시험/평가체제 속 인간과 교육받을 권리," 박권일 외, 『능력주의와 불평등』(서울: 교육공동체 벗, 2020), 51.

9 마이클 영, 『능력주의』, 172-174.

10 마이클 샌델의 『공정하다는 착각』의 원제는 *The Tyranny of Merit*임을 기억하라. 참조. 마이클 샌델/함규진, 『공정하다는 착각』(서울: 와이즈베리, 2020).

내몰고, 노동이 지니는 존엄성마저 파괴한다.

우선 능력주의는 경쟁의 승자에게 자신의 성공이 능력과 노력의 정당한 대가이고 자신은 그걸 누릴 충분한 자격이 있다는 도덕적 오만에 빠뜨린다는 점에서 폭군과 같다. 엄밀하게 보면, 성공한 사람의 승리란 자신의 능력과 노력 때문만이 아님에도 불구하고 말이다. 자신이 3루에서 태어났으면서도 자기가 3루타를 친 줄 아는 사회적 불평등 감수성이 약한 사람이 있기 마련이다.[11] 이런 사람들에게 나타나는 문제는 경쟁의 패자들에 대한 도덕적 채무감이나 사회적 연대 의식이 결여되어 있다는 점이다. 자신의 부와 지위가 혈통 덕이라고 인식했던 과거의 귀족들에게는 사회에 대해 지녔던 도덕적 의무감(nobles oblige)을 예의범절이나 너그러움 같은 미덕으로 표현했다. 하지만 능력주의 사회 속 성공한 사람들은 그런 도덕적 의무감은 없고 오히려 패자들을 무시하고 경멸한다. 샌델은 승자들이 지닌 이런 도덕적 실패 외에도 한번 획득한 부를 빼앗기지 않고, 지금보다 낮은 지위로 밀려나지 않기 위해 계속해서 힘겨운 투쟁을 해야 한다는 점에서 그들을 "상처 입은 승리자"로 부른다.[12]

한편 능력주의는 패자에게는 굴욕감과 모멸감을 가져다준다는 점에서 폭군과 같다. 경제적 가난이 개인의 자존심에 끼치는 영향은 그가 속한 공동체가 가난을 어떻게 해석하고 설명하느냐에 좌우된다. 전

----

11   박권일, "여는 글: 불평등과 특권을 정당화하는 능력주의의 역설", 박권일 외, 『능력주의와 불평등』, 8.
12   마이클 샌델, 『공정하다는 착각』, 282-283.

근대 신분 사회에서 가난한 사람들은 자신의 실패를 혈통이라는 운 혹은 사회적 부조리 탓으로 돌리면서 도덕적 자긍심만은 지킬 수 있었다. 하지만 능력주의 사회에서는 실패와 가난이란 부모나 사회의 탓이 아니라 오로지 자신이 게으르고 무능한 탓이라고 여긴다. 가난과 낮은 지위는 안타까운 일이 아니라 자업자득으로서 가난한 사람들은 운이 없는 사람이 아니라 실패한 사람일 뿐이다. 알랭 드 보통(Alain de Botton)이 바르게 관찰한 대로 능력주의 체제에서는 "가난이라는 고통에 수치라는 모욕까지 더해지게 된다."[13] 특별히 학력이 낮은 사람들은 수입과 가정 안정 그리고 지역 사회에서의 위상까지 한꺼번에 낮아지기 때문에 우울증과 자살, 약물 과용, 알코올 중독에 빠져들기 쉽다. 앤 케이스와 앵거스 디튼(A. Case and A. Deaton)은 미국 능력주의 사회의 패자들인 백인 노동자들의 이런 상황을 두고 "절망 끝의 죽음"(Deaths of Despair)이라고 표현했다.[14]

위에서 살폈듯이 능력주의 사회에서는 경쟁의 승자든 패자든 평생토록 "완벽한 사람"이 되어야 한다는 압박감을 피할 수 없다. 무한 경쟁 시스템 속에서 생존하려면 누구든 끊임없는 자기 계발을 통해 최고의 능력을 계속해서 발휘해야 한다. 우리나라처럼 대학 진학률이 80% 이상이 되면 대졸 프리미엄마저 사라지고 학력 인플레 현상까지 발생하기 때문에 경쟁은 대학 입시 경쟁에 그치지 않고 취직 경쟁과 승진

....

13   알랭 드 보통/정영목 옮김, 『불안』(서울: 은행나무, 2011), 114.
14   마이클 샌델, 『공정하다는 착각』, 310-313.

경쟁 그리고 생존 경쟁의 형태로 평생토록 지속된다. 게다가 글로벌 사회에서는 경쟁이 전 세계 사람들을 대상으로 한 글로벌 경쟁으로 내몰린다.

3. 경제적 불평등 심화와 민주주의의 위기

개인의 능력에 따른 차등 보상이라는 능력주의 이념은 학교만 아니라 기업이나 산업 현장에도 광범위하게 작동한다. 우리나라의 전통적 임금 체계인 연공(年功)에 따른 호봉제는 능력주의 사회에서 점차 성과를 반영한 연봉(年俸)제로 바뀌고 있다. 그에 따라 자본가나 전문경영인 그리고 전문 엘리트들은 생산성 향상에 기여했다는 이유로 공식 소득 외에 각종 성과급을 엄청나게 챙겨가면서 일반 노동자나 직장인과의 소득 격차는 커지기 마련이다.

능력에 따른 차별적 보상으로 인해 발생하는 경제적 불평등과 사회적 양극화는 사회적 갈등을 불러와 공동체의 안정과 평화를 위협한다. 그리고 모든 구성원이 법 앞에 평등하고 주권을 가지고 있다는 민주주의의 이상도 위협한다. 경제적 불평등이 큰 사회에서는 권위주의적 통치자나 대중 영합적인 포퓰리스트 정치인을 소환할 가능성이 커진다. 하층 노동자의 모멸감과 엘리트에 대한 분노심이 포퓰리스트 정치인을 만나면서 민주주의가 후퇴한 한 예를 우리는 2016년 미국에서 도널드 트럼프(D. Trump)가 대통령으로 당선된 것에서 볼 수 있다. 샌델은 트럼프의 승리가 능력 경쟁에서 밀려난 저학력 임금노동자인 백인 계층이 경제적 불평등과 엘리트 계층의 거들먹거림에 대한 분노 때문이었다고 진단한다. 그러면서 그는 하층민의 좌절감과 분노심을 선동하는 이런 정치 현상을 가리켜 "굴욕의 정치"(politics of humility)라고 표현한다.[15]

Ⅲ. 능력주의 사회에서 사회윤리학적 과제

1. 윤리학적 과제

능력주의 사회에서 기독교 사회윤리학의 우선적 과제는 보다 나은 정의를 위한 이론적 토대를 제시하는 데 있다. 역사 속에서 "무엇이 정의로운가 하는 물음"은 철학자와 윤리학자들의 주요 관심사였다. 그런데 정의가 무엇인가를 정의하는 일은 매우 어려운 과제다. 일찍이 아리스토텔레스는 사회적 존재인 인간이 다른 사람과 맺는 관계에서 요청되는 최고의 덕, 곧 완전한 탁월성을 정의로 보았다. 그래서 그는 "정의 안에는 모든 탁월성이 다 모여 있다"라는 당대의 속담을 인용하기도 했다.[16] 아리스토텔레스 이후 정의란 부나 명예나 권력을 각자의 몫에 맞게 각자에게 주는 것, 곧 분배적 정의를 둘러싸고 논의되었다. 하지만

---

15 위의 책, 53-54.
16 아리스토텔레스/강상진 외 옮김, 『니코마코스 윤리학』(서울: 도서출판 길, 2011), 163.

분배의 방식을 정하는 데 있어 당사자들 사이의 의사 결정 과정에 작용하는 공정성 물음도 중요해지면서 절차적 정의라는 새로운 관점이 존 롤즈(J. Rawls)나 마이클 샌델을 중심으로 진행되고 있다.

개인의 노력과 능력에 따른 차별적 보상을 정의롭고 공정하다고 보는 능력주의 사회는 구성원 모두에게 동등하게 제공하는 형식적 기회 평등을 강조한다. 출생의 불평등이나 운동장의 기울어짐에는 눈을 감은 채 모든 사람이 게임에 참가할 기회를 주는 것으로 충분하다고 본다. 하지만 마이클 영이 지적했듯이 능력주의 사회가 강조하는 이 같은 기회 평등이란 기껏해야 사회의 계층 사다리를 올라갈 기회를 제공하는 "형식적" 기회 평등일 뿐이다. 진정한 의미에서 정의를 실현하려면 형식적 기회 평등이 아니라 "실질적" 기회 평등, 곧 "모든 사람이 각자 타고난 덕과 재능, 인간 경험의 깊이와 아름다움을 감상할 수 있는 모든 능력, 삶의 잠재력을 '지능'에 상관없이 최대한 발전시킬 기회"가 필요하다고 본다.[17] 실질적 기회 평등을 제공하려면 게임의 출발선에 선 사람들 사이에 존재하는 상이한 사회문화적 조건들 곧 남녀, 빈부, 지역, 종교 그리고 학력 사이에 존재하는 다양한 형태의 차별들을 제거해야만 한다.[18]

한편 절차적 정의의 관점에서 볼 때, 정의란 한 사람의 능력과 노력에 대한 평가 요소의 선별이나 평가 방식의 공정성을 의미한다. 말하

....

17   마이클 영, 『능력주의』, 269-270.
18   장은주, 『시민교육이 희망이다』(서울: 피어나, 2017), 84.

자면, 능력에 대한 바른 평가는 노력과 재능이라는 능력적 요소 외에도 비능력적 요소까지 고려할 때라야 가능하다. 비능력적 요소에는 부모의 지능과 유전, 사회문화적 자본이나 인맥, 그리고 사회적 우연이나 행운 등이 포함된다. 하지만 유감스럽게도 능력주의 이데올로기는 개인의 능력적 요인은 과대평가하는 반면에 비능력적 요인은 과소평가하거나 외면한다.[19]

우리가 한 사람의 성공을 그의 재능과 노력만 아니라 비능력적 요인의 결합으로 보는 것이 옳은 일이라면, 그의 성공에 대한 보상도 승자독식의 방식이 아니라 공동체 전체의 자산으로 볼 필요가 있다. 존 롤즈는 주어진 재능은 말할 것도 없고 노력하려는 의지나 성격조차 가정과 사회 환경 같은 우연적 요소의 영향 아래 있기 때문에 성공한 사람에게 분배의 자격까지 허락해선 안 된다고 주장한다. 물론 성과를 어떻게 재분배할 것인가라는 물음에 그는 재능 있는 사람에게 불이익을 주는 방식보다는 태생적으로 재능이나 환경 면에서 조건이 불리한 사람들, 곧 최소수혜자들과 더불어 성과를 나누는 방식이 낫다는 "차등의 원칙"을 주장했다.[20]

다른 한편 능력 평가와 관련해서 논의해야 할 또 다른 질문은 어떤 재능과 성과를 평가 대상으로 고려할 것인가다. 사전적 의미에서 능력 (meritum)이란 뛰어남, 가치, 공로 등을 가리킨다. 계몽주의 시대에 메

---

19 스티븐 J. 맥나미·로버트 K. 밀러 주니어/김현정 옮김, 『능력주의는 허구다』(서울: 사이, 2015), 16, 102.
20 마이클 샌델, 『공정하다는 착각』, 209-210.

리트란 능력(ability)만이 아니라 덕성(virtue)까지 포함하는 개념이었다고 한다. 그런데 현대 사회에서는 오로지 지적 능력(IQ)만을 능력 평가의 대상으로 삼고 그 수치에 따라 학교를 배분한다. 한편, 자본주의 시장 경제에서는 능력을 물질적 효용성과 부의 증진에 따라 평가한다. 그러다 보니 시장이 인정해주지 않는 노동과 능력들, 예를 들면 가정에서 아이를 돌보는 일은 제대로 평가받지 못한다.

이런 문제를 극복하려면 자본주의적 시장 가치를 넘어 사회 공동체적 가치들을 능력 평가에서 중요하게 고려할 수 있어야 한다. 말하자면, 한 사람의 노력과 재능이 경제적 이익만이 아니라 보다 인간다운 사회를 건설하는 일에 어떤 기여를 했는가도 능력 평가의 대상으로 삼아야 한다. 그러려면 우선 "어떤 사회"를 좋은 사회로 볼지에 대해 구성원 사이에 합의가 전제되어야 한다. 이와 관련하여 마이클 영은 바람직한 사회란 단지 소비자의 욕구라는 시장 가치가 아니라 친절함과 용기, 상상력과 감수성, 공감과 아량 같은 사회적 가치 혹은 공동체적 가치들을 존중하는 사회라고 본다. 이런 이상적 사회에서만 누구든 자기만의 특별한 역량을 발전시킬 기회를 균등하게 누릴 수 있기 때문이다. 이런 사회에서는 훌륭한 가장의 자질을 갖춘 경비원이라도 과학자만큼 존경받을 수 있고, 장미 재배에 비상한 솜씨를 가진 트럭 운전사라도 종일 승진에만 관심을 기울이는 공무원 못지않게 좋은 대우를 받을 수 있을 것이다.[21]

....

21   마이클 영, 『능력주의』, 268.

샌델은 이런 좋은 사회 공동체를 만들기 위해서 "기회의 평등"이 아니라 "조건의 평등"을 제공해야 한다고 주장한다. 흔히 기회의 평등에 대한 대안으로 생각하는 "결과의 평등"은 너무 냉혹하고 억압적이다. 하지만 조건의 평등은 부나 명예를 갖지 못한 사람이라도 얼마든지 고상하고 존엄한 삶을 살 수 있게 만든다. 그러면서 그는 제임스 아담스(James T. Adams)라는 시인이 쓴 "미국의 서사시"에 나오는 "아메리칸 드림"의 본래적 의미를 설명한다. "그것은 단지 자동차나 높은 급여에 대한 꿈을 의미하지 않는다. 모든 사람이 자신의 잠재력을 발휘하여 뭔가를 최상까지 이뤄낼 수 있고 태생이나 지위와 관계없이 자기 자신으로서 남들에게 인정받을 수 있는 사회 질서의 꿈이다."[22]

한편 샌델은 공동체주의적 관점에서 분배적 정의를 넘어선 "기여적 정의"를 강조한다. 그는 우리가 사회의 공동선에 기여할 때만 비로소 도덕적으로 완전한 사람이 되며 동료 시민들의 존경을 얻을 수 있다고 보기 때문이다.[23] 누구든 성공하는 과정에서 여러 가지 방식으로 사회 공동체에 덕을 입거나 빚을 지고 있기에 반드시 사회의 공동선에 기여할 의무가 있다. 여기서 말하는 공동선이란 흔히 자본주의 소비 사회에서 내세우는 소비자 복지를 극대화하는 "소비주의적 공동선"이 아니라 시민적 덕의 배양이나 가치 있는 정치 공동체의 형성을 뜻하는 "시민적 공동선"이다. 달리 말하면, 그것은 사회적 상승만이 아니라 민주

22   마이클 샌델, 『공정하다는 착각』, 350 재인용.
23   위의 책, 328.

주의 발전에 필요한 사회적 연대와 시민 의식의 강화를 가리킨다.[24]

2. 사회 정치적 과제

능력주의 사회의 문제들을 해결하려면 공정성의 윤리를 현실 사회나 제도에 구현할 수 있는 정치적 역량과 노력이 필요하다. 인간 사회에는 출생에 따른 태생적 조건의 차이를 피할 수 없고, 사회에서 경쟁의 방법이나 규칙을 정하는 데에도 권력이 작동하기 때문이다. 특히, 학력주의의 영향이 유달리 강한 우리 사회에서 능력주의 문제를 극복하려면 학교 교육과 그것의 연장이라고 볼 수 있는 노동 현장에서 나타나고 있는 불평등과 불공정 문제를 해결하는 데 정치적 역량을 집중해야만 한다.

먼저 능력주의 사회의 변혁에 필요한 정치적 과제는 학교 교육의 실패를 바로잡고 교육의 본질을 회복하는 일이다. 교육의 본래 목적은 인간의 발달 단계에 따른 성장과 발전을 통해 그가 가진 본성을 실현하도록 돕는 데 있다. 그런데 산업 사회가 시작되면서 근대 교육은 그 목적을 산업 발전에 필요한 산업 역군이나 근대화에 필요한 인재 양성으로 변질시켰다. 자본주의 사회에서 교육은 아예 입시 교육으로 왜곡되었으며, 능력 사회에서 학교라는 사회 제도는 학업 성적에 따른 차별적 보상을 당연한 것으로 받아들이게 만드는 이념적 도구로 기능하고 있

....

24　위의 책, 323-324, 348, 352.

다. 이는 학교 교육에서 지능과 학력을 가장 중요한 능력 평가의 대상으로 삼기 때문이다. 성적에 따른 차별은 이후 자연스레 직업 현장에서의 불평등과 차별로 이어진다. 말하자면, 학교는 능력 사회의 이념을 재생산하고, 학교 교육은 차별을 확대하며, 계급을 공고히 하고, 지배 계급의 문화적 주도권을 강화하는 사회 시스템인 셈이다.[25]

능력주의 사회에서 교육이 입시 교육으로 환원되어버리고, 학력이 능력을 평가하는 유일한 척도로 여겨지다 보니 입시 문제는 교육과 관련된 모든 이슈를 빨아들이는 블랙홀이 되어버렸다. 그럼에도 학부모들은 자녀의 성적 향상에만 관심을 기울일 뿐 교육 제도를 움직이는 능력주의 이데올로기에 대한 문제의식이나 관심이 부족하다. 샌델은 고등 교육의 목적을 논하면서 학생들이 직업 세계에서 필요한 역량만이 아니라 도덕성과 민주적인 시민으로서 사회적 공동선에 관심을 기울이고 기여할 수 있도록 역량을 길러주어야 한다고 강조했다.[26] 시민 각자가 능력과 스펙 개발을 통해서 성공하는 사람이 되는 것도 중요하지만, 더 중요한 것은 인간다운 사회에 필요한 공동선이라는 가치의 발전에 공헌할 수 있는 정치적 역량을 계발해주는 일이다. 비슷한 관점에서 장은주는 능력주의 사회를 극복하는 데 도움을 주는 교육이 되려면, 학교를 민주적 시민 의식과 가치관 그리고 태도를 함양하는 시민 교육의 장으로 바꿀 것을 제안한다. 그는 학교가 민주적 시민 의식을 교육

25   공현, "교육에 필요한 것은 탈능력주의", 박권일 외, 『능력주의와 불평등』, 24. 26.
26   마이클 샌델, 『공정하다는 착각』, 298.

할 뿐만 아니라 민주적인 생활 방식을 훈련하는 곳으로 방법이 변해야
한다고 말한다.[27]

교육 이외에는 별다른 사회 계층 이동 수단이 없고, 대학 졸업장
이 이후 지위나 소득에 끼치는 영향력이 유달리 큰 우리 사회에서 교육
의 공정성과 정의의 실현은 중요한 사회적 과제일 뿐만 아니라 신학적
관심사이기도 하다. 성서의 달란트 비유(마 25장)는 하나님께서 각 사람
에게 선물하신 재능과 역량 계발을 강조한다. 능력 사회에서 실질적인
기회 균등을 위해서는 유아 교육의 확대와 강화, 초중고 수업의 질 향
상, 그리고 직업 교육의 다양화와 심층화가 긴급한 과제로 부각되고 있
다.[28]

둘째, 능력주의 사회의 변혁에 필요한 또 다른 정치적 과제는 노동
의 가치와 존엄성을 회복하는 일이다. 지금 우리 사회의 노동 현장은
학력 차이에 따라 대기업과 중소기업 그리고 사무직과 생산직 사이의
불평등 외에도 정규직과 비정규직 그리고 남성 노동자와 여성 노동자
사이의 불평등이 심한 편이다. 그리고 산업 자본주의 체제가 금융 자본
주의 체제로 바뀌면서 전통적 산업 노동에 대한 사회적 인정과 경제적
가치가 떨어지고 있다. 그러다 보니 산업 노동자들은 경제적 빈곤 문제
외에도 사회적 상실감과 모멸감으로 고통을 당한다. 금융 자본주의가

---

27 장은주, 『시민교육이 희망이다: 한국 민주시민교육의 철학과 실천모델』(서울: 피어나,
2017), 129-138.
28 김성수, "능력주의의 문제와 법의 역할: 볼프강 후버의 법윤리의 적용", 한국기독교
윤리학회 정기학술대회 미간행 자료집, 「기독교윤리학자들이 바라본 메리토크라시」
(2022), 59.

자본의 효용성을 극대화하다보니 노동 강도가 세지고 노동자 간 경쟁도 구조화된다. 세계화 경제에서 자본은 세계적으로 협력하면서 노동자에 대한 우위를 강화하는 반면에 노동자들은 점점 밑바닥을 향한 경쟁으로 내몰린다.

이런 노동 현장의 문제들을 극복하기 위해서는 사회적 차원에서 노동의 가치와 존엄성을 회복하는 데 힘써야 한다. 최근 금융 자본주의의 등장과 4차 산업 혁명이 진행되면서 노동의 위기가 본격화되고 있다. 노동의 디지털화와 자동화 그리고 고용 없는 성장이 진행되면서 점차 탈노동 사회로 발전해가고 있다. 실직자 숫자가 늘어나고, 임금 노동자와 비정규직 노동자 그리고 플랫폼 노동자와 같은 새로운 형태의 불안정 노동 계급(프레카리아트)이 급격히 늘고 있다. 한 연구에 따르면, 우리나라의 불안정 노동 계급의 숫자는 전체 노동자 가운데 60퍼센트를 차지하며 전체 인구 가운데 30퍼센트가 넘는다.[29]

노동의 가치와 존엄성은 노동이 지니는 사회적 의미와 가치의 인정, 그리고 노동이 사회 공동체의 발전에 기여하는 데 대한 정당한 평가나 보상을 전제로 한다. 예를 들자면, 최근 코로나19 팬데믹 상황에서 택배 노동자나 배달 라이더를 포함한 플랫폼 기반 노동자들이나 의료 보건인의 사회적 기여가 없었다면 우리 사회가 입을 인적·물적 피해는 훨씬 더 컸을 것이다. 그럼에도 이들의 사회적 기여를 어느 정도

---

[29] 정용택, "노동의 프레카리아트화와 민중신학", 「신학사상」 196(2022/봄호), 285-287.

인정하고 어떻게 보상할지에 대한 논의는 많지 않다. 그 이유는 자본주의 경제에서 경제적 가치나 사회적 기여분을 평가할 때 여전히 자본이 노동자보다 더 큰 영향력을 갖기 때문이다.

　기독교적 관점에서 보면, 노동은 하나님의 창조 위임 가운데 하나로서 종교개혁가들에게는 소명(루터)이나 이웃 사랑(칼뱅)의 실천으로 이해되었다. 노동은 인간이 자신의 생계를 유지하는 수단일 뿐만 아니라 사회 공동체의 협력과 연대성을 발달시키는 중요한 과정이다. 따라서 능력 사회에서 노동 시장에 참여하지 못하고, 사회 공동체로부터 소외되는 사람들을 위한 우선적 선택은 교회의 사회적 책무다. 볼프강 후버(W. Huber)가 능력 사회의 문제를 논하면서 말했듯이 능력을 가진 사람들이 약자들의 삶의 조건을 개선시키는지, 특권층만을 선호하는지를 반드시 물을 필요가 있다.[30]

30　최경석, "능력 정의에서 연대 정의로: 오징어 게임을 기독교윤리적으로 바라보기", 한국기독교윤리학회 정기학술대회 미간행 자료집,「기독교윤리학자들이 바라본 메리토크라시」(2022), 85.

IV. 능력주의 사회에서 한국교회의 신학적 과제

1. 능력주의 신화 및 이데올로기 비판

능력주의 이념은 전근대의 신분주의를 타파하면서 능력과 노력에 따라 평가받는 사회상을 제시했다는 점에서 크게 환영받았다. 능력주의는 누구든 부지런히 노력하면 성공할 수 있다고 약속한다. "할 수 있다"라는 적극적인 사고방식에 기초하여 사람들은 소진할 때까지 자기 자신을 착취한다. 그런데 누구나 성공할 수 있다는 약속은 마치 자유주의 시장 경제의 완전 경쟁 이념처럼 실현 불가능하다. 그도 그럴 것이 한 인간의 성공에는 개인의 능력적 요소만이 아니라 태생적 차이와 부모의 문화적 자본이나 사회적 행운 같은 비능력적 요소들이 영향을 끼치기 때문이다.

한편 능력주의는 경제적 불평등과 사회적 차별까지 도덕적으로 정당화한다는 점에서 이데올로기라고 비판받는다. 능력주의는 사회경제적 불평등이 학교에서의 성적과 일터에서의 업적에 따른 결과이기에 승리자든 패배자든 불만을 가져선 안 된다고 의식화한다. 능력의 차이에 따른 차별을 없애는 것이야말로 불공평한 일이라고 말한다. 사정이 그렇다 보니 능력주의는 개인의 자유를 강조하는 정치적 우파만 아니라 사회적 평등을 강조하는 좌파에게도 광범위하게 수용되는 이데올로기가 되고 말았다.

하지만 인간이란 출생부터 조건에 차이가 나기 때문에 완전 평등이란 도무지 실현 불가능한 신화일 뿐이다. 정치학자 애덤 스위프트(A. Swift)의 지적처럼 능력 사회의 꿈을 실현하려면 모든 태생적 차이를 없애기 위해 국영 고아원을 만들어서 모든 집의 자녀를 똑같이 길러야만 가능할 것이다.[31] 이런 사실을 눈감고 개인의 노력과 능력만으로도 얼마든지 성공할 수 있다는 능력주의는 비판받아야 할 신화에 불과하다. 그리고 능력주의 사회에서 승자나 패자 모두 자업자득이라면서 사회 정치적 불평등을 도덕적으로 정당화하는 능력주의 이데올로기도 신학적 비판의 대상이 된다. 왜냐하면 능력주의 이데올로기나 사회 체제는 특정한 역사적 배경에서 생겨난 것일 뿐 자연법칙처럼 신성 불가침한 것일 수 없기 때문이다.

2. "좋은 사회"라는 공동선 증진을 위한 참여와 연대

장은주가 드라마 "오징어 게임"을 두고 비판했듯이 공정한 게임 규칙이란 기껏해야 "공정하게 죽을 권리"만 보장할 뿐 참가자 모두가 생존할 수 있다는 희망을 주지는 않는다.[32] 능력주의는 사회의 모든 구성원을 무한 경쟁의 틀 속에 가두는 무자비한 사회 시스템일 뿐이다. 능력주의가 내세우는 형식적 기회 평등이란 정의로운 사회를 위한 출발선일 뿐 최종 목적이라고 볼 수 없다. 샌델의 말대로, 형식적 기회 평등이

....

31　스티븐 J. 맥나미·로버트 K. 밀러 주니어, 『능력주의는 허구다』, 332.
32　장은주, 『공정의 배신』(서울: 피어나, 2021), 274.

란 부정의를 교정하는 데 필요한 수단이긴 하지만, 좋은 사회를 만드는 적절한 이상은 아니기 때문이다.[33] 바람직한 이상 사회를 만들려면 자유만 아니라 평등과 지능 및 교육, 직업과 권력만이 아니라 좋은 사회에 필요한 다양한 가치들, 예를 들면 친절함과 용기, 상상력과 감수성, 공감과 아량 같은 덕도 평가할 수 있어야 한다.[34]

앞 장에서 우리는 보다 나은 정의와 보다 나은 사회라는 공동선을 실현하기 위해서 시민들의 정치적 역량을 교육 시스템의 개혁과 노동의 가치와 인간 존엄성 회복에 집중해야 한다고 강조했다. 학교 교육이 성적에 따른 불평등 분배를 정당화하는 이념을 학습시키고 금융 자본주의 체제와 4차 산업 혁명 혁신 기술이 노동의 가치와 의미를 점점 약화시키기 때문이다. 한국교회가 공동선의 구현에 기여하려면 교육 혁신과 노동 가치의 회복을 위한 공론의 장에 적극 참여해야 한다.

한국교회가 능력주의 사회를 넘어서 좋은 사회를 구축하는 데 도움을 주려면 능력주의 신화와 이데올로기를 비판할 수 있는 이론적 근거와 대안 사회의 상상력을 제공해야 한다. 비록 짧은 기간 동안 유지되긴 했지만, 초기 예루살렘 교회 공동체가 보여준 자발적 나눔과 필요에 따른 배분은 대안 사회에 대한 상상력을 제공한다(행 2장과 4장). 실제로 그간의 인류 역사는 이러한 상상력을 현실화하기 위해서 사회적 약자들을 위한 다양한 분배 정책을 추구해왔다. 예를 들면, 누진적

---

33   마이클 샌델, 『공정하다는 착각』, 348.
34   마이클 영, 『능력주의』, 268.

인 조세 제도나 복지 제도가 그것이다. 최근 "고용 없는 성장"의 시대에 대응하기 위한 기본 소득에 대한 논의나 코로나19 팬데믹 속에서 영세 자영업자나 저소득 계층에게 지급한 재난지원금도 이런 노력의 연장 선상에 있다. 그리고 개인적 차원에서는 재능 있는 사람들의 재능 기부도 보다 나은 사회로 발전해가는 데 도움이 되고 있다.

그런데 한국교회가 사회 공론의 장에서 능력주의 사회 문제를 비판하는 일 못지않게 중요한 일은 교회 스스로 경쟁적이고 차별적인 능력주의 사회와는 다르게 대안 공동체로 살아가는 일이다. 한국교회 안에서 쟁점이 되어 있는 대형 교회와 소형 교회 그리고 도시 교회와 농촌 교회 사이에 존재하는 양극화 문제를 해결하고, 소형 교회와 농촌 교회 목회자도 모멸감을 느끼지 않을 수 있는 목회 생태계와 제도적 장치를 마련하는 일은 교회적으로만이 아니라 사회적으로도 유의미한 일이다.

3. 하나님의 정의에 기초한 교회 안의 능력주의 극복 과제

일찍이 막스 베버(M. Weber)는 능력주의 사회의 등장을 프로테스탄티즘과 연관시켜 이해했다. 이와 달리 장은주는 한국사회의 능력주의 이념은 프로테스탄트적 자본주의가 등장하기 훨씬 이전부터 유교적 문화와 정치 체제 속에 뿌리를 내렸음에 주목했다. 조선은 중국의 영향을 받아 일찍부터 정치적 엘리트를 선발하는 과거 제도를 시행하면서 귀족주의 정치 체제를 만들고 유지했다. 장은주는 한국사회의 "모유 이데올로기"(mother milk ideology)와도 같은 유교적 능력주의 이념이 한국의 근대화와 민주화에 기여한 점도 수긍한다.[35]

베버는『프로테스탄트 윤리와 자본주의 정신』에서 16세기 칼뱅주의와 19세기 청교도 신앙이 어떻게 자본주의와 능력주의 이념을 태동하고 발전시키는 정신적 토대가 되었는지 탐색했다. 프로테스탄티즘은 개인주의 가치관과 더불어 소명론을 통해 직업 윤리를 발전시켰다. 구원의 불확실성을 해소하기 위해 신자들은 노동과 절제를 통해 경제 활동에서 성공을 추구했고 물질적 성공 속에서 하나님의 선택을 확증할 수 있었다. 프로테스탄트적 인간은 구원의 내세적 목표를 합리적 사고와 노동을 통해 확증해가다가 마침내는 스스로 구원의 주체가 되었다. 말하자면 과학 기술이 발전하자 신에 대한 믿음이 사라졌고 그 자리에 인간 자신의 능력에 대한 확신만 남게 되었다. 이제 경제적 성공은 신의 은총 덕이 아니라 자신의 능력과 노력의 보상으로 간주되었다. 인간들은 자신에게는 성공할 만한 자격이 있고 성공은 자신의 미덕을 입증한다고 보았다. 이런 과정을 거쳐 "신 없는 섭리론"이 나왔고 그것은 마침내 근대의 능력주의와 자수성가의 윤리가 발전했다는 식의 논지를 펼친다.[36]

능력주의의 정신적 뿌리인 프로테스탄티즘과 유교 문화가 중첩되어 있는 한국교회 안에서 능력주의 이념에 맞서고 이를 극복하는 것은

---

35   장은주,『공정의 배신』, 97, 105.
36   마이클 샌델,『공정하다는 착각』, 70-80.

매우 힘든 신학적 과업이 될 것이다. 교인들 사이에는 "믿음 안에서 무엇이든 할 수 있다"라는 적극적 사고방식과 "예수 믿으면 물질적으로도 축복받는다"라는 번영주의 신앙이 보편화되어 있기 때문이다. 게다가 목회자들 사이에는 교회 성장과 대형 교회를 추구하는 교회 성장주의와 성공주의 목회관이 지배적이다. 자본주의 사회 속에서 종교 영역마저 시장화되면서 공교회에 대한 관심은 사라졌고, 교회 간 경쟁이 치열해지면서 교회 사이의 계층화나 목회자 사이의 서열화는 당연시되고 있다. 성공한 대형 교회 목회자들은 실제보다 부풀려진 자아를 갖게 되었고 작은 교회 목회자들은 자존감마저 잃어버리고 있다. 양극화의 문제는 사회 문제이면서 동시에 교회 문제가 되고 말았다. 그리고 교회의 사회적 신뢰를 떨어뜨리며 젊은 신학생들을 좌절시키는 대형 교회 세습은 능력주의 사회 논리를 따라가고 있다. 능력 사회에서 성공한 테크노크라트 엘리트가 자신의 모든 자원을 동원하여 자녀의 학력과 능력을 길러주고 부와 지위를 대물림하듯이, 성공한 대형 교회 목회자들도 비슷한 과정을 통해서 자식에게 교회를 대물림하고 있다. 문제가 된 교회들마다 형식적 기회 평등(공개 청빙 절차)과 능력이나 실력(외국 유학)을 내세우면서, 그런 역량에 끼친 부모의 비능력적 요소들에 대해서는 모른 체 한다. 어떤 경우에는 노골적으로 형식적 기회 평등마저 무시한 청빙 절차를 진행함으로써 교회 안팎으로부터 혹독한 비판을 받기도 한다. 이 같은 행태는 공정성 가치를 중시하는 젊은 세대에게 좌절과 분노를 일으켜 이들의 반기독교 분위기를 부추기고 탈교회 현상을 강화하고 있다.

이런 능력주의 사회 현실을 극복하는 데 있어서 성서는 무엇을 말하고 교회는 어떤 역할을 할 수 있을까? 신약성서에는 능력주의 이념을 신학적으로 정당화하는 것처럼 보이는 "달란트 비유"(마 25:14-30)가 등장한다. 사회학자 로버트 머튼(R. Merton)이 "있는 자는 더 풍족하게 되고 없는 자는 있는 것까지 빼앗기리라"는 말씀에 기초하여 "마태효과"(Matthew effect)라는 개념을 만들기도 했다. 마치 성서가 자본주의적 부익부 빈익빈의 현실을 정당화하고 하나님 나라의 정의가 능력주의 정의관을 정당화하는 것처럼 해석되기도 했다.

하지만 성서에는 능력주의 신화와 이데올로기를 비판하는 것처럼 보이는 "포도원 일꾼과 주인의 비유"(마 20:1-16)가 등장한다. 이 비유에 등장하는 자비로운 주인의 행동에는 개인의 능력이나 노력 혹은 노동 시간의 양에 상관없이 보상하는 새로운 정의관이 나타난다. 포도원 주인은 자기보다 늦게 온 사람에게도 일찍 온 자신과 동일한 품삯을 지불하는 것을 두고 불공평한 행위라는 일찍 온 일꾼의 불평에 아랑곳하지 않고 약속한 품삯을 똑같이 주었다.

이런 포도원 주인의 태도에 대하여 성서학적 혹은 윤리학적 관점에서 다양한 해석이 진행되고 있다.[37] 이 해석들 가운데 어떤 것이 바

---

37 이지성은 이 비유에 대한 박경미의 연구를 공동체 회복을 위한 도덕적 경제로, 김학철의 연구를 시정적 정의로, 양재훈의 연구를 차별 지향적인 능력주의 세계관에 대한 비판으로, 그리고 이혁배의 연구를 교환이 아닌 증여 행위로서의 주인 행동으로 요약했다. 그리고 자신의 관점은 능력주의 사회에서 실패한 사람들의 인간 존엄성 회복에 있다고 말한다. 참조. 이지성, "포도원 일꾼 비유로 본 능력주의 사회의 함정", 한국기독교윤리학회 정기학술대회 미간행 자료집, 「기독교윤리학자들이 바라본 메리토크라

른 해석인지는 답하기 쉬운 문제가 아니다. 다만 성서를 자본주의나 공산주의와 같은 특정 경제 이데올로기나 능력주의와 같은 특정 사회 시스템을 정당화하거나 부정하는 전거로 사용하는 데 신중해야 함을 지적하고자 한다. 성서의 궁극적 관심은 하나님의 사랑과 용서를 통한 구원에 있다. 성서가 사랑과 정의에 기초한 하나님 나라에 대한 상상력을 제공하긴 하지만 특정한 경제 정책이나 정치 강령을 제시하지는 않는다. 포도원 주인의 비유는 하나님 나라의 정의가 능력주의 사회의 정의관을 훌쩍 뛰어넘을수 있는 새로운 상상력을 제공해준다. 대부분의 기독교윤리학자들은 하나님 나라의 정의를 사랑과 변증법적 관계를 맺고 있는 것으로 이해한다. 사랑은 정의를 통해 실천되어야만 하지만, 정의는 그 뿌리가 사랑 안에 있고 사랑을 통해 끊임없이 교정되어야 한다. 물론 그 같은 정의를 정치와 경제 현실에서 어떻게 구현할 것인가는 사회 과학적 안목과 통찰이 요청되는 사안이다.

신학적 관점에서 볼 때, 능력주의 사회의 정의관은 공로주의 신앙관과 상관성을 가진다. 공로주의 신앙관에서 구원이란 인간 스스로의 힘으로 쟁취하는 것이며 구원받는 사람은 그만한 자격을 갖춘 사람으로 간주된다. 이와 마찬가지로 능력주의 정의관에 있어서도 개인의 성공과 실패는 그 책임이 스스로에게 있는 자업자득이다. 문제는 이러한 공로주의 혹은 능력주의 신앙관에서 구원이란 노력에 대한 당연한 보상일 뿐 은총이나 선물일 수 없다는 점이다. 그런 생각과 태도에는 감

....

시」(2022), 68-71.

사와 기쁨이 생길 수도 없다. 샌델이 주목했듯이 능력주의 사회에서는 "성취의 윤리학"이 "겸손한 희망과 기도의 윤리학"이나 "수혜와 감사의 윤리학"을 압도해버린다.[38]

공로주의 신앙과 달리 구원을 개인의 노력에 대한 보상이 아니라 하나님의 의로우심에서 나오는 은총과 선물로 보게 될 때 비로소 개인의 삶과 사회생활에서 새로운 상상력이 생긴다. 종교개혁가 칼뱅은 일찍이 우리가 소유하고 있는 모든 것이 하나님으로부터 받은 선물이며, 그것을 올바로 사용하는 길이 이웃과 나누는 데 있다고 주장했다. 그는 성서에 나오는 몸과 지체에 대한 비유를 들면서(고전 12장) 각각의 지체들의 기능은 사사로운 목적에 있는 것이 아니라 공동의 유익에 있다고 강조했다.[39]

하나님의 은총과 선물 사상을 인간의 경제 활동에 적용하려 했던 폴 리쾨르(P. Ricoeur)의 "선물 경제"라는 아이디어에 주목할 가치가 있다. 그는 자본주의 시장 경제가 주고받음이라는 호혜주의 윤리라면, 기독교 사상 특히, 예수의 산상 설교에 뿌리를 둔 선물 경제는 시장 경제를 지배하는 "등가의 논리"가 아니라 "넘침의 논리"이고 되돌려 받기를 바라지 않는 "거저 줌"의 윤리라고 말한다.[40] 그러면서 최초의 선물이 주어지는 지점을 하나님의 창조의 은총에서 찾는다. 이런 선물 경제 시

38　마이클 샌델,『공정하다는 착각』, 100.

39　John Calvin, J. T. McNeil (eds.) F. L. Battles (trans.), *Institutes of Christian Religion*, (Philadelphia: Westerminster Press, 1960), II. vii. v.

40　김혜령, "폴 리쾨르의 '선물경제' 개념으로 살펴 본 사랑과 정의",「현대유럽철학연구」39(2015), 141-142, 155-156.

스템이 추구하는 정의는 능력주의 사회 시스템에서 낙오되어 자기 몫을 주장할 자격조차 없는 사람들까지도 배려하려는 정의다.

이처럼 약자의 편을 들고 자격 없는 사람까지도 용서하시는 하나님의 정의는 세상의 정의, 곧 분배적 정의나 절차적 정의 혹은 사법적 정의라는 관점을 넘어서도록 도전한다. 초기 예루살렘 교회에서 보여 주었던 것처럼 기꺼이 자기의 정당한 몫까지 양보하거나 나눌 수 있는 단계로까지 나아가도록 자극한다. 이처럼 기독교 사상에 나타나는 하나님의 정의는 사랑과 용서라는 관점에서 분리할 수 없으며 바로 그 점이야말로 기독교윤리가 현실 사회에서 논의되는 능력주의 정의관을 교정하는 데 공헌할 수 있는 부분일 것이다.

V. 나가는 말

역사 속에 등장한 모든 사회 제도나 이념이 그렇듯이 근대 자본주의와 더불어 등장한 능력주의 사회 시스템과 이데올로기 역시 양면성을 지니고 있다. 능력주의는 혈통에 기초한 세습과 귀족주의 통치 방식을 타파한 공로가 있으나 지금은 형식적인 사회경제적 불평등을 확대하고, 은폐된 엘리트 세습주의를 만들어내며, 경쟁의 승자나 패자 모두에게 폭군 같다는 점에서 비판을 받고 있다.

기독교사회윤리학은 능력주의 사회 속에서 형식적 기회 평등이 아니라 실질적 기회 평등을 실현하기 위해 어떤 종류의 불평등이 얼마

만큼 존재하며 능력에 따른 성과를 어떻게 재분배하는 것이 공정한 것인지 윤리학적 이론 근거를 발전시켜야 한다. 동시에 능력주의 이념을 재생산하고 있는 학교 교육과 노동 현장에서 어떻게 공정성을 실현할 것인지 정치적 역량을 모으는 공론의 장에 적극적으로 참여해야 한다.

한편, 신학적으로 구원이 선물이지 보상이 아니라는 기독교 복음의 본질을 회복함으로써 신자들로 하여금 감사하는 마음에서 생기는 나눔과 배려의 윤리를 발전시키도록 도와야 한다. 교회가 능력주의 사회의 불공정을 비난하기에 앞서 교회 안에서 어떻게 하나님의 자비와 연대에 기초한 하나님의 정의를 구현할 수 있을지 고민해야 한다. 예수는 자기가 불러 모은 제자 공동체가 세상과는 확연히 대비되고 세상 사람들이 따를 만한 모범적인 "산 위의 마을"(*polis*[마 5:14]) 같은 대안 공동체가 되기를 기대하셨다.

참고문헌

공현. "교육에 필요한 것은 탈능력주의." 박권일 외. 『능력주의와 불평등』. 서울: 교
　　육공동체벗, 2020, 15 - 33.

김동춘. 『시험능력주의: 한국형 능력주의는 어떻게 불평등을 강화하는가』. 서울:
　　도서출판 창비, 2022.

김성수. "능력주의의 문제와 법의 역할: 볼프강 후버의 법윤리의 적용." 한국기독교
　　윤리학회 정기학술대회 미간행 자료집, 「기독교윤리학자들이 바라본 메리
　　토크라시」(2022). 50 - 61.

김혜령. "폴 리쾨르의 '선물경제' 개념으로 살펴본 사랑과 정의." 「현대유럽철학연
　　구」39 (2015), 133 - 159.

드 보통, 알랭/정영목 옮김. 『불안』. 서울: 은행나무, 2012.

마코비츠, 대니얼/서정아 옮김. 『엘리트 세습』. 서울: 세종, 2021.

맥나미, J. 스티븐밀러 주니어, K. 로버트/김현정 옮김. 『능력주의는 허구다』. 서울:
　　사이, 2015.

샌델, 마이클/함규진 옮김. 『공정하다는 착각』. 서울: 미래엔, 2020.

신혜진. "능력주의 사회에 대한 비판: 사회적 주체로서 여성을 중심으로." 한국기독
　　교윤리학회정기학술대회 미간행 자료집, 「기독교윤리학자들이 바라본 메리
　　토크라시」, 31 - 49.

아리스토텔레스/강상진·김재홍·이창우 옮김. 『니코마코스 윤리학』. 서울: 도서출판
　　길, 2011.

영, 마이클/유강은 옮김. 『능력주의: 2034년 공정하고 정의로운 엘리트 계급의 세
　　습 이야기』. 서울: 이매진, 2004.

이경숙. "시험/평가체제 속 인간과 교육받을 권리." 박권일 외. 『능력주의와 불평
　　등』, 34 - 62.

이지성. "포도원 일꾼 비유로 본 능력주의 사회의 함정." 한국기독교윤리학회 정
　　기학술대회 미간행 자료집. 「기독교윤리학자들이 바라본 메리토크라시」
　　(2022), 62 - 73.

장은주.『공정의 배신』. 서울: 피어나, 2021.

_____.『시민교육이 희망이다: 한국 민주시민교육의 철학과 실천모델』. 서울: 피어나, 2017.

정용택. "노동의 프레카리아트화와 민중신학."「신학사상」196 (2022/봄호), 265-305.

최경석. "능력 정의에서 연대 정의로: 오징어 게임을 기독교윤리적으로 바라보기." 한국기독교윤리학회 정기학술대회 미간행 자료집.「기독교윤리학자들이 바라본 메리토크라시」(2022), 74-85.

한병철/김태환 옮김.『피로사회』. 서울: 문학과지성사, 2012.

Calvin, John. J. T. McNeill (eds.) F. L. Battles (trans.), *Institutes of Christian Religion*. Philadelphia: Westerminster Press, 1960.

"능력주의" 사회에 대한
기독교사회윤리적 제언

포도원 주인이 능력주의를 대처하는 법

이지성 ┃ 루터대학교 부교수

* 이 글은 "'능력주의' 사회에 대한 기독교사회윤리적 제언: 포도원 주인이 능력주의를 대처하는 법"이라는 제목으로 『기독교사회윤리』, 54 (2022), 277–304에 게재된 것이다.

I. 2022년 한국 사회 능력주의 단면들

2021년 영국 레가툼 연구소가 발표한 "레가툼 번영 지수"에 따르면 우리나라는 167개국 중 29번째 살기 좋은 나라이고, 교육과 건강 분야에서는 최상위(2, 3위)를 차지했지만 사회적 자본(Social Capital) 분야에서는 147위로 매우 열악하다고 평가되었다.[1] 2020년 통계치(139위)보다 8계단 하락한 순위다. 사회적 자본 지수는 개인이나 사회적 관계, 공적제도에 대한 신뢰를 측정하는데 구성원 간의 신뢰와 상호작용하는 제도가 체계적으로 구축되어 있는지가 주요 평가 요소다. 살면서 어떤 문제가 생겼을 때 도움을 줄 수 있는 사람이 있는지, 사회적 제도가 마련되어 있는지에 대한 응답의 결과다. 즉 통계치로 본다면 지금 한국 사회는 아무도 믿을 수 없고 어떤 공적 기관도 나를 돕지 않는 각자도생의 사회라는 말이다. 믿을 것은 나밖에 없으며 내 능력(merit)으로 살아남아야 하는 경쟁에 내몰려 있다.

이런 상황에서 "능력주의"(meritocracy)[2]는 개인들의 무한 경쟁 상황과 만나서 "능력" 이외에 다른 기준은 인정하지 않고 심지어 약자에 대한 배려조차 "공정하지 않음"으로 여기도록 하는 촉진제로 활용되고

---

1 Legatum Institute, *2021 The Legatum Prosperity index - a tool for transformation*, 51-52, https://www.prosperity.com/download_file/view_inline/4429/(2022. 11. 11. 접속).

2 Meritocracy는 능력주의, 공적주의, 실력주의 등으로 번역되고 있으며 메리토크라시라는 용어로 사용되는 경우도 있다. 본 논문에서는 국내 학계에서 대부분 사용되고 있는 "능력주의"라는 용어를 사용한다.

있다.

지난해 세간을 뜨겁게 달군 "이준석 현상"은 이런 측면에서 주목할 만한 사례라고 볼 수 있다. 30대 젊은 야당 대표로 선출되는 과정에서 동원한 "반페미니즘"과 "전국장애인연합회와의 대립" 등 "갈라치기" 구도에서 선명하게 드러난 "능력주의" 담론은 공정성으로 포장된 능력주의를 사회 문제의 해결책으로 동원하면서 사회를 더욱 경쟁 사회로 몰아넣으며 결과의 불평등에 대한 정당화로 작용되고 있다.[3] 능력이 개인적 차원의 특징이라면, 능력주의는 명백하게 사회의 특징이고 개개인의 노력과 능력에 비례해서 보상해주는 사회 시스템으로 볼 수 있다. 이러한 차원에서 능력주의에 대한 과도한 내면화는 능력주의를 매우 이상적인 사회 시스템으로 신봉하게 했고 누구도 특혜를 받지 않고 공평한 기회를 갖게 되며 소위 개천에서 용이 날 수 있는 유일한 방법이라고 사람들을 현혹했다.

이러한 우리 사회의 문제는 2021년 6월 국제 여론 조사 기관 입소스(ipsos)가 세계 28개국을 대상으로 진행한 "문화 전쟁"(culture war) 결과에 고스란히 담겨 있다. 우리나라 국민이 느끼고 있는 문화 전쟁 체

---

3   이 밖에도 능력주의에 대한 과도한 내면화 및 혐오 대상을 향한 무차별적 정당화 사례는 무궁무진하다. 2017년 서울 교통 공사 무기 계약직 전원 정규직 전환에 대한 논란, 2018년 평창동계올림픽 "남북 하키 단일팀" 구성, 통일이 아닌 "무임승차", 공정성 반발, 2020년 인천국제공항공사 비정규직 보안 검색 노동자 정규직 동등 대우에 따른 논쟁, 공공의대 설립과 의대 정원 확대 방침을 둘러싼 전공의들 파업, 2022년 국평오(대한민국 국민 평균 수능 5등급_더불어민주당 박지현 공동비상대책위원장 학력 폄훼) 등의 논란이 최근 우리 사회에서 능력주의와 관련되어 논의할 수 있는 사안들이다.

감도는 12개 항목 중 빈부, 세대, 성별, 정당, 이념, 종교, 교육 격차(대학 교육 유무)에 따른 긴장 7개 부문에서 1위를, 빈부 격차 2위, 사회적 계급 간 긴장 2위, 엘리트 계급과 노동자들 간 긴장은 3위를 기록했다. 그나마 이민과 인종 항목에서만 낮은 수준이고 거의 모든 영역에서 최상의 문화 전쟁을 체감하고 있는 것으로 나타났다.[4] 통계 결과를 갖고 이 사회를 진단한다면 전 세계에서 가장 심각할 정도로 일상이 갈등이고 전쟁인 나라다. 그런데 이 모든 갈등을 봉합하기 위한 하나의 생각이 바로 "능력주의"다. 각각의 갈등 영역에서 모두 암묵적으로 개인의 능력과 노력에 따라서 지위와 보상을 받아야 한다는 데 동의한다. 그것이 비록 불평등한 결과를 가져온다고 할지라도 공정하기에 능력주의야말로 정의를 구현하는 방법이라는 것이다.

그런데 과연 이 능력주의가 일상이 전쟁인 갈등을 봉합할 수 있는 유일한 해결책일까? 이에 대해 다양한 입장에서 문제가 제기되고 있다. 대표적으로 마이클 샌델은 『공정하다는 착각』(*The Tyranney of Merit*)[5] 에서 미국 사회가 이토록 불평등한 야만 사회가 된 이유가 바로 능력주의 때문이며 능력주의 때문에 엘리트 계급이 된 승자와 그렇지 못한 다수의 대중 사이에 갈등이 심화되고 있다고 진단한다. 실제로 앞의 입소

4　　김호기, "대통령 선거와 문화전쟁" 경향신문(2021.08.17.) (최종 접속일 2022.09.09), https://m.khan.co.kr/opinion/column/article/202108170300045#c2b 해당 결과는 ipsos 홈페이지에서 자세히 확인할 수 있다. "Tension between rich and poor is seen as a key source of division around the world" https://www.ipsos.com/en/culture-war-around-the-world/(2022. 11. 11. 접속)

5　　마이클 샌델/함규진 옮김, 『공정하다는 착각』(서울: 와이즈베리, 2020).

스 문화 전쟁 체감도에서 계급 간 갈등의 부분에서 미국은 한국 다음 2단계 아래인 5위를 차지하고 있으며 빈부 갈등도 상위에 있다. 능력주의에 대한 국내 학자들의 연구들도 대부분 능력주의를 비판하는 차원에서 진행되고 있으며 최근에는 능력주의를 "시험 능력주의"[6]로 명명하며 한국형 능력주의[7]는 강하게 타파되어야 하는 대상으로 언급되고 있다.[8] 경제인문사회연구소의 연구정책보고서 「한국 근현대 능력주의의 역사와 신화」에서는 역사학과 사회학의 학제 간 연구를 통해 "능력주의는 불평등을 정당화하고 혐오와 갈등을 조장하여 민주주의의 기초를 파괴할 뿐 아니라 '사회적인 것'의 위기, 나아가 해체를 가져온다"[9]라고 주장하는데, 눈여겨볼 필요가 있다. 애초에 능력주의가 과정의 평등에는 주목하면서 기울어진 운동장에서 출발하고 있다는 전제는 외

....

6   능력주의 연구 중 가장 최근에 발표된 『시험능력주의』는 저자가 교사와 교수로서 교육 현장에서 겪었던 능력주의의 폐해를 사례 중심으로 소개하고 있다. 한국 사회의 능력주의를 "시험능력주의"로 명명하며 조망했다. 김동춘, 『시험능력주의: 한국형 능력주의는 어떻게 불평등을 강화하는가』(서울: 창비, 2022).

7   박권일은 능력주의가 한국에서 발현되는 현상을 K-Meritocracy라고 부르며 능력주의가 한국에서 형성된 과정과 불평등을 재생산하는 능력주의의 현상을 면밀하게 검토하고 있다. 그의 연구는 능력주의에 대한 국내 연구 중 주목할 만한 논의로 보인다. 박권일, 『한국의 능력주의』(서울: 이데아, 2021).

8   장은주는 능력주의 담론을 초기부터 이끌고 있고 교육의 차원에서 강력하게 비판하며 메리토크라시가 클렙토크라시가 될 수 있다는 점을 제기하고 있다. 본 논문은 장은주, 『공정의 배신: 능력주의에 갇힌 한국의 공정』(서울: 피어나, 2021), 장은주, "능력주의 함정에서 벗어나기", 「철학과 현실」 128 (2021), 134-151. 장은주, "한국 사회에서 '메리토크라시의 발흥'과 교육 문제", 「사회와 철학」 제21집, 2011을 참조했고 이외에도 능력주의에 대한 국내 연구 중 장석준, 『능력주의, 가장 한국적인 계급 지도』(서울: 갈라파고스, 202), 김주현, "능력주의에 대한 반론" 25(2022) 「법철학연구」 27-52 등에서 각각의 통찰을 참조했다.

9   황병주 외, "한국 근현대 능력주의의 역사와 신화", 『경제인문사회연구소』 (2021) 3.

면하고 있다는 지적이다. 특히 이러한 능력주의는 사회가 위기 상황에 처했을 때 강화되고 위기를 더욱 심화시킬 수 있는 기제로 작동할 수 있다. 샌델은 능력주의의 가장 큰 폐단을 엘리트의 오만과 다수 대중들의 모멸감, 그리고 노동의 존엄 파괴, 패배로 인한 절망사라고 지적했다. 이 주장을 지금 한국 사회에 견주어 보면 전쟁 같은 일상의 주범이 능력주의라고 해도 무방할 것이다.

II. 능력주의와 불평등의 함수 관계

공동체 구성원이 개인의 능력으로 평가되고 기회를 얻는 제도는 과거 봉건 사회의 신분제라는 구습을 타파하고 혁신적으로 등장한 이데올로기다. "재능에 따른 출세"를 언급한 프랑스 혁명과 "누구나 엘리트가 될 수 있다"라고 강조한 미국 독립선언문을 굳이 언급하지 않더라도 능력에 대한 긍정은 곧 인간과 사회를 작동하게 하는 새로운 힘이었고 사회 평등을 가능케 하는 긍정적 요소를 담지하고 출발했음은 분명하다.

"능력주의"라는 개념은 1956년 앨런 폭스(Alan Fox)라는 사회학자가 처음 사용한 개념으로, 사회의 엘리트 계급이 자신들의 지배적 지위를 차지하는 사회를 설명하면서 등장했다.[10] 이 개념은 2년 후 1958년

....

10   Alan Fox, "Class and Equality." *Socialist Commentary*. May 1956, 13. https://www.

마이클 영(Michal Young)의 소설 속에 등장하면서 주목받게 되는데, 영은 "능력주의라는 개념이 세습 신분 중심 사회에서 능력 중심 사회로 이행하는 합리적 과정 속에 성공을 개인의 능력과 노력의 산물로 치환하면서 나타나게 되었다"[11]라고 말한다. 좁은 의미에서 그것은 어떤 신념이나 이데올로기로 볼 수 있지만 다양한 층위의 사회 속에서 실천과 제도를 포함하는 하나의 현상으로 볼 수도 있다. 이 능력주의는 세습이나 상속 같은 구습을 타파하기 원하는 진보 성향의 정치 영역과 노동계에서 환영을 받았지만 점차 불평등을 정당화하는 기제로 활용되고 있다는 비판을 마주하게 된다. 능력주의는 자본주의를 만나 "지위와 보상을 능력에 따라 분배한다"라는 원리에 의해 작동하게 되었고 그 과정에서 지위와 보상은 직업과 소득으로 등치되었다. 즉 능력에 따라 직업과 소득이 분배되어야 한다는 도식으로 환원되면서 한정적인 직업과 소득은 소수 특권자들의 몫이 되는 결과를 가져온 것이다.

결국 지금 우리 사회에서 능력주의는 능력에 따라 "각자의 몫을 각자에게"라는 고전적 해석이 아니라 "특정 직업과 소득을 분배하는 사회 제도"로 활용되고 있다. 『능력주의는 허구다』에서 스티븐 J. 맥나미(Stephen J. McNamee)는 "능력주의가 처음에는 나무랄 것 없는 시스템으로 보였지만 잔인하고 무자비한 다윈의 '적자생존' 원칙에 따라 돌아가는, 능력 없는 사람은 생존조차 할 수 없는 무자비한 차별과 탄압이

....

wordorigins.org/big-list-entries/meritocracy에서 재인용/(2022. 09. 09. 접속).

11 마이클 영/유강은 옮김, 『능력주의: 2034년 공정하고 정의로운 엘리트 계급의 세습 이야기』(*Meritocracy*, 서울; 이매진, 2020).

가해지는 부작용이 상당하다"[12]라고 이야기한다. 그는 구체적으로 이 부작용을 부추기는 문제점들에 대해 능력을 이겨버리는 비능력적 요인들, 곧 "차별적 교육 기회, 불평등한 사회적 자본과 문화적 자본, 특권의 상속과 부의 세습, 개인의 능력으로는 도저히 손쓸 방법이 없는 불가항력적인 요인들, 자영업자의 자수성가를 방해하는 대기업, 편견에 의한 차별"[13] 등을 능력주의 시스템을 방해하는 요소로 지목하고 있다.

능력주의가 주장하는 평등과 공정이란 결국 능력에 따른 차등적인 보상이며, 과정의 평등에 집중하면서 기회의 평등이라고 주장하는 형식적 평등에 그치기 때문이다. 즉 능력주의가 주장하는 형식적인 기회 평등이란 기껏해야 사회의 계층 사다리를 올라갈 기회 정도라는 말이다.

능력주의와 불평등의 함수 관계는 교육의 차원에서 접근할 때 매우 잘 드러난다. 장은주는 교육과 능력주의의 관계에 대해 "능력주의란 좁게는 여러 선발 과정을 거쳐 능력이 뛰어나다고 인정된 사람들이 정치 권력을 갖는 체제, 일반적으로는 사회 전체에서 능력이 뛰어난 사람들이 그렇지 못한 사람들보다 더 많은 부와 명예를 갖고 그런 방식이 정당화되는 사회 체제"[14]라고 정의하면서 그 속에서 "교육"은 매우 특별한 자리를 차지하고 있다고 주장한다. 왜냐하면 능력주의가 결국 클

....

12   스티븐 J. 맥나미·로버트 K. 밀러 주니어/김현정 옮김, 『능력주의는 허구다』(*The Meritocracy Myth*, 서울: 사이, 2015), 16.

13   위의 책, 102.

14   장은주, "한국 사회에서 '메리토크라시의 발흥'과 교육 문제", 「사회와 철학」 제21집 (2011), 71.

렙토크라시(*kleptocracy*[도둑 정치])적인 사회의 실상을 은폐하기 위해 활용되며, 이는 교육의 영역에서 "공정한 선발 과정, 즉 시험"에 대한 신봉을 견인하기 때문이다. 특히 시험의 공정성(절차의 공정성)에 대한 집착, 결과의 불평등에 무관심한 결과가 도출되는데 그 결과 마이클 영의 지적처럼 새로운 계급 사회를 만들어낼 가능성이 현실화되고 있다. 문제는 그 사회가 과연 정의로운 사회인가 하는 점이다. 물론 여기서 정의란 "분배적 정의"를 뜻한다.

아리스토텔레스는 "당사자들이 동등함에도 동등하지 않은 몫을, 혹은 동등하지 않은 사람들이 동등한 몫을 분배받아 갖게 되면 거기서 싸움과 불평이 생겨난다"[15]라고 말한 바 있다. 이러한 갈등을 조율할 수 있는 것이 "분배적 정의"다. 샌델이 말하는 정의도 기본적으로 "소득과 부, 의무와 권리, 권력과 기회, 공직과 영광 등을 어떻게 분배하는지 묻는 것"[16]이다. 즉 아리스토텔레스가 말하는 정의는 사회적 관계 속에서 생겨나는 좋은 것, 가치 있는 것, 이익, 부담 등과 관련해서 사람들이 합당한 몫, 마땅히 가져야 할 몫만 갖는 것이라고 볼 수 있다. 즉 자기가 가져야 할 몫만 갖는 것이 정의이고 그런 상태가 공정하다는 것이다. 아리스토텔레스에 따르면 "바람직한 분배적 정의란 무조건적이며 무차별적인 평등이 아니라 가치나 기여에 따른 차등분배, 즉 공직, 부, 권

---

15   아리스토텔레스/이창우·김재홍·강상진 옮김, 『니코마코스 윤리학』(서울; 이제이북스, 2008), 1131a 169.

16   마이클 샌델/김명철 옮김, 『정의란 무엇인가』(서울: 와이즈베리, 2014), 33. 장은주, 『공정의 배신』 73에서 재인용.

력 등을 각자의 기여도에 따라 다르게 분배하는 것"[17]이다.

그렇다면 지금 우리 사회에서 사람들을 다르게 분배하는 기준이 과연 어떤 것이어야 그 기준을 공정한 것으로 볼 수 있을까? 능력주의는 그 기준을 능력과 노력이라고 보고 그 기회가 평등하게 주어진다면 그것이 바로 공정하고 정의로운 것이라고 주장한다.

하지만 그 평등이라는 것이 절대적인 평등이 아니라는 점에 주목해야 한다. 장은주는 이 지점에서 "기여 원칙"이 작동한다는 점을 지적하는데,[18] "기여 원칙"은 사람들이 사회경제적 재화의 생산에서 기여한 정도에 따라 사람들 사이에 주어지는 보상의 격차를 공정한 것으로 정당화하는 역할을 한다. 이 기여 원칙이 사회 구성원들의 수입이나 부가 불균등하게 배분되는 데 매우 설득력 있는 정당화를 제공하기 때문이다. 기여의 정도가 다르면 모두에게 같은 보상을 해주는 것은 불공정하다고 생각하며, 기여에 대한 정당한 보상이라는 명분을 가지고 능력에 따라 생겨나는 사회적 불평등을 용인하게 되며 이것이 능력주의적인 정의관으로 고착되고 있다.

또한 그 능력과 노력이라는 것이 과연 개인들이 스스로 창출해낸 것인가?라는 질문 앞에서 능력주의는 합당한 해답을 제시하지 못한다. 그럼에도 능력주의는 "능력과 노력에 따른 분배만이 공정하다"라는 주장을 굽히지 않는다. 여기서 말하는 공정은 절차적 공정, 즉 형식적 공

---

17   장은주, 앞의 책, 74.
18   위의 책, 80.

정이며 이미 승자독식의 상황을 전제하고 있음이 밝혀졌지만, 평등은 포기하더라도 "공정함"은 지키겠다는 것이 능력주의의 입장이다. 그런데 엄밀히 "공정"은 능력주의와는 다른 방식으로 설명되고 있다.

롤즈의 경우 형식적인 기회 균등을 보장하는 것이 공정의 전부라고 보지 않는다. 성공의 기회만 주어진다면 잘못된 것이 없다는 주장은 신분제 사회보다는 진일보했지만 "기회 균등"을 매우 협소하고 단선적으로 해석한 것이다. 어떤 부모에게서 태어나고 어떤 사회적 환경에서 살고 있는지, 즉 "자연적·사회적" 의존의 영향이 매우 큰 것이 사실이다. 이런 측면에서 사회는 기회 균형, 지역 균형 등 차별 철폐 원칙을 도입하기도 한다. 하지만 롤즈는 이것도 충분히 공정하지 않으며 자연적 소질, 재능의 불평등을 고려해야 한다고 주장한다. 즉 그것은 "사회적 경쟁에서 재능, 환경 같은 운의 역할을 최소화하는 기본 구조 정비가 필요하다"는 말이다. 사회적 경쟁에서 이긴 사람이 그렇지 못한 사람들을 위해 확보한 재화를 공유하는 구조에 대한 강조다. 결국 사회적 약자가 자존감을 누리면서 살 수 있는 토대가 필요한데, 롤즈는 "최소 수혜자가 이익을 공유할 수 있는" "차등의 원칙"을 제시한다.

능력주의에 대한 롤즈의 경계는 이 "차등의 원칙"을 적용해서 해석해볼 수 있다. 그에 따르면 애초에 출발점을 유리하게 시작한 사람들은 그 유리한 출발점이 하나의 능력이기 때문에 능력을 계발할 수 있지만, 능력으로 얻게 된 이익은 공동체 전체에게 공유되어야 한다.[19] 이를

....

19   존 롤즈/황경식 옮김, 『정의론』(*A Theory of Justice*, 서울: 이학사, 2003), 35-96.

위해 롤즈는 사회 구조에 대한 변경을 요청한다. 그는 타고난 능력에 비해 후천적으로 혹은 세습적으로 주어진 능력도 "가정과 사회적 영향"[20] 으로 본다. 롤즈에게 윤리적 가치는 차등의 원칙에 의해 최소 수혜자들에게 최대 이익이 될 때만 가능하게 된다.

샌델 역시 성공이 자기 노력의 결과가 아닌 경우가 많다는 점을 지적한다. 그리고 그는 능력주의의 주요 요소인 "노력"이 과연 가장 공정해 보이지만 객관적 측정이 가능할까?라고 질문한다. 그에 따르면, 노력은 정서적으로 판단할 수 있다. 교육의 차원에서 설명해본다면 한 개인의 능력은 부모의 지능이나 유전, 경제적 수준, 학력, 사회적 지위 등의 상속에 의해 형성되고 있다. 능력주의 사회에서 교육은 결국 부모 혹은 세습된 배경이 개인의 능력보다 중요한 역할을 하게 되는 경우를 배제할 수 없다.

마이클 영 역시 교육 제도를 사람들이 가진 능력에 대한 주관적 평가의 가능성을 줄여 매우 객관적으로 만들 수 있는 기제로 평가한다.[21] 이 체제 아래서 교육은 능력 있는 사람을 추려낼 수 있는 시험장이며, 학력과 성적이 능력의 지표로 활용되고 있다. 대부분의 사람은 사회적 재화가 부족하기 때문이라고 생각하지만, 사실 소수 특권 세력이 사회의 중요한 자원을 반메리토크라시적으로 독점하고 있으면서 나머지 재화에 대해 협소한 메리토크라시적 경쟁을 강요하고 있다. 어쩌면 주

---

20 최경석, "능력에서 연대로: '오징어 게임'을 기독교윤리적으로 바라보기", 「기독교사회윤리」 53, 2022, 111-138.

21 마이클 영, 위의 책, 250.

류 특권 세력들에게 면죄부를 주기 위해 불평등을 정당화하는 장치가 능력주의라는 것이다.

결국 "능력주의의 문제는 불평등을 재생산한다"[22]라는 정의로 귀결될 수 밖에 없다. 불평등의 근본적 원인이 "희소한 자원을 소수가 더 많이 차지한다"라는 것에 있다고 말했을 때, 능력주의 자체를 불평등의 원인으로 보기는 어렵기 때문에 개인의 능력 차이에 따른 차별은 정당하다고 판단하는 이 사회 속에서 능력주의가 불평등을 생산한다고까지 말할 수는 없지만 적어도 재생산한다는 결론은 도출할 수 있는 도식으로 보인다.

이런 상황에서 능력주의에 따른 불평등을 해소하는 대안을 마련하기 위해 우리 사회는 이 문제를 다양한 각도에서 논의할 필요가 있다.[23]

특히 능력주의의 전제에 대한 질문이 요구된다. 평등의 원칙만 주장하면 능력주의의 문제가 해결되기는 쉽지 않기 때문이다. 박권일은 "불평등"의 해소를 위해 "특권"을 없애는 것이 필요하다고 주장한다. 즉 강자의 몫을 제한하고 약자의 몫을 인상하자는 것이다. 또한 이 제한과 인상의 기준은 약자의 처지와 사회적 조건에 따라 다원적으로 접근해야 한다고 덧붙인다. 동의할 수 있는 지적이다. 하지만 앞서 제시한 것처럼 우리 사회 곳곳에 잠재된 능력주의와 그로 인해 발생한 혐오

---

22 박권일 200 이하. 박권일은 이 문제의 근본 원인을 "특권"으로 보고 있다.
23 마이클 영, 위의 책, 251.

의 상황을 특권의 대상에 따라 그 기준을 별도로 적용해서 다원적으로 해소한다는 것이 과연 가능할까? 사실 능력주의와의 싸움은 현실적으로 비관적이기만 하다.

영은 이 지점에서 "평등이란 사회의 계층 사다리를 올라가는 기회가 아니라 모든 사람이 각자 타고난 덕과 재능, 인간 경험의 깊이와 아름다움을 감상할 수 있는 모든 능력, 즉 삶의 잠재력을 지능과 상관없이 최대한 발전시킬 기회를 균등하게 만드는 일"[24]이라고 주장한다. 능력주의는 승자가 정해져 있는 결과를 향해 불나방처럼 달려가는 우리를 향해 공정한 규칙만 적용한다면 그 게임은 계속되어야 한다고 부추기고 있다. 그것만이 정의로운 사회를 만드는 방법이라는 신념으로 오늘도 그 게임에는 사람들이 몰려들고 있다. 그 게임에서 이미 평등은 무의미해졌다. 평등을 버린 공정과 정의는 과연 이 사회를 얼마나 지탱할 수 있을까? 마이클 영의 소설 『능력주의』는 허구의 상상으로 시작되었지만 결국 모두 자멸에 이르는 디스토피아로 끝난다. 하지만 우리 사회는 그 허구를 현실로 매우 생생하게 실현하고 있다. 우리의 결론이 디스토피아로 치닫기 전에 대안을 강구할 필요가 있다. 그 허구의 소설 안에서 대안이 될 수 있을 만한 작은 단초를 찾아보고자 한다.

....

24   마이클 영, 위의 책, 269.

Ⅲ. 허구의 "능력주의"와 실현된 디스토피아

마이클 영의 소설 『능력주의』는 1958년 출판되었지만 1870년부터 2034년의 시간을 오르내리며 지능과 노력의 결정체인 능력이 지배하는 사회를 조망하고 있다. 소설의 전반부는 전 세계가 전쟁으로 인해 인력을 효율적으로 활용할 필요성을 인지하고 귀족주의와 세습주의가 무너지며 능력주의와 함께 사회의 엘리트들이 태동하는 상황을 묘사한다. 후반부는 이러한 능력주의의 결과로 나타난 폐해를 나열하고, 새로운 하층 계급이 형성되며, 포퓰리스트들의 분노가 표출되거나 저항이 생겨난 점들을 자세히 설명한다.

소설 속에서 1960년-1970년대는 능력주의 사회가 견고하게 자리를 잡게 된 시기로 유치원에 우열반이 생기고 지능 검사는 세밀해지며 능력에 따라 학교에 진학하게 된다. 사교육과 심지어 부유층은 하층 계급의 머리 좋은 아이들을 입양하기에 이른다. 1990년대에는 아이큐가 125[25] 이상인 사람들끼리 결혼을 하게 된다.

소설의 마지막 시기인 2034년에는 태아의 아이큐를 미리 검사하고 상류층 아이들의 아이큐를 향상시키기 위해 유전자 조작도 시도된다. 결과적으로 교육의 진입 기회가 공정해졌지만 인간의 평등은 자리를 잃게 되고 새로운 계급이 형성된다. 그 시기에 이르는 동안 하층 계급의 사람들에게는 오를 수 있는 계층의 사다리가 더 이상 주어지지 않

---

[25]   영의 소설에서 아이큐 125는 상위 5% 엘리트 집단의 상징이자 기준으로 적용된다.

는다. 그들은 자신들이 수많은 시험을 거쳤다는 사실을 알고 있다. 처음에는 몸이 아파서 실패하더라도 두 번, 세 번, 네 번 기회는 주어졌지만 모두 실패했다. "열등생"이라는 낙인을 받게되었고 더 이상 기회는 주어지지 않는다.[26] 그들은 스스로 인류 역사상 최초로 자존감을 지탱할 버팀목을 잃어버린 존재가 된 채 능력 신분제 아래서 "가내 하인" "가사도우미단"으로 살아가야 한다. 결국 소설이 마무리되는 2034년 5월 피털루라는 지역에서 하층 계급의 봉기가 일어나고 소설의 화자이자 능력주의 신봉자였던 작가의 분신은 그 봉기 과정에서 살해된다.

　이야기는 이렇게 막을 내리는데, 작가는 마지막 봉기 바로 앞에 2009년에 벌어진 하나의 사건을 자세하게 설명하고 있다. 계급 없는 사회를 목표로 하는 기술자당[27]의 한 지역 협의체가 "능력주의"에 대해 반기를 들었던 소위 "첼시 선언"에 관한 내용이다. 그 협의체는 한 사람이 근본적인 면에서 다른 사람보다 우월할 수 없다고 생각하며, 모두가 각자 내면에 선을 품고 있기 때문에 모두 존중받아야 한다는 점에서 평등을 추구하고 있다. 이 협의체는 모든 남자, 심지어 모든 여자가 어떤 일, 예를 들어 냄비 만들기, 데이지꽃 기르기, 종 치기, 아이 돌보기 등 어떤 재능이든 발견해서 존중하는 일이 사회가 할 소임이라고 말한다.

26　마이클 영, 위의 책, 174.
27　소설 속에서 완벽한 능력주의 사회에서는 이미 하층 계급은 최소한의 자존감도 가질 수 없는 존재가 되어버렸고, 노동자라는 호칭 대신 기술자라고 불리기는 하지만 최소한의 소득과 열등한 삶이 회복될 가능성은 사라져버렸다. "기술자당"이라는 호칭을 이러한 배경에서 이해하면 첼시 선언이 지향하는 바가 좀 더 선연하게 드러날 수 있다.

영은 특히 "첼시 선언"의 마지막 문단이 인용할 가치가 있다고 평가하며 그대로 옮겨 담았다.

> 계급 없는 사회는 다양한 가치를 소유하는 동시에 그런 가치에 근거해서 행동하는 사회가 되리라. 우리가 사람들을 지능과 교육, 직업과 권력만이 아니라 친절함과 용기, 상상력과 감수성, 공감과 아량에 따라서도 평가한다면, 계급이 존재할 수 없으리라.…어느 누가 아버지로서 훌륭한 자질을 갖춘 경비원보다 과학자가 우월하며, 장미를 재배하는 데 비상한 솜씨를 지닌 트럭 운전사보다 상 받는 일에 비상한 기술이 있는 공무원이 우월하다고 말할 수 있겠는가? 계급 없는 사회는 또한 개인적 차이를 수동적으로 관용할 뿐 아니라 능동적으로 장려하여 인간의 존엄성이 마침내 그 온전한 의미를 찾게 되는 관용적인 사회가 되리라. 모든 인간은 어떤 수치적 잣대로 비춰봐 세상에서 출세할 기회가 아니라 풍요로운 삶을 이끌기 위해 자기만의 특별한 역량을 발전시킬 기회를 균등하게 누리게 되리라.[28]

이 선언문에 대해 작가인 영은 선언문 작성자들이 생각하는 기회 균등이란 사회의 계층 사다리를 올라갈 기회가 아니라 모든 사람이 각자 타고난 덕과 재능, 인간 경험의 깊이와 아름다움을 감상할 수 있는 모든 능력, 삶의 잠재력을 지능에 상관없이 최대한 발전시킬 기회를 균등하게 만드는 일이라고 설명한다. 그리고 선언문을 부연하듯 자신의 이야

....

28   마이클 영, 위의 책, 270.

기를 말미에 적고 있다.

> 모든 어린이는 단순히 사회에 필요한 잠재적인 직무 담당자가 아니라 소중한 개인이다. 학교는 직업 구조에 밀접하게 결부돼 어떤 특정한 순간에 중요하다고 여겨지는 일자리를 채우기 위해 사람들을 배출하는 게 아니라 인간의 모든 재능을 장려하는 데 전념해야 한다. 과학이 지배하는 세상에서 필요한 재능인지 아닌지는 중요하지 않다. 예술과 손재주도 과학과 기술만큼 중시돼야 한다.…그러면 학생들은 각자의 속도에 맞춰 발전하면서 자기 나름의 특별한 성취를 달성할 수 있다.[29]

결국 소설은 능력주의라는 유토피아가 디스토피아가 되어가는 과정을 보여주며 끝을 맺는다. 출간 이후 이 소설은 현대 사회의 조직 체계를 예리하게 예언한 책으로 널리 읽히고 유명세를 탔지만 실상 능력주의의 양면성에 대한 경고는 제대로 주목받지 못했다.[30] 이는 2001년 영국 노동당 소속 토니 블레어 총리의 "영국을 완전히 능력주의 사회로 만들겠다"라는 선언에 마이클 영이 「가디언」에 "내가 그 책을 쓴 일을 뼈아프게 생각하며 능력주의는 타도 되어야 한다"[31]라고 칼럼을 기고한

....

29　마이클 영, 위의 책, 272.
30　마이클 영, 위의 책, 313. 옮긴이의 글 "능력주의 말하기", 『능력주의』 읽기 중에서 인용.
31　Michael Young, Down with Meritocracy, The Man who coined the word four decades ago wishes Tony Blair would stop using it, *The Guardian*, 29, June, 2001, https://www.theguardian.com/politics/2001/jun/29/comment/(2022. 09. 30. 접속).

사건을 통해서도 잘 드러난다. 영은 이 칼럼에서 능력주의가 긍정적인 의미를 상실하게 된 지금의 상황에서 다시 한번 능력과 평등의 문제를 고려해보면서 다른 대안을 찾아볼 것을 권하고 있다. 어쩌면 영은 전체 소설의 줄거리 속에서 마지막에 얼핏 언급된 첼시 선언의 몇몇 문장들에서 그 실마리를 제공했던 것이 아닌가 추측해본다. "친절함과 용기, 상상력과 감수성, 그리고 공감과 아량"을 평가하며 개인적 차이를 인정하는 사회[32]란 과연 어떤 사회일까?

IV. 기회의 평등이라는 "환상" 버리기

"지능과 교육, 직업과 권력"이 아니라 "친절함과 용기, 상상력과 감수성, 공감과 아량"으로 평가되는 사회를 상상해본다. 영이 지향하는 가치는 가늠할 수 있지만 구체적인 적용을 하려니 막막하다. 능력주의를 비판하는 연구들도 이 지점에서 대부분 교육 제도 개혁에 집중하고 있다. 우리나라도 20여년 전부터 대학 입시 경쟁과 대학 서열에 대

------

32   장석준, 『능력주의, 가장 한국적인 계급 지도』(서울: 갈라파고스, 2022), 166. 장석준은 한국의 능력주의를 계급의 문제로 바라보면서, 이 대안과 노동 계급의 입장에서 영의 대안을 해석하며 근대적인 노동 계급은 부활할 수는 없겠지만 새로운 사회적 주체들이 사회 세력을 형성해야 한다고 주장한다. 또한 그는 이러한 사회를 "능력의 다원론"이 인정되는 사회라고 부르며 첼시 선언이 담고 있는 결론은 인간들 각자의 무수한 능력들을 그 자체로 존중하고 인정하면서 풍요로운 삶을 이끌기 위해 자기만의 특별한 역량을 발전시킬 기회를 균등하게 누리게 하는 것이라고 해석한다.

해 문제를 제기하고 평준화를 실현하려고 노력하고 있으며, 지난 정권의 경우에도 대학 서열 철폐를 주장하며 국공립대 통합을 통한 대학 평준화를 주장했지만, 구호에 그치고 공정한 입시 제도 마련에만 공을 들였다. 샌델도 능력주의 해소 방안으로『공정이라는 착각』에서 아이비리그 대학들의 추첨제 선발을 제시한다. 매우 강한 어조의 능력주의 분석과 비판에 비하면 용두사미 같은 결론이라는 생각을 지울 수 없다. 물론 교육 개혁이 특히 시험 능력주의로 불리는 대한민국의 K-Meritocracy의 특성을 고려할 때 매우 선제적으로 필요한 요소이지만 좀 더 전방위적이며 포괄적인 차원에서 대안을 논의할 필요가 있다.

여기서 영이 소설에서 잠시 언급[33]한 인물이 있다. 페이비언(Fabian) 사회주의자들과 조금 다른 선상에서 노동의 존엄에 관해 기묘한 말을 한 사람들이 등장하는데 그들은 모리스 부부, 토니 부부, 콜 부부다. 이들 중 토니 부부로 호명된 인물인 R. H. 토니(1880-1962)는 사회경제학자로 영국 노동당뿐만 아니라 사회주의자들에게도 매우 존경을 받았던 인물[34]이다. 그는 도덕을 배제하고 효율과 편의에 초점을 두고 다수의 물질적 풍요를 위해 소수에게 부과되는 반사회적 착취를 한

---

33 『능력주의』 내에서 페이비언 사회주의자들과 대비하며 언급한 세 부부가 등장한다. 이들은 책 전체에서 매우 작은 비중으로 다루어지지만, 영국 사회에서 큰 영향력을 행사했던 실존 인물들이다.

34 국내에서 R. H. 토니를 오랫동안 연구한 고세훈은 그를 정치인, 사회활동가, 성인 교육 개척자, 완전무상의 중등교육 주창자, 대학 개혁가로 삶과 경험과 현실 사회 속에서 균형을 이룬 인물로 평가한다. 특히 그는 토니가 자신을 기독교인으로서 의식하면서 살았던 삶을 높게 평가하고 있다. 고세훈, "R. H. 토니의 사회경제사상: 기독교적 위상과 한국적 함의", *OUTHOPIA*, 30권 2호(2015), 5-31.

페이비언 사회주의를 비판했다.[35] 그는 과거의 경제적 삶은 도덕의 일부였지만 세속/계몽주의로 인해 경제가 도덕적 규제를 벗어나 윤리 부재의 영역으로 변질되었고, 그 과정에서 부를 탈취하는 것에 무제한적으로 몰두되는 탈취 사회(Acquisitive Society)[36]가 탄생했다고 지적한다. 토니는 탈취 사회의 반대 개념으로 기능 사회(Functional Society)를 제시하는데, 이 사회는 소유주의 이익이 아니라 공공 서비스와 공동체 일원으로서의 개인을, 엘리트 중심이 아니라 모두를 지향하는 사회다. 특히 그는 평등을 편의(expediency)의 차원으로 논의하는 것을 거부하면서[37] 신에 대한 믿음과 모든 인간이 근본적으로 평등하다는 점을 강조했다.

> 기독교적인 인간 개념의 당연한 귀결은 강력한 평등 의식이다. 평등은 모든 사람이 똑같이 키가 크고 살이 쪄야 하는 것이 아닌 것처럼 동일하게 영민하거나 동일하게 덕스럽다는 의미가 아니다.…그것은 모든 사람이 단지 그들이 인간이라는 이유 때문에 동일한 가치를 지닌다는 의미다.[38]

토니는 각각의 기질과 재능을 가진 다양한 구성원은 인간이라는 공통점을 가졌기 때문에 사회는 공동의 필요를 충족시키고 그들 각자의 자질을 고려해서 부와 출생, 지위의 차이가 덜 강조되도록 사회가 조직되

---

35 영이 이러한 이유 때문에 능력주의의 대안의 단서로 이들을 지목한 것으로 보인다.
36 "탈취 사회"는 "취득 사회"로 번역되기도 한다.
37 고세훈, 『R. H. 토니: 삶, 사상, 기독교』(서울: 아카넷, 2019), 104.
38 R. H. Tawney, *Christian Politics* (London: Socialist Christion Leage, 1954) 13. R. H. 토니/고세훈 옮김, 『기독교와 자본주의의 발흥』(서울: 한길사, 2015) 26, 재인용.

어야 한다고 본다. 사회는 각각의 사람들을 모두 동일한 필요를 지닌 존재이기 때문에 동일하게 여기며, 다른 조건이 필요할 경우 다른 서비스를 제공해야 한다. 여기서 문제가 되는 점은 "어떤 특정한 사람이 나머지 사람들에 비해 더 많이 가져가는 것이 아니라 특정 계급이 다른 계급이 누리는 문명의 유산에서 배제되는 것이고 궁극적으로 추구해야 할 인간애가 하찮은 경제적 격차 때문에 빛을 잃게 되는 것"[39]이다. 토니에게 중요한 것은 모두가 소득을 똑같이 받는 것이 아니라 그런 분배가 사소한 것으로 생각하도록 만드는 "상이한 개인들 간의 보수의 차이는 남되 상이한 계급 문명 간의 대비가 사라진 사회"[40]다.

또한 토니가 이러한 수량적 평등만큼이나 부정했던 것이 비례적 평등인데, 이것은 종종 "공정"의 개념으로 다루어지곤 한다. 특히 평등보다는 공정을 우선시하는 능력주의자들은 "기회의 평등"이 공정함이라고 주장하곤 한다. 이들이 수용한 논리는 "사람들은 서로 다른 재능에 대해 보상을 얻을 권리가 있고, 제도가 발생시킨 차별은 수용하지 않지만 자연적인 능력으로 인한 차별은 정당하다"[41]는 것이다. 토니는

....

39 R. Tawney, *Equality, with an Introduction by Richard Titmus* (Londaon: Unwin Books, 1964) 103-104, 위의 책 재인용, 106. 고세훈, 『R. H. 토니: 삶, 사상, 기독교』(서울: 아카넷, 2019), 67, 재인용.

40 위의 책, 72. 고세훈은 토니의 『평등』의 주요 내용을 앞의 책 4부에서 세밀하게 다루고 결론에 이르러 토니의 "평등" 사상이 영국의 사회주의 사상의 발전에 이정표를 제시한 중요한 저서이지만, 평등에 대해서는 개념적으로나 철학적으로 접근하기가 어렵다고 본다. 또한 "평등한 배려"가 차별 정당화에 적용될 수도 있으며, 정책적으로 제안한 교육 체제 등의 적용 가능성에는 부정적인 입장을 보인다.

41 위의 책, 67.

이런 차원의 기회의 평등은 과거 봉건 사회에서 법적 평등을 위한 해방적인 구호일 수 있었지만 자본주의 사회에서는 시의성을 잃어버리게 됐다고 한다. 그는 공동체의 모든 구성원이 출신, 직업, 사회적 지위와 무관하게 신체, 성품, 지성이 부여받은 본래적 자질을 최대로 발현할 기회를 동등하게 부여받을 때, 오직 그때에만 공정이 획득될 수 있다고 본다. 누군가가 능력 혹은 역량이 사회적 환경 때문에 위축되고 또 다른 누군가는 그 때문에 혜택을 보게 된다면 그 "기회의 평등"은 사실 초라한 가공물로 전락하고 현실 세계에서는 불가능한 미사여구에 불과한 것이다. 이에 대해 토니는 기회 평등(혹은 균등)이란 "달갑지 않은 손님에게 형편상 그가 응하지 못할 것을 뻔히 알면서도 내미는 초대장의 무례한 정중함"[42]이며 몇몇 노예가 해방돼서 노예 소유주가 되었다고 해서 노예제가 견딜 만한 것은 아니라고 지적한다. 결국 능력주의가 주장하는 기회의 평등이라는 것은 환상일 뿐이고 불평등을 해소할 수 있는 그 어떤 장치도 제공하지 못하게 된다.

토니는 사회적 불평등과 구조적 고통의 근본적 원인이 재물이나 재산의 부족함이 아니라 도덕의 부재라고 보고 있다. 특히 그는 『기독교와 자본주의의 발흥』이라는 역작을 통해 종교개혁 이후에 교회가 사회윤리적 권위를 잃어버렸고 사회는 사적인 권리와 이익 추구 앞에 제한 없이 짓밟히고 탈취하는 곳으로 변했다고 비판한다. 이러한 비판은 기독교의 사회윤리적 권위가 무너진 자리에 불평등의 종교가 자리 잡

....

42　위의 책, 106.

았는데, 불평등이란 반인간적이고 경제적 진보를 방해하며 인간의 기본적 필요를 억압하게 되었다는 지적이다. 토니에게 평등이란 부나 재화의 문제가 아니라 사회적 관계의 차원이었다. 그에게 인간은 신이 보기에 평등한 존재이므로 서로 평가나 행동을 할 때 평등해야 하며 모두가 공정하게 여겨져야 하는 존재이기 때문이다. 토니는 인간은 무한히 위대하고 무한히 취약하다는 것 외에 서로 공유하는 공통점을 갖고 있지 않다고 생각한다.[43] 따라서 그는 인간을 계급으로 나누는 것이 하나님에 대한 모욕이라고까지 주장한다. 그리고 그는 이러한 탈취 사회를 극복할 수 있는 방안으로 "사람과 사람 사이의 올바른 관계인 동료애"를 제시한다. 토니가 평등의 문제를 분배 정의의 지평에서 관계의 지평으로 확대한 것도 그 연장선으로 볼 수 있다. 즉 그가 추구한 평등은 "동료애를 위한 평등"이었고 한 사람 한 사람의 가치를 상황에 따라 고려하고 인정하는 것이 기독교사회윤리이며 이 사회가 지향해야 하는 가치였다.

토니가 말하는 동료애는 평등에 기초하고 평등을 전제로 하지만, 평등이 동료애의 충분 조건은 아니고 필요 조건이다. 즉 "자유롭고 평등한 개인들 간의 올바른 관계"가 동료애이고 그 자체가 목적이며 올바른 삶의 조건으로, 그 안에서 사람들 간의 지배는 허용되지 않고 각자는 손이 닿을 수 있는 위치에 있을 뿐이다. 앞에서 지적한 것처럼 토니는 평등을 "편의"의 차원에서 정의하는 것을 거부한다. 그에게 평등

43　위의 책, 65.

은 계산적이고 분배적 차원이 아니라 관계적 차원이고, 차별이 아니라 "함께"라는 동료애의 성취였다.

동료애는 감정의 문제가 아니라 자유롭고 평등한 구성원들 간의 사회적 유대를 촉진하는 구조의 문제였다. 한쪽이 다른 쪽의 목적을 위한 수단이 될 때 동료애는 존재할 수 없으며, 근본적으로 자본주의와 불화할 수밖에 없다. 따라서 동료애가 중심이 되는 사회에서 인간은 신의 피조물로 창조주와 피조물 간의 간극을 메우는 역할을 부여받게 되는데, 그 역할은 자본주의적인 분배적 정의를 넘어서서 새로운 가치로 총체적으로 전환해야 하는 운명을 부여받게 된다. 피조물로서의 인간이 지향해야 할 것은 단지 개성이 꽃피고 사회적 관계들이 자연스럽게 활력을 띠는 기회를 만드는 일이다.

> 인간이 인간인 한, 가난한 사회도 올바른 삶의 질서를 발견하지 못할 정도로 가난한 것은 아니며 부유한 사회도 그것을 찾을 필요가 없을 정도로 부유하지 않다. 즉 권력도 부도 그 자체 목적이 아닌 바 목적이란 자유롭고 평등한 개인들 간의 올바른 관계이기 때문이다.[44]

이 지점에서 영이 첼시 선언에서 주장한 "친절함과 용기, 상상력과 감수성, 그리고 공감과 아량"을 평가하며 개인적 차이를 인정하는 사회와 토니의 기능 사회가 일정 부분 맞닿는 지점을 볼 수 있다. 우리 사회가

----

44   위의 책, 61.

가야 할 방향은 능력에 대한 보상의 원리가 아니라 인간 평등에 기초하여 각 개인의 존엄을 회복하는 관계를 지향한 사회윤리를 요청하는 것이다. 바로 이 "존엄"의 회복을 성서의 내러티브, 포도원 주인의 태도에서 엿볼 수 있다.

V. 포도원 주인이 능력주의를 대처하는 법

마태복음 20:1-16에 나오는 포도원 주인에 대한 국내 연구자들의 최근 연구는 대부분 이 비유에 대한 "사회경제적" 함의를 드러내고 있는 경향을 보였다. 박경미는 "자기 몫을 포기하고 나누라"라는 공동체 회복을 도덕적 경제에 대한 시선으로, 김학철은 아리스토텔레스의 정의 담론과 고대 그리스의 호혜 관계에 대한 맥락으로 해석하며 불의한 구조로 짜인 세계에서 공동체의 복지와 안녕을 위해 시정적 정의를 향하고 사람들 사이에 부정적 호혜를 회복할 필요성에 대해 경제적 관점을 토대로 제안한 바 있다.[45] 나는 성서학적 연구 배경과 역량이 부족한 관계로 본문 해석보다는 이 비유를 하나의 내러티브로 접근하여 윤리학적 함의를 찾고자 한다.

나의 이러한 연구 방법은 양재훈과 이혁배의 연구에서 나타난 시

45　박경미, 『마몬의 시대 생명의 논리』(서울: 녹색평론사, 2010). 김학철, "정의롭고 선한 포도원 주인의 비유: 정의와 호혜의 관점에서 마태복음 20장 1-16절 읽기", 「신약논단」 23(4), 2016, 895-931, 참조.

선과 차별 지향적 삶을 "정의"로 착각하는 성서의 인물들을 지적한 클라인 스노드그래스(Klyne Snodgrass)의 해석에서 도움을 받았다. 양재훈은 자신의 논문에서 포도원 일꾼들의 태도를 우리 사회의 "상응적인 보상이 차별적으로 주어져야 한다는 통념"[46]에서 비롯된 것이자 늘 남들보다 우위에 있어야 하는 인간의 습성이 발현된 것으로 본다. 그는 이러한 세상적 가치관을 버리고 하나님 나라의 가치를 회복하는 것이 포도원 주인의 태도였다고 주장한다. 이혁배는 이 비유에서 나타나는 주인의 행동을 "교환이 아닌 증여로 읽으며 능력과 업적이 기득권이 되어 인간 존재의 가치를 평가하는 사회 속에서 기본적 노동의 조건마저 박탈당한 사람들을 살릴 수 있는 제안으로 읽어야 한다"[47]라고 주장한다. 즉 포도원 주인의 비유는 차별 지향적인 세계관을 고발하고 절대적 가치가 아니라 상대적 차별 우위로 만족하는 인간을 향한 예수의 가르침이다.

"아무도 일을 주지 않아서 이러고" 있는 세상에서 모든 사람에게 일자리를 주고, 그것도 모자라 종일 노동한 사람과 똑같이 "한 데나리온"을 건네주는 포도원 주인이 있다면 지금 우리 사회에서 어떤 평가를 받을까? "한 데나리온" 중 "하나"라는 재화의 가치 때문에 세상은 지금도 투덜거리고 다투고 서로 혐오하고 있다. 한 데나리온이 당시 얼마만큼의 가치가 있는지에 대해서도 신학적으로 많은 논의가 있었다. 하

---

46 양재훈, "그들은 왜 투덜거렸는가?", 『신약논단』 제23권 2호(2016), 321.
47 이혁배, "포도원 일꾼의 비유와 청년수당제도", 『기독교사상』(2016), 80.

지만 포도원 주인에게 중요한 것은 "한 데나리온"이나 "노동 시간"이 아니라 인간 그 자체였다. 포도원 주인의 분배 "태도"에도 눈길이 간다.

> 일꾼들을 불러 맨 나중에 온 사람들부터 시작하여 맨 먼저 온 사람들에게 까지 차례로 품삯을 치르시오.[48]

나중에 온 일꾼부터 품삯을 치른 그 이유가 궁금한 차에 "밭에서 곡식을 거둘 때에 이삭을 밭에 남긴 채 잊고 왔거든 그 이삭을 집으러 되돌아가지 말라. 그것은 떠돌이나 고아나 과부에게 돌아갈 몫이다"(신 24:19)라는 말씀이 겹쳐진다. 이 구절은 "각종 보호법"이라는 제목이 붙어있지만, 그 남긴 이삭을 가져가는 떠돌이나 고아, 과부의 마음을 헤아린 "존엄"의 방식이 엿보인다. 능력주의 안에 내재된 "정의로운 배분"이라는 가치 척도와 형식적 기준을 전폭적으로 해체한 포도원 주인의 분배 방식을 계급화된 사회와 불평등, 그리고 인간의 존엄마저 위협하는 능력주의 사회의 대안으로 제안해본다. 그리고 이러한 삶의 방식을 R. H. 토니의 "동료애"와 첼시 선언이 주장한 인간의 존엄성이 마침내 그 온전한 의미를 찾게 되는 관용적인 사회에서 찾아보았다. 본 연구는 사실 문제 제기와 대안 제시에 그치고 이러한 사회에 대한 구체적인 대안이나 정책적·제도적 접근까지 다루지는 못했다.

현실 사회에 그 구체적 대안을 적용하는 일이 어쩌면 불가능해 보

48　마 20:8.

일 수 있다. 하지만 기독교가 언제나 선택해야 하는 길은 어렵고 고단한 길이었고 그 길이 옳다고 성서의 내러티브는 전하고 있다. 능력주의 사회 속에서 기회와 성공, 공정과 정의라는 이념 아래 버려진 인간 존엄의 회복과 서로를 헤아리는 "존엄의 방식"에 대한 좀 더 면밀한 고민을 후속 연구에 담아보고자 한다.

참고문헌

고세훈. "R. H. 토니의 사회경제사상: 기독교적 위상과 한국적 함의." *OUTHOPIA*, 30권 2호(2015), 5-31.

_____.『R. H. 토니 : 삶, 사상, 기독교』. 서울: 아카넷, 2019.

김동춘.『시험능력주의: 한국형 능력주의는 어떻게 불평등을 강화하는가』. 서울: 창비, 2022.

김만권. "우파 포퓰리즘의 부상으로서의 이준석 현상."「황해문화」2021, 55-73.

김민섭.『유령들의 패자부활전』. 서울: 갈라파고스, 2022.

김주현. "능력주의에 대한 반론."「법철학연구」25(2022), 27-52.

김학철. "정의롭고 선한 포도원 주인의 비유:정의와 호혜의 관점에서 마태복음 20장 1-16절 읽기."「신약논단」23(4), 2016, 895-931.

롤즈, 존/황경식 옮김.『정의론』. 서울: 이학사, 2003.

박경미.『마몬의 시대 생명의 논리』. 서울: 녹색평론사, 2010.

박권일.『한국의 능력주의 K-Meritocracy』. 서울: 이데아, 2021.

샌델, 마이클/김명철 옮김.『정의란 무엇인가』. 서울: 와이즈베리, 2014.

_____/함규진 옮김.『공정하다는 착각』. 서울: 와이즈베리, 2020.

스티븐 J. 맥나미·로버트 K. 밀러 주니어/김현정 옮김.『능력주의는 허구다』. 서울: 사이, 2015.

아리스토텔레스/이창우 외 2인 옮김.『니코마코스 윤리학』. 서울: 이제이북스, 2008.

양재훈. "그들은 왜 투털거렸는가? 하나님 나라의 가치관으로 다시 읽는 포도원 품꾼의 비유(마 20:1-16)."「신약논단」23(2), 2016, 295-329.

영, 마이클/유강은 옮김.『능력주의: 2034년 공정하고 정의로운 엘리트 계급의 세습 이야기』. 서울: 이매진, 2004.

이시철. "메리토크라시의 주요 쟁점 분석: 공공 영역을 중심으로."「한국행정논집」33-4 (2021), 711-734.

이영달.『메리토크라시: 학교교육의 새로운 미래』. 서울: 행복한북클럽, 2021.

이혁배. "포도원 일꾼의 비유와 청년수당제도." 「기독교사상」 690호, 2016, 78-88.

장석준.『능력주의, 가장 한국적인 계급 지도』. 서울: 갈라파고스, 2022.

장은주. "능력주의 함정에서 벗어나기." 「철학과 현실」 28(2021), 134-151.

_____. "한국 사회에서 '메리토크라시의 발흥'과 교육 문제." 「사회와 철학」 제 21집, 2011. 71-106.

_____.『공정의 배신-능력주의에 갇힌 한국의 공정』. 서울: 피어나, 2021.

조용훈. "기독교사회윤리 관점에서 본 능력 사회 논의." 「2022 한국기독교윤리학 회 정기학술대회 자료집」(2022), 6-15.

최경석. "능력에서 연대로: '오징어 게임'을 기독교윤리적으로 바라보기." 「기독교 사회윤리」 53, 2022, 111-138.

토니, R. H/고세훈 옮김.『기독교와 자본주의의 발흥』. 서울: 한길사, 2015.

황병주 외. 「한국 근현대 능력주의의 역사와 신화」. 경제인문사회연구소(2021).

Daniel Markovits, *The Meritocracy Trap. How America's Foundational Myth Feeds Inequality, Dismantles the Middle Class, and Devours the Elits*. New York: Penguin Press, 2019

Tawney, R. H. *Christian Politics*. London: Socialist Christion Leage, 1954.

Snodgrass, Klyne R. *Stories with Intent*. Michigan: Eerdmans Pub Co, 2007.

Jo, Little. *Against Meritocracy Culture, Power and Myth of Mobility*. London and New york: Routledge 2017.

김호기, "대통령 선거와 문화전쟁" 경향신문(2021.08.17)https://m.khan.co.kr/ opinion/column/article/202108170300045#c2b/(2022. 11. 11. 접속).

Fox, Alan. "Class and Equality." *Socialist Commentary*. May 1956, 13. https://www. wordorigins.org/big-list-entries/meritocracy/(2022. 09. 09. 접속).

Legatum Institute, *2021 The Legatum Prosperity index - a tool for transformation*, https://www.prosperity.com/download_file/view_inline/4429/(2022. 11. 11. 접속).

Michael Young, Down with Meritocracy, The man who coined the word four decades ago wishes Tony Blair would stop using it, *The Guardian*, 29, June, 2001, https://www.theguardian.com/politics/2001/jun/29/comment/ (2022. 09. 30. 접속).

Ipsus, "Tension between rich and poor is seen as a key source of division around the world" https://www.ipsos.com/en/culture-war-around-the-world/(2022. 11. 11. 접속).

능력주의로 인한 불평등과
양극화의 윤리적 문제

이종원 | 계명대학교 조교수

* 이 글은 "능력주의로 인한 불평등과 양극화의 윤리적 문제"라는 제목으로 『장신논단』 54-3(2022), 150-176에 게재된 것이다.

I. 들어가는 말

코로나 팬데믹과 더불어 우리 사회의 불평등이 더욱 심해지고 있다. 유리 천장(glass ceiling)은 충분한 능력을 갖춘 사람이 직장 내 차별로 인해고위직으로 올라가지 못하는 상황을 비유적으로 칭하는 말인데, 우리나라는 유리 천장 지수(glass ceiling index)에서 매년 최하위를 기록하고있다.[1] 이와 더불어 하위 계층이 상위 계층으로 오르지 못하도록 미리장벽을 치거나 차별하여 진입 기회조차 허용하지 않는 사다리 걷어차기 또한 문제시되고 있다. 이러한 사회적 불평등은 능력이 많은 사람이우월한 지위와 특권을 누리는 것을 당연시하는 능력주의와 교묘하게맞물려 있다.

리처드 세넷(Richard Sennett)의 지적에 따르면, 어떤 사람이 "창조적"(creative)이거나 혹은 "지적"(intelligent)이라는 말은 다른 사람들보다우월하다는 것을 의미하며 남보다 가치 있는 사람이라는 뜻도 함께 내포한다.[2] 그런데 문제는 능력이라는 척도가 남보다 더 우월하며 가치있는 사람이라는 공적인 인정뿐 아니라 분배에서도 남보다 더 많이 받는 것을 당연시하며 심지어 지나칠 정도로 많이 받아도 아무런 문제 없이 받아들여지는 데 있다. 능력 만능주의가 우위를 점하며 불평등한 분

---

1 이유림, "뛰어난 여성들은 자신의 파이를 구할 수 있을까", 박권일 외, 『능력주의와 불평등』(서울: 교육공동체벗, 2020), 199-200.

2 리처드 세넷/유병선 옮김, 『뉴캐피털리즘: 표류하는 개인과 소멸하는 열정』(*The Culture of the New Capitalism*, 서울: 위즈덤하우스, 2009), 130.

배를 정당화하고 기득권을 대물림하는 이데올로기로 작용한다면 이는 심각한 문제다.

박권일은 우리 사회에서 능력주의가 지닌 문제점을 인식하지 못하고 당연시하는 이유로 첫째, 여전히 전근대적 형태의 세습과 상속이 우리 사회에 뿌리 깊게 남아 있기 때문이며, 둘째, 성취 과정에서의 고생과 노력 그리고 인내에 초점을 맞추는 경향이 강하기 때문이라고 지적한 바 있다.[3] 힘써 노력하여 얻은 성과나 성취에 대한 보상 심리가 강하게 작용하기 때문에 능력주의를 당연시하면서 받아들이게 된다. 이렇게 노력하고 고생했으니 그에 따른 충분한 보상과 대가가 따라야 하고 그러한 노력과 인내, 고생 없이 결실을 얻는 것은 바람직하지 못하다는 심리가 바탕에 깔려 있기 때문이다.

능력주의 담론은 불평등이나 세습, 학벌주의 등과 연관되어 사회학계와 교육계에서 논의되었으며 기독교 신학계에서는 최근 들어 주목받고 있다.[4] 능력주의가 최근 주목받는 이유는 우리 사회가 공정하지 못하다는 현실적인 인식을 반영한다. 능력주의는 개인의 성과와 업적에 따라 차등적으로 보상하는 자본주의적 작동 방식과 맞물려 정당화

....

3　박권일, 『능력주의와 불평등』, 28, 161 참조.

4　김성원이 조직신학적 입장에서 Michael Sandel의 메리토크라시(Meritocracy) 분석에 대해 비판적으로 고찰하였으며, 기독교윤리학회에서는 2022년 봄 정기 학술대회 주제를 "기독교윤리학자들이 본 메리토크라시"로 정하여 능력주의를 여러 측면에서 다룬 바 있다. 김성원, "마이클 샌델(Michael Sandel)의 '메리토크라시(Meritocracy)의 횡포'에 대한 분석비평 연구", 『조직신학연구』 36 (2020). 한국기독교윤리학회, 『한국기독교윤리학회 2022년 정기학술대회 자료집』(2022).

되었다. 하지만 능력주의는 개인의 업적과 공로에 기반하여 계층 간의 격차를 더 벌어지게 만들며 사회 불평등과 양극화를 가속화하는 요인으로 작용하게 되었다.

능력주의는 교회 안에까지 들어와 영향력을 행사하고 있다. 신자들 사이에는 능력주의와 결부된 번영 신앙이 복음의 본질을 왜곡시키고 있으며, 목회자들 사이에는 교회 성장론과 대형 교회를 추구하는 성공주의 목회관이 주목받고 있다. 또한 부와 권력을 차지한 신흥 엘리트가 자신들이 누리던 부와 특권을 자녀에게 대물림하듯 성공한 대형 교회 목회자들은 법망을 교묘하게 피하는 변칙적인 방법으로 교회를 세습했다. 이들은 교회 세습 과정에서 능력주의 신화로 자신들의 세습 행위를 정당화하려고 했는데, 이는 권력과 돈과 명예와 같은 기득권을 포기하지 못한 결과이며 이로 인해 교회의 이미지가 크게 실추되었다.[5]

능력주의가 내세우는 정의는 능력과 노력에 따른 차등적 보상이며 기회의 평등을 강조한다. 하지만 현실에서 주어지는 형식적인 기회의 평등이 실질적인 기회의 평등을 보장하지는 않는다. 우리 사회에서 담론화되고 있는 수저 논쟁(흙수저, 금수저, 다이아몬드 수저)이나 사다리 걷어차기처럼 이미 기울어진 운동장에서 공정한 경쟁이 가능할까? 우월한 조건과 자격을 갖춘 이들과 상대적으로 불리한 조건과 자격을 지

---

5 오성종은 대형 교회의 세습으로 한국교회의 신뢰에 위기가 초래되었다고 지적하면서 그리스도 중심적이고 종말론적인 가치관과 세계관, 교회관, 목회관으로 돌아가야 진정한 개혁이 이루어질 수 있음을 강조했다. 오성종, "한국교회 담임목사직 세습 문제와 신뢰 위기", 『신학과교회』 16 (2021), 341-363.

닌 이들을 동등한 방식과 절차로 경쟁하게 한 후, 성취 결과에 따라 차등적으로, 심지어는 지나칠 정도의 격차로 보상하는 것이 공정하다고 할 수 있을까?

본 소고에서는 우리 사회의 불평등과 양극화 문제를 능력주의와 연관시켜 비판적으로 고찰하고자 한다.[6] 능력주의는 교육이나 학벌 등과 같은 형태로 기득권을 지닌 자들의 세습을 정당화하는 방편으로 사용되었는데, 이 과정에서 능력주의의 덫에 걸려 공정이 무너지고 공동선까지 무너뜨려 정의롭지 못한 결과를 빚게 되었음을 밝히고자 한다. 그리고 능력주의를 넘어 정의롭고 공정한 공동체를 이루기 위해서는 우리에게 어떤 덕성이 요청되는지 모색하고자 한다.

....

6   이정우는 "능력주의"보다는 "실력주의"로 번역할 것을 주장하는데, 메리트(merit)는 능력을 포함해 자기 노력, 실력이 종합된 개념인데, 능력은 "선천적"이라는 뉘앙스가 강한 반면, 실력은 후천적이라는 뉘앙스를 담기에 더 낫다고 말했다. 류이근 외, 『왜 자본은 일하는 자보다 더 많이 버는가』(서울: 시대의창, 2014), 81 참조. 하지만 개인의 선천적 지능과 후천적 노력의 결과로 본다면, 실력보다는 능력이 더 종합적인 의미를 담고 있기에 더 적절한 것으로 보인다.

Ⅱ. 능력주의의 발흥

1. 능력주의의 기원

능력주의는 개인의 능력에 따라 사회적 지위를 인정하거나 경제적으로 보상하는 시스템이다. 능력주의를 의미하는 메리토크라시(meritocracy)란 1958년 영국의 사회학자 마이클 영(Michael Young)이 『능력주의의 발흥』(*The Rise of the Meritocracy*)에서 처음 사용한 개념이다. 메리토크라시는 "merit"와 "cracy"가 합쳐진 말로서, "merit"는 "뛰어남", "가치", "공로" 등의 의미를 갖는 "메리툼"(*meritum*)이라는 라틴어에서 파생된 말이며, "*cracy*"는 그리스어로 "힘"(strength, power)을 의미하는 "크라토스"(*krato*s)에서 유래되었다.

마이클 영은 가장 고결한(most virtuous)이라는 그리스어 어원 "아리스토"(*aristo*)를 "일해서 벌다", "받을 자격이 있다"라는 뜻을 지닌 라틴어 어원 "메레오"(*mereo*)로 바꾸어 "meristocracy"를 만들어냈다.[7] 마이클 영은 2033년이라는 미래를 상정하여 정부, 기업, 교육, 과학 등 분야별 리더의 요건을 제시한다. 그는 단순히 유명 인사의 자녀나 조카 등과 같은 귀족적 혈연 관계를 넘어 지능, 자격, 경험 등을 강조했다. 영은 귀족주의가 무너지고 지능에 따라 선발되고 자격에 따라서 교육받

---

7   대니얼 마코비츠/서정아 옮김. 『엘리트 세습』(*The Meritocracy Trap*, 서울: 세종서적, 2020), 438.

은 엘리트 집단이 지배하는 메리토크라시를 그린다. 상층부 구성원은 최소한 IQ 125 평점이 요구되며, 최고위직은 IQ가 165점 이상의 사람들이 차지한다. 출생과 함께 주어지는 신분이나 재력에 의한 귀족 정치나 금권 정치가 아니라 "개인의 능력과 노력"에 따른 정치 사회 체제다. 일반 국민이 아니라 "현명한 소수"가 사회를 이끄는 것이 당연한 사회가 메리토크라시다.

마이클 영은 지능(IQ)에 각종 노력(effort)을 더하여 나타나는 것이 그 사람의 업적, 능력, 장점(merit)이라고 하면서 "지능 + 노력 = 능력"을 메리토크라시의 기준으로 제시했다. 능력이란 지능과 노력의 결과이며 능력에 대한 평가는 지능 검사와 같은 시험으로 측정된다. 능력주의 사회란 개인의 능력(merit)에 따라 그 사람의 가치가 평가되는 사회를 말한다.[8] 마이클 영은 핏줄이나 연줄 대신에 의무 교육과 더불어 능력 위주의 채용 시험이 도입되는 능력주의 사회를 예견했다.

그런데 마이클 영이 주목하고 비판한 것은 자연적 귀족정(natural aristocracy)이었지만 메리토크라시 자체에 대한 경계이기도 했다. 그런데 오늘날 메리토크라시가 사회 전반에 걸쳐 지배적인 신념 체계로 받아들여지고 있다. 마이클 영은 2001년 「가디언」(Guardian)의 칼럼을 통해 43년 전 자신이 제시한 메리토크라시가 미국이나 영국에서 왜곡되어온 점을 지적하면서 능력주의 사회의 위험성을 경고했다.[9] 마이클 영

---

8   마이클 영/한준상·백은순 옮김, 『교육과 평등론: 교육과 능력주의 사회의 발흥』(*The Rise of the Meritocracy*, 서울: 전예원, 1989), 20 참조,

9   마이클 영이 설정한 가상 세계는 1958-2033년 기간이며, 마지막 해에는 메리토크라

은 자신의 책 2부 하층 계급의 쇠퇴(Decline of the lower classes)에서 상-하 계층의 격차, 하위 계층의 고달픈 현실, 노동 운동의 몰락 등을 다루면서 갈수록 메리토크라시의 부작용과 폐해가 드러날 것으로 예견했는데, 이러한 마이클 영의 우려가 현실이 되고 있다.

2. 능력주의의 역설

능력에 따라 사회적 지위를 배분하고 성과에 따라 보상하는 것은 매우 합리적이며 효율성과 생산성을 향상시킨다. 그런 점에서 능력주의는 비례적 정의관에 맞닿아 있으며 공정하고 투명한 듯 보인다. 하지만 능력주의에 대한 맹신은 사회 불평등을 잘 인식하지 못하게 만든다. 사회 과학자들의 연구에 따르면 자신이 공정하다고 믿는 사람일수록 더 불공정하고 편향되게 행동하는 경향이 있는데, 이를 "능력주의의 역설"이라고 한다.[10] 능력에 따라 차등적으로 보상하는 원리는 현실에서 겪는 사회, 경제적 격차를 "정당한" 불평등이라고 간주하면서 이를 당연시한다. 그리하여 능력에 따른 계급 질서를 문제 삼기보다는 오히려 이를 변호하고 유지하는 편에 설 가능성이 크다.

능력주의는 자본주의와 맞물려 작동하는 과정에서 기득권 계층의

시에 대한 (가상의) 혁명이 일어나는 것으로 마무리되고 있다. 이시철, "메리토크라시의 현대적 쟁점: 공공 영역을 중심으로", 『한국행정학회 하계학술발표논문집』(2021), 1670 재인용.

10   박권일, "불평등과 특권을 정당화하는 능력주의의 역설", 박권일 외, 『능력주의와 불평등』(서울: 교육공동체벗, 2020), 8

특권을 정당화하는 논리로 기능했다. 능력이나 성과에 따른 분배를 차별로 인식하지 않고 공정으로 인식하여 이를 당연시한다. 즉 능력에 따른 차등적인 배분을 불평등하다고 느끼지 않고 오히려 공정하게 여기며 당연하게 받아들인다. 문제는 "평등"과 "공정"이라는 두 가치가 충돌할 경우에 사람들은 "불공정한 평등"(unfair equality)보다는 "공정한 불평등"(fair inequality)을 더 선호한다는 데 있다.[11] 사람들은 평등보다 공정을 더 중시하기 때문에 공동체 내에 불평등이 존재하더라도 이를 공정하다고 여기며 당연시하는 것이다. 그런데 이러한 사고 경향은 불평등을 해소하기 위한 재분배 시도조차 가로막는 걸림돌로 작용할 수 있기에 문제시된다. 현실의 불평등을 해소하기 위한 재분배 시도는 공정한 자원 배분을 해치는 행위로 인식하기 때문에 시도조차 하지 않으려 한다. 그리하여 능력주의가 공정이라는 이름으로 현실의 불평등을 지속시키는 요인으로 작동하게 된다.

토머스 제퍼슨(Thomas Jefferson)은 재산과 신분에 기초한 인위적 귀족 정치를 비판하면서 덕성과 재능을 갖춘 자연적 귀족 정치야말로 제도와 신뢰, 정부를 위해 자연이 내려준 가장 고귀한 선물로 보았다.[12] 제퍼슨은 전통적인 신분제에 기초한 보수 정치에 반대하는 논리로 자연적 귀족정을 제시했는데, 이는 오늘날의 능력주의에 더 가까운 개념이다. 제퍼슨은 스스로 덕성과 재능을 갖춘 지성인임을 자처했으나, 노

---

11 정용주, "현수는 개인의 능력으로 행복한 삶을 살 수 있을까?", 박권일 외, 『능력주의와 불평등』(서울: 교육공동체벗, 2020), 87.
12 리처드 세넷, 『뉴캐피털리즘: 표류하는 개인과 소멸하는 열정』, 140 참조.

예 200여 명을 거느린 농장주였고 단 한 번도 흑인과 아메리카 원주민이 백인과 평등하다고 생각하지 않았던 인종 차별주의자였다. 그는 문명화를 통해 흑인과 원주민을 백인 문화로 편입시켜 백인의 수준으로 끌어올리는 것이 선이며 진보라고 믿었지만, 백인의 지배를 거부하던 아메리카 원주민에 대해서는 무자비한 살육을 서슴지 않았다.[13] 이로 볼 때 제퍼슨은 재산이나 신분에 기초한 귀족 정치는 넘어섰지만, 능력주의는 극복하지 못했다.

장 자크 루소(Jean-Jacques Rousseau)는 『인간 불평등 기원론』에서 자연적 불평등과 도덕적 불평등을 구분하면서 불평등은 자연 상태에서는 거의 존재하지 않는 것으로 보았다. 아름다움, 힘, 건강, 지능의 차이와 같은 신체적 불평등은 우연에서 비롯된 것으로 태어날 때부터 주어진 것이기에 그 같은 불평등에 대해 피할 수도 없고 책임도 없다는 것이다. 하지만 관습이나 계약으로 수립되거나 허용되는 도덕적(혹은 정치적) 불평등은 부, 명예, 권력의 차이와 직접적으로 관련되기에 문제시된다는 것이다. 따라서 루소는 지적인 우월성이나 신체적 우월성을 근거로 다른 사람을 복종시킬 권리는 없다고 주장한다.[14]

자연 상태에서는 육체와 정신의 신체적 불평등이 존재하지만, 이러한 불평등은 아무런 결과도 빚지 않는다. 하지만 현실에서는 자연적 불평등을 넘어 도덕적 불평등으로 확장하는 것을 용인하거나 묵인하

....

13 박권일, 『능력주의와 불평등』, 7 참조.
14 장 자크 루소/이재형 옮김, 『인간 불평등 기원론』(*Discours sur l'origine et les fondements de l'inegalite parmi les hommes*, 서울: 문예출판사, 2020), 20 참조.

는 일이 많다. 루소는 이 모든 책임이 사회에 있다고 진단한다. 사회는 개인을 탈자연화시키는 것에 책임이 있지만, 불평등이 심화하는 데도 책임이 있다는 것이다.[15] 즉 사회는 신체적 불평등에 유효성을 부여할 뿐 아니라 정치적 불평등도 만들어낸다.

루소의 관점을 능력주의와 연관 지어본다면, 자연적 상태의 불평등과 사회적 불평등을 구분할 필요가 있다. 개인 간의 신체적·정신적 능력의 차이는 자연 상태로 주어진 차이일 뿐이지, 이를 근거로 한 개인이 지닌 존재 가치의 우월성과 연관 지어 더 많은 보상을 기대하고 이를 당연시하는 것은 문제시된다.

Ⅲ. 능력주의로 인한 사회문제

1. 부의 불평등과 양극화

현재 우리 사회는 부의 불평등으로 인해 다음과 같은 특징을 지닌 새로운 형태의 가난에 직면해 있다. 첫째, 과거의 빈곤은 장애나 건강의 문제로 일하지 못하는 이들의 문제였지만, 지금은 근로 능력이 있더라도 일자리가 줄어들면서 빈곤에 빠질 가능성이 커졌다. 둘째, 부의 양극화로 인한 상대적 박탈감이 더 큰 심리적 궁핍을 안긴다. 셋째, 이전에는

....

15　위의 책, 18.

적은 것이라도 함께 나누며 가난을 이겨냈지만, 지금은 가난이 사회적 고립과 단절로 이어지고 가정까지도 무너뜨린다. 넷째, 이전에는 희망을 품고 빈곤을 극복할 수 있었지만, 지금은 경제가 성장하거나 경기가 회복되더라도 빈곤 문제는 저절로 해결되지 않는다.[16] 한번 빈곤의 덫에 걸리게 되면 늘어나는 빚으로 인해 삶의 극단으로 내몰리면서 소외와 무기력 상태로 빠져들게 된다.

가난이나 빈곤은 부의 불평등으로 인한 결과다. 현실에서 불평등은 있을 수밖에 없으며 어느 정도의 불평등은 성장과 혁신에 유용하다는 주장도 있다. 또한 어떤 이들은 좋은 불평등과 나쁜 불평등을 구분하면서 나쁜 불평등은 기회의 불평등이지만, 기회의 평등이 보장된 상태에서 소득이 불평등한 것은 좋은 의미의 불평등으로 해석하기도 한다.[17] 문제는 불평등이 더는 성장에 도움이 되지 않는 "어떤 지점"을 넘어설 때다. 지나친 불평등은 경제 성장에 도움이 되지 않으며, 계층 이동성도 떨어뜨리면서 여러 세대를 거쳐 불평등을 대물림하게 된다. 불평등이 허용 수준을 넘어서면 오히려 사회 통합을 깨고 사회적 갈등을 유발하는 요인이 된다.

토마 피케티(Thomas Piketty)는 『21세기 자본』에서 20개국 이상의 나라에서 300년에 걸쳐 부와 소득이 불평등하게 분배되어온 다루면서 분배의 불평등을 가져오는 핵심 요인은 자본이라고 지적했다. 노동

16   김수현·이현주·손병돈, 『한국의 가난』(서울: 한울아카데미, 2015), 292-95 참조.
17   류이근 외, 『왜 자본은 일하는 자보다 더 많이 버는가』, 127 참조.

으로 일해서 돈을 버는 속도보다 자본으로 돈을 버는 속도가 더 빨라서 자본 소득의 불평등이 노동 소득의 불평등보다 더 심각한 불평등의 원인이 된다.[18] 자본이 어느 수준 이상으로 커지면 자본 스스로 확대 재생산하기 때문에 소득 불평등이 더욱 악화되는 결과를 빚게 된다.

　　노동에서 나오는 소득과 달리 자본에서 나오는 소득은 부유한 소수에게 집중되기 마련이다. 따라서 한 국가의 국민 소득 가운데 자본 소득이 차지하는 비중이 클수록 분배는 더욱 불평등해진다. 부유한 사람일수록 저축 성향이 높기에 자본 소득 가운데 많은 부분이 저축되어 자본은 더 큰 규모로 늘어나게 된다. 그리고 이 자본을 상속받은 후속 세대는 자신의 능력이나 노력과는 상관없이 상위 계층으로 승계된다. 이러한 자본의 지속적인 축적 과정과 이로 인한 불평등의 심화가 바로 자본주의의 폐해라는 것이 피케티의 지적이다.[19] 상위 계층은 자신의 특권과 지위를 이용하여 부를 쌓아가지만, 대다수 하위 계층은 허리가 휘도록 일하면서도 저소득으로 인한 불안정에 시달리게 된다.

　　부의 불평등과 더불어 사회 양극화 현상 또한 심해지는 추세다. 중산층이 약화되거나 붕괴되면서 양극단으로 쏠리는 현상은 전 세계적으로 나타나는 보편적인 현상이다. 양극화의 상위 계층은 자본가 계급

....

18　노동으로 얻는 소득은 임금, 급여, 상여금, 비임금노동에 따른 수입, 법적으로 노동과 관련된 보수 등이 있으며, 자본으로 얻는 소득은 임대료, 배당금, 이자, 이윤, 자본 소득, 로열티, 토지, 부동산, 금융 상품, 산업 설비 형태의 자본 소유를 통해 얻는 소득 등이 있다. 토마 피케티/장경덕 외 옮김, 『21세기 자본』(*Le Capital au xxi Siecle*, 글항아리, 2014), 29, 292-319 참조.
19　류이근, 『왜 자본은 일하는 자보다 더 많이 버는가』, 22 참조.

과 자산 소유 투자자인 금융 자본가들로서 이들은 노동하면서도 금융 자산의 투자를 통해 소득과 재산을 동시에 불려나간다. 현재 세계 최고 부자 85명이 전 세계 빈곤층 35억 명의 재산을 합친 것보다 더 재산이 많으며, 미국의 경우 상위 1%가 전체 소득의 20% 이상을 벌어들인다.[20] 반면 양극화의 하위 계층은 몰락한 중간 계급과 불안정한 비정규직 노동자, 영세 자영업자, 소상공인들로서 이들은 노동하면 할수록 더욱 부채의 늪으로 빠져들어 소득과 재산이 줄어드는 악순환에서 벗어날 수 없다.

조귀동에 따르면, 오늘날 20대 문제의 핵심은 1등 시민인 중상위층과 나머지 2등 시민 간의 격차가 더는 메울 수 없는 초격차가 되었다는 데 있다.[21] 이 초격차는 단순히 부모의 재산을 물려받는 것만이 아니라 좋은 직업과 사회경제적 지위를 확보하는 형태로 대물림되면서 계층 간의 간격이 더 벌어지는 요인으로 작용한다. 이는 물적 자본만 아니라 인적 자본의 대물림을 통해 노동 시장에서 소득·직종·직업적 안정성의 격차로 나타나게 된다.

자본주의 사회에서 능력 위주의 새로운 계층 질서가 형성되면서 계층 간 격차는 더욱 벌어지게 되었다. 능력으로 무장한 엘리트 계층은 소득, 부, 권력을 독점하면서 광범위하게 영향력을 행사하게 되었다. 업적과 성과를 중시하는 시스템과 더불어 숙련도 편향적인 기술 진보

20   키스 페인/이영아 옮김, 『부러진 사다리』(*Broken ladder*, 서울: 와이즈베리, 2017), 12
21   조귀동, 『세습 중산층 사회』, 5.

(skill-biased technological change)는 상위 근로자에게 유리하지만 중간 숙련도 근로자에게는 불리한 환경으로 바뀌었다.[22] 실례로 월가의 엘리트 금융인은 최첨단 금융 기법과 신기술을 활용하여 중산층인 지역 은행 직원, 대출 담당자, 주식 중개인의 일자리를 대체하고 독식하게 되었으며, 고위 중역이 중간 관리자와 일선 관리자를 없애고 생산직 근로자들을 직접 관리하게 되었다.

능력주의 시스템은 노동 시장의 양극화로 인한 계층의 양극화뿐 아니라 근로 시간의 양극화(time divide)도 가져왔다. 주당 평균 40시간이던 근로자들의 근로 시간이 양극단으로 이동하여 주당 30시간을 밑돌거나 50시간을 초과하는 비중이 갈수록 늘어나고 있다.[23] 반면 능력으로 무장한 신흥 엘리트는 엄청난 근면성으로 탁월한 생산성을 발휘하면서 고소득을 올리는데, 그에 대한 보상은 능력에 따른 노동 강도에 비례해 더욱 늘어난다. 이른바 승자독식의 구조다. 이로 인해 중산층은 사라지고 양극화가 더욱 심해지는 결과를 빚게 되었다.

2. 세습과 학벌주의

부의 불평등은 세습으로 이어지면서 계층 간 이동을 가로막는 장벽이 된다. 가난하게 시작해서 부자 대열에 올라서거나 부자가 가난해

....

22　　대니얼 마코비츠, 『엘리트 세습』, 283 참조.
23　　위의 책, 173.

질 가능성은 점점 희박해지고 있다.[24] 소득에서 최상위 1/5과 최하위 1/5에 속한 가정 출신 아이들은 성인이 되어도 계층의 사다리에 그대로 남는 경향이 있다. "세대 간 소득 탄력성"(IGE, intergenerational earnings elasticity) 수치는 자녀의 평균 대비 소득 편차에 부모의 소득이 얼마나 영향을 끼치는지를 측정한 값이다. 어떤 사회의 IGE가 0이라면 부모의 소득이 자녀의 소득에 전혀 영향을 끼치지 않는다는 뜻이다. IGE가 1이라면 자녀의 운명은 세상에 태어난 바로 그 순간 부모의 계층에 따라 결정된다는 뜻이다. 마일스 코락(Miles Corak)에 따르면, 미국의 IGE는 50년 전에는 0.3 미만이었지만, 현재는 약 0.5인데, 이는 거의 모든 개발도상국보다 더 높다.[25]

능력주의 사회에서 부의 세습은 교육을 통한 학벌로 대물림된다. 글로벌화되어 가는 승자독식의 계층화 시스템 속에서 상위 계층의 부모들은 자신들의 자녀가 어렸을 때부터 높은 지위로 향하는 트랙에 올라타야 하며 그렇지 못하면 게임에서 뒤처질 것이라고 믿는다.[26] 교육적 성취와 경제적 부는 직결되기 때문에 엘리트 부모들은 자신들의 자녀가 더 높은 지위로 향하는 트랙에 확실하게 올라탈 수 있도록 모든

---

24 2019년 9월 시사저널의 여론 조사에 따르면, 10명 중 9명은 대한민국은 부와 지위가 대물림되는 세습 사회라고 답했다. 세습이 심화되고 있다는 데 동의한 사람이 52.1%였고, 세습이 가장 심화된 분야는 재계(41.4%), 정계(27.7%), 법조계(12.3%), 학계(7.6%) 순이었다. 하승우, 『신분피라미드사회』(고양: 이상북스, 2020), 6.

25 매튜 스튜어트/이승연 옮김, 『부당 세습』(*The 9.9 Percent is the New American Aristocracy*, 서울: 이음, 2005), 24.

26 로런 A. 리베라/이희령 옮김, 『그들만의 채용 리그』(*Pedigree: How Elite Students Get Elite Jobs*, 서울: 지식의날개, 2020), 372.

자원을 총동원해 지원한다. 이러한 경향은 학력이 높고 부유한 부모들이 자신들의 경제적·사회적·문화적 우위를 자녀에게 제공해 대학 입학을 유리하게 만드는 데서 잘 드러난다. 하버드 대학교 학생 중 거의 절반이 가구 소득에서 최고 4%에 속하는 가정 출신인 반면, 하위 20%의 가정에 속하는 학생은 4%밖에 되지 않는다. 특히 경영대학원과 로스쿨은 부유층 출신 학생들 쪽으로 훨씬 더 편향돼 있다.[27]

우리나라 역시 서울대 의예과의 43%, 법대 신입생의 38%가 상류층 출신으로 사립 초등학교와 국제중, 특목고, 명문대로 이어지는 성공 경로로서 이는 마치 포커판에서처럼 판돈(사교육비)을 많이 댈 수 있는 학부모가 유리한 구조다.[28] 부모의 경제력이 클수록 자녀들이 고품질의 교육을 받고, 상위권 대학이 요구하는 유형의 교과 및 비교과 과정 프로필을 준비하며, 대학 과정에서도 취업에 필요한 스펙을 쌓을 수 있도록 지원을 아끼지 않는다. 반면 평범한 가정의 자녀들은 상대적으로 뒤처질 수밖에 없다. 이로 인해 양극화와 더불어 부의 불평등이 더 심해지는 악순환을 겪게 되는데, 능력주의가 이러한 악순환을 부추기고 있다.

교육은 능력 있는 인재를 양성하여 그를 통해 사회 전체의 공익을 실현하는 효과적인 수단이 된다. 하지만 배울 수 있는 공정한 기회와 환경을 모두에게 골고루 베푸는 것이 아니라 선택받은 소수에게만 집

....

27　　같은 책, 367.

28　　조지프 E. 스티글리츠/이순희 옮김, 『불평등의 대가』(*The Price of Inequality*, 파주: 열린책들, 2013), 16 참조.

중적으로 투자한다면 이러한 혜택에서 소외되거나 배제된 이들의 처지에서는 불공평한 처사일 수밖에 없다.

자본주의 체제 이후 능력주의는 학벌과 맞물려 현실의 제도이자 하나의 규범으로 자리 잡았다. 산업 사회의 특징은 개인의 성과나 실적에 따라 보상과 분배가 이루어지는 것인데, 능력주의와 맞물리면서 차별이 정당화되었다. 능력주의는 개인의 재능이나 교육 수준에 따라 그에 걸맞게 보상하는 체제나 이념이다. 능력주의에 대한 강조는 학벌이 곧 능력이며 능력에 따른 보상을 보장하기 때문에 학벌이 점점 중요해지는 계기가 되었다. 그런데 이러한 능력주의로 인해 인간이 평등하다는 신념이 사라지고 차별을 자연스럽게 받아들이게 되었다.

하지만 능력이 공정하고 투명한 척도가 될 수 있을지는 몰라도 능력만으로 평가하고 분배하는 것은 문제시된다. 능력에 따라 학교에 들어가고 능력에 따라 자신이 원하는 직장에 들어가는 것은 공정하고 투명한 듯 보이지만, 실제로는 그렇지 않다. 능력의 표준이 되는 지능 검사에서 높은 점수를 받고 명문 학교에도 들어가며 선망하는 직장에 취업하는 이들은 상위 계층의 자녀일 가능성이 더 크기 때문이고, 상위 계층은 능력을 평가하는 지능 검사에 적합한 자원과 지원 체계를 더 많이 갖고 있기에 지능 검사에서 높은 점수를 얻을 수 있기 때문이다.

상위 계층의 자녀들은 최상의 자원과 기회로 더 많은 능력을 지니면서 각종 특혜를 덤으로 누리게 된다. 이른바 "사회에서 더 높이 올라갈수록 하락할 확률은 그만큼 더 줄어든다"라는 로버트 머튼(R.

Merton)의 피터의 법칙(Peter Principle)이 작용한다.[29] 상위 계층 출신들은 엘리트 학교를 졸업하고 고소득 직업을 독점한다. 같은 대학을 졸업하더라도 엘리트 배경을 가진 자녀들이 일류 투자 은행, 경영 컨설팅 회사, 로펌 등과 같은 고소득 일자리를 얻을 가능성이 크다. 능력으로 얻은 고소득 덕분에 엘리트 계층의 교육 독점 현상은 세대가 바뀔수록 더 심화된다. 이처럼 능력주의는 교육과 직업 사이에 순환 고리를 만들면서 불평등을 증폭시킨다.

엘리트 계층의 고용주들은 혈통서(pedigree)를 근거로 채용을 결정하는데, 혈통서를 근거로 내리는 채용 결정은 개인에게 경제적 궤적을 형성하고 더 광범위한 사회적 불평등에 영향을 끼친다.[30] 혈통서는 필수적이지는 않지만, 만약 지원자가 가지고 있다면 매우 유용한 자질로 인식된다. 엘리트 대학 졸업장이나 유명 대기업에서의 인턴십 경험 등의 개인적 성취는 지원자의 지적 능력, 성공 지향성, 성실성의 증거로 해석된다. 고용주들은 혈통서를 개인의 노력과 능력에 기반을 둔 자질로 간주한다. 지원자의 성취나 노력이 엇비슷할 경우 "가계의 혈통"과 같은 지원자의 사회경제적 배경이 채용 결정에 미묘하고도 강력하게 작용한다.

데이비드 브룩스(David Brooks)에 따르면, 능력주의는 이전보다 더

29   리처드 세넷/유강은 옮김, 『불평등 사회의 인간 존중』(Respect in A World of Inequality, 서울: 문예출판사, 2004), 51.
30   로런 A. 리베라, 『그들만의 채용 리그』, 15.

경쟁적이며 자녀들은 전례 없을 정도로 연마된다.[31] 능력주의 문화는 믿을 수 없을 정도로 강력하기 때문에 부모는 모든 자원을 총동원하여 자녀를 성공으로 이끈다. 그가 어떤 사람이며, 어떤 자질과 성품을 지녔는가가 아니라 누구의 자식으로 태어났는가가 더 중요해진다. 이러한 추세는 신분 사회로의 회귀, 즉 민주주의의 퇴행을 의미할 수 있다.[32]

평범한 이들이 현실에서 겪는 격차와 불평등은 능력이 부족해서가 아니라 기회가 균등하게 제공되지 못했기 때문이다. 여기에다 부모 계층의 사회적 인맥이나 상속 등의 요소를 추가하면 그 격차는 더욱 벌어지게 된다. 이는 마치 능력주의라는 기울어진 운동장에서 경주하는 것과 같다. 그가 어느 지역에 살고 있는지, 그의 가정 환경이 어떤지 등에 따라 배움의 기회부터 건강과 학습 성취도까지 많은 격차가 생길 수밖에 없다. 어느 정도까지는 개인의 노력으로 이러한 차이를 극복할 수 있겠지만, 모두 같은 출발선에서 공정한 경쟁을 한다고 보기는 어렵다. 시작부터 공정하지 못한 경쟁인데도 불구하고 능력을 더 우월한 가치나 성취에 대한 당연한 결과로 본다면, 공정하지 못하고 정의롭지 못한 것이다.

매튜 스튜어트는 새로운 귀족 계층인 능력자 계층(meritocratic

---

31 David Brooks는 능력주의 압박이 때로는 부모의 사랑을 거짓 기반 위에 올려놓을 수 있음을 우려하는데, 진정한 부모의 사랑은 획득이나 성취가 아니라 무조건적인 사랑이나 은혜와 같은 무형의 가치를 기반으로 한다. David Brooks, (2015), "Love and Merit," *New Times*, https://www.nytimes.com/2015/04/24/opinion/david-brooks-love-and-merit.html./(2022. 1. 13. 접속)

32 장윤재, "피케티의 『21세기 자본』과 신학의 응답", 『신학과교회』 3 (2015), 300 참조.

class)은 다른 사람들의 자녀를 희생양으로 삼아 자신들의 부를 축적하고 자신들이 누리는 특권을 대물림하는 오래된 술책을 터득했다고 지적했다.[33] 이러한 술책은 부의 편중을 초래하면서 서서히 우리 경제의 목을 죄고, 정치적 안정을 위협하며, 민주주의를 갉아먹는 심각한 문제를 초래하게 된다. 따라서 부의 세습과 능력주의가 결탁하고 있는 문제점을 인식하지 못한다면 스스로 방관자가 되거나 기득권에 편승하게 될 가능성이 있다.

3. 금융 자본과 결탁된 능력주의

"능력대로 일하고, 일한 만큼 번다"라는 것은 비례적 정의에 충실해 보인다. 하지만 능력은 고정된 개념이 아니라 사회적 권력 관계에 의해 형성되는 유동적 개념이다. 엘리트 계층은 자신들의 기득권을 지키기에 유리하도록 능력을 새롭게 정의하고 측정 방식도 새롭게 규정한다. 능력은 엘리트 계층의 가치와 특성을 더 많이 반영하게끔 설계된다. 능력에 대한 평가는 능력을 선별하는 동시에 무능을 배제하거나 제거하는 두 얼굴을 하고 있다.[34] 이러한 능력의 양면적인 모습은 혁신이라는 이름으로 노동의 가치를 무력화하는 데서 잘 드러난다. 지식 산업 사회에서 부를 생산하는 것은 노동력이 아니라 혁신이다. 혁신에 필요한 것

....

33 매튜 스튜어트, 『부당세습』, 12 참조.
34 리처드 세넷, 『뉴캐피털리즘: 표류하는 개인과 소멸하는 열정』, 134 참조.

은 노동력이 아니라 지적 능력이다. 이에 반해 노동은 비용으로 철저하게 계산되고 혁신의 대상이 된다.

능력주의 사회에서 사람들은 치열한 경쟁을 통해 서열화된 능력을 검증받고 그에 따른 소득과 지위를 보상받는다. 능력에 대한 검증은 평가 시스템으로 이루어지며, 평가는 서열화를 통해 경쟁을 부추긴다. 평가는 대학 입학이나 취업으로 끝나지 않는다. 산업 현장 곳곳에 평가가 만연해 있으며 경영자는 평가 시스템을 이용해 사람들을 효율적으로 통제한다. 이러한 평가 체제 속에서의 삶은 녹록지 않다. 평가 시스템 속에서 사람에 대한 존중이나 인격은 없고 평가 결과만 있다. 지속적인 평가는 사람들을 압박한다. 열악한 곳일수록 평가는 가차 없고 잔인하다. 오직 성과만을 기준으로 서슬 퍼런 평가의 칼날을 휘둘러 임금 삭감과 해고로 이어지기도 한다.

상승의 욕망보다 하강의 공포가 더 커지는 상황에서 능력은 사다리를 오르는 수단이 아니라 사다리를 걷어차는 수단으로 변질된다. 쫓기는 인간은 존재론적 불안정에 시달린다.[35] 불안정은 타인에 대한 불신과 경쟁심을 부추긴다. 기득권을 지키려는 강박에 사로잡힐수록 사다리 걷어차기도 서슴지 않게 되는 것이다.

능력주의가 금융 자본과 결탁할 때 더욱 심각한 문제가 발생한다. 금융 자본과 능력주의의 결탁은 1980년대 월가에서 시작되었는데, 월

---

[35] 리처드 세넷/김병화 옮김, 『투게더』(*Together: The Rituals, Pleasures and Politics of Cooperation*, 서울: 현암사, 2013), 312.

가의 인수 합병 전문가들은 기업을 사고파는 행위를 통해 자신들의 능력과 우월성을 성과로 증명했다. 그리하여 월가는 똑똑한 사람만 살아남는다는 적자생존의 각축장으로 변질되었다. 월가에서 시작된 기업 인수 합병 운동은 사이코패스 능력자들을 대거 양산하는 계기가 되었다. 기업 인수 운동은 기업을 상품화시키면서 변질시켰는데, 기업은 금융 시장에서 신속하게 교환 가능한 주식이 되었고 기업의 주된 사명은 주가를 올리는 것이 되었다.[36]

월가에서 시작된 능력주의는 고도로 훈련된 숙련이나 탁월한 기예, 인격적 탁월함과는 상관없이 그저 성과를 산출하는 한 개인의 능력만 중시했다. 이 능력은 타인과 협력하거나 공유하는 역량과는 분리된 채 탁월한 성과만 중시하면서 각 분야에서 성과급 제도로 확산되었다. 능력이 성과로 입증되고 성과로 평가받게 되자 더 나은 성과와 효율성을 극대화하기 위해 기업은 로펌 형태의 기업형 법률 회사와 결탁했다. 이른바 돈과 법과 권력이 하나가 되면서 브레이크 없는 벤츠의 질주가 시작되었다. 이들은 기존의 임금 체제를 해체하여 노동조합의 단체 협상력을 무력화시켰고, 임금 결정을 노동과 자본 간의 결정이 아니라 개인과 법인(회사) 간의 사적 계약으로 전환시켰다.[37] 이 과정에서 노동 가치는 평가절하되고 혁신의 대상으로 전락했다.

연공 서열이나 경력 우대를 탈피한 능력에 따른 성과급 제도는 새

---

36   캐런 호/유강은 옮김, 『호모 인베스투스: 투자하는 인간, 신자유주의와 월스트리트의 인류학』(*Homo investus*, 서울: 이매진, 2013), 200.
37   채효정, "학벌은 끝났는가", 118 참조.

로운 기회인 듯하지만, 오히려 능력자들을 옭아매는 덫이 되었다. 고소득 전문직은 자신의 능력을 개발하는 데 총력을 기울여야 했고 그것을 성과로 입증해야 했다. 반면 하층의 노동 계급은 세분된 평가에 시달렸고, 역량 강화를 위한 재교육을 요구받았으며, 승진이나 인사 평가에서 유리한 각종 자격증이나 어학 시험 점수를 위해 노동 외 시간을 감수해야 했다. 생산성 향상과 능력 개발을 위한 재교육 비용은 모두 개인의 부담으로 전가되었고 실질 임금의 하락을 초래했다.

리처드 세넷은 능력주의라는 체계는 능력이 발현/실현된 업적에 대해 작동하는 것이 아니라 능력이 있고 없음에 대한 잠재성에 대한 평가를 기준으로 작동하는데, 이 잠재성이 능력으로 보편화되면서 건강한 노동 정신이 무너지고, 장인 정신도 상실하는 결과를 빚었다고 지적한다.[38] 능력에 대한 평가는 교육받을 권리를 더 잘 누리도록 돕기 위해 살펴봐야 할 기초 조건이지 교육받을 권리를 박탈하는 근거가 되어서는 안 된다. 또한 직장에서의 평가는 차별의 근거가 아니라 더 나은 성취를 위한 효과적인 도구로 활용되어야 하며 평가보다는 사람이 우선시되어야 마땅하다.

....

38   이유림, "뛰어난 여성들은 자신의 파이를 구할 수 있을까", 215 참조.

IV. 능력주의를 넘어서

1. 능력주의를 넘어 은혜와 선물의 윤리로

박권일은 능력주의를 "기울어진 운동장에서의 경주"에 비유하면서 능력주의는 공정한 게임이 아니라 기득권 세력을 위한 시스템으로 기능할 가능성이 크다고 보았다. 따라서 그는 기울어진 운동장이 아니라 운동장 자체를 문제 삼고 능력주의라는 틀에서 벗어날 것을 주장했다.[39] 능력주의는 우리 사회뿐만 아니라 교회 안에까지 영향력을 행사하여 능력주의로 무장한 세습이 이루어지고 있으며 능력이 많은 자에게 더 나은 직분과 역할을 부여하는 것을 당연시한다.

능력주의는 개인이 지닌 능력과 성과에 따라 그 사람의 가치를 평가하므로 공로주의나 업적주의에 빠질 위험성이 있다. 이러한 위험성은 자본주의와 맞물려 보다 정교하게 발전했는데, 막스 베버(M. Weber)의 『프로테스탄트 윤리와 자본주의 정신』에서 그 단초가 발견된다. 베버에 따르면, 예정론에 근거한 소명과 근면, 절제 등과 같은 개신교의 금욕주의는 근대 자본주의를 형성하는 토대가 되었다. 신자들은 노동과 절제를 통해 자본을 축적함으로써 물질적 성공과 안정적인 삶을 누릴 수 있었고 그 속에서 하나님의 예정을 확증할 수 있었다.[40] 하

---

39 박권일, 『능력주의와 불평등』, 32 참조.
40 막스 베버/김덕영 옮김, 『프로테스탄티즘의 윤리와 자본주의 정신』(서울: 길, 2010), 167-418 참조.

지만 과학 기술이 발전하고 경제가 삶의 전 영역에 광범위하게 미치게 됨에 따라 능력이 더욱 중요해졌다. 그리하여 경제적 성공은 신의 은총이나 행운 때문이 아니라 자신의 능력과 노력에 따른 당연한 보상으로 생각하게 되었다.

능력주의가 공로주의와 결부될 때, 구원이란 스스로의 힘으로 쟁취하는 것이고, 이는 구원받는 사람은 자신을 그만한 자격을 갖춘 사람으로 생각하는 데서 잘 드러난다. 하지만 구원은 타락한 인간을 향한 전적인 은혜의 결과이지 인간의 노력이나 공로로 주어지는 것이 아니다. 공로주의는 "오직 믿음"과 "오직 은혜"를 강조하는 종교개혁의 근본 정신과도 어긋난다. 마르틴 루터는 선행에 따른 구원의 여지를 없애고 스스로를 만들어가는 인간의 자유를 일체 부정했다. 루터의 엄격한 은총론은 능력주의와는 정반대다. 하지만 루터에서 시작된 종교개혁은 자본주의의 작동 방식과 맞물리면서 청교도들에게서 능력주의에 기반한 윤리 의식으로 발전하면서 급기야는 업적주의나 성취 지향적인 경향으로 변질되었다.

능력주의에 편승하게 되면 능력으로 편을 가르고 능력자들이 성과를 독점하면서 오만이 극치를 이루게 된다. 반면 경쟁에서 뒤처지거나 탈락한 이들은 경제적으로 빈곤해질 뿐 아니라 자존감을 상실하고 심한 굴욕감을 느끼게 된다. 마이클 샌델(Michael J. Sandel)은 능력주의 윤리가 승자들을 오만으로, 패자들은 굴욕과 분노로 몰아가면서 공동체의 연대 의식을 약화시키는 요소로 기능하게 된다고 지적했다.[41] 능력주의적 사고방식은 승자로 하여금 자신의 성공을 지나치게 오만하게 만드는 한편, 그 버팀목이 된 우연이나 행운은 간과하거나 무시하게 만든다. 즉 정상에 오른 사람은 자신의 재능과 노력으로 된 것이기 때문에 그에 대한 보상이나 자격을 당연시하는 반면, 실패하거나 바닥에 처한 이들 역시 자신의 상황을 자신들의 무능과 노력 부족으로 인한 것으로 여긴다. 자신의 노력이나 성공을 가치 있게 여길수록 자기보다 운이 덜 좋았던 사람들에 대한 배려가 힘들어진다. 자신의 성공이 순전히 자신의 노력과 재능 덕분이라고 믿는다면 자연스럽게 다른 이들의 실패도 순전히 그들의 탓으로 돌리게 되는데 이러한 사고에서는 공동체 의식이나 공감 능력을 찾기 어렵다. 샌델은 이러한 경향과 태도를 "능력주의의 폭정"(the tyranny of meritocracy)으로 간주하면서 이는 뒤처진 이들의 사기를 꺾으며 공동체의 연대를 약화시키는 논리로 기능한다고 지적했다.[42]

존 롤즈(John Rawls)는 주어진 재능은 개인에게 속한 것이지만, 각자의 재능이 차이 나는 상황 자체는 자의적이며 우연적이므로 개인은 그 재능의 배분 상황에 대한 자격까지 가질 수는 없다고 했다.[43] 또한 노력에 따른 분배에 대해서도 온전히 자신의 공로라고 주장할 수 없는

---

41   마이클 샌델/함규진 옮김, 『공정하다는 착각』(서울: 와이즈베리, 2020), 52-53 참조.

42   위의 책, 105.

43   인간은 누구나 두 가지 우연성을 지니는데, 태어나면서 갖게 되는 최초의 사회적 지위와 저마다 타고난 자연적 재능이다. 이 두 우연성에 대해 각자는 아무런 책임이 없다. 황경식, 『개방사회의 사회윤리』(서울: 철학과현실사, 1997), 117.

데, 이는 노력할 수 있게 해주는 성격이나 여건 또한 훌륭한 가정이나 사회적 환경에 달려 있기 때문이다.[44] 따라서 개인의 재능은 그의 노력에 따른 필연적인 결과라기보다는 행운의 결과일 가능성이 더 크다. 또한 재능에 엄청난 대가를 지불하는 사회나 시대에 산다면 그 역시 우연이며 능력에 따른 당연한 결과라고 주장할 수는 없다. 이것 또한 행운의 결과이기 때문이다. 따라서 개인이 이룬 업적이란 개인의 능력과 더불어 사회경제적 환경이나 행운과 기회 등의 복합적 요소들이 뒤엉켜 드러난 결과이기에 당연시하는 것은 문제시된다.

능력주의는 개인이 지닌 기능적인 자질만 중시하여 그가 얼마나 쓸모 있는지에 주목한다. 능력주의는 그 사람의 능력이나 역량에만 주목할 뿐 그의 성품이나 인격에는 별로 관심이 없다. 그러므로 능력주의에 사로잡히게 되면 불평등이나 차별, 빈곤 등과 같은 공동체가 함께 고민하고 풀어야 할 문제를 개인의 능력 문제로 축소시켜 보다 정의롭고 평화로운 세상을 보지 못하게 만든다. 따라서 우리는 능력주의의 오만에서 벗어나 은혜와 겸손으로 타인을 배려하며 공동체의 연대를 강화하는 데 힘써야 한다.

자신을 능력의 관점에서 주목하기보다 우연이나 행운의 관점에서 보게 되면, 은혜를 자각하며 보다 겸손한 마음을 갖게 된다. 은혜의 시각으로 보면, 그 사람의 성품이나 존재 자체에 관심을 두게 된다. 한 인간의 가치는 하나님의 형상대로 지음 받은 피조물이라는 존엄성에 기

....

44　존 롤즈,『정의론』(서울: 이학사, 2003), 152-154, 403, 407, 411-412 참조.

초한다(창 1:27). 포도원 일꾼의 비유(마 20:1-16)는 하나님 나라의 원리를 잘 보여준다. 이른 아침 주인은 일꾼들과 하루 한 데나리온의 품삯을 약속하고 포도원에서 일하게 한다. 주인은 오전에도, 정오에도, 오후에도 부지런히 일꾼을 데려와 일거리를 준다. 주인은 오후 늦은 시간에도 일거리를 찾지 못한 이들을 만나 포도원으로 데려와 일을 시킨다. 일과가 끝난 후 주인은 모든 일꾼을 모으고는 가장 나중에 온 사람부터 한 데나리온씩 품삯을 준다. 이른 아침이나 오전부터 일한 일꾼들은 기대감에 부풀어 차례를 기다리지만, 그들에게도 한 데나리온씩의 품삯이 지급된다.

이 비유는 능력주의보다 은혜가 우선시되어야 함을 교훈한다. 능력주의는 비례적 정의에 근거하여 능력이 많은 사람이 더 많이 받을 것을 주장한다. 이른 아침부터 일한 능력 많은 일꾼이 가장 먼저 가장 많은 품삯을 받고, 제일 늦게 들어가 일한 일꾼은 가장 적은 품삯을 가장 늦게 받는 것이 능력주의 법칙이다. 하지만 능력보다 은혜가 우선시되는 하나님 나라는 약자를 먼저 돌본다. 그것이 바로 은혜가 지배하는 하나님 나라의 미덕이다. 덕은 인간의 의지가 목적을 성취하도록 촉진하는 습성이며 능력을 완전하게 만드는 의지의 원리가 된다.[45]

존 러스킨은 노동자는 노동할 권리가 있으며 노동에 대한 공평한

---

45 강영룡, "아퀴나스의 덕윤리: 매킨타이어의 '덕의 상실' 관점에서 다시 읽기", 『장신논단』 43 (2011), 194 참조. 또한 덕은 성품, 동기, 의도, 행적 등과 같은 총체적인 기질과 관계되는데, 이는 구체적으로 덕과 교양을 통해 드러난다. 이장형·이승규, "코비드19: 포비아에 대한 에이전시 신학적 분석과 기독교윤리적 제언", 『장신논단』 52-2 (2020), 130.

보수로 생존할 권리도 있어야 한다고 보았다.[46] 일하고 싶지만 일자리를 찾지 못한 무능력한 자들에게 일할 기회를 제공하는 것은 하나님의 은혜이며 약자들을 먼저 존중하고 배려하는 것이 하나님 나라의 미덕이다. 포도원 주인은 가난하고, 상처받기 쉬우며, 무능한 이들에게 연민을 느꼈고 그들을 찾아 일거리를 제공했다. 그리고 그는 그들의 노동에 대해 대가를 약속하면서 희망을 주었다.[47] 이처럼 하나님의 은혜는 능력이 많든 적든 상관없이 누구에게나 일할 기회나 여건을 공평하게 보장한다.

폴 리쾨르(P. Ricoeur)는 황금률이야말로 철학적 도덕과 신학이 만나고 대립하는 지점이라고 주목하면서 하나님의 은총과 선물 사상에 기초하여 "선물의 경제"를 주장했다. 하나님의 은총으로 거저 주어진 선물은 모스식의 호혜적 선물 경제에서 강조되는 "돌려주어야 하는 의무"와는 차원이 전혀 다른 새로운 의무를 선물을 받은 이들에게 나누어준다. 리쾨르는 자본주의 시장 경제가 주고받음이라는 "호혜주의" 윤리라면, 선물의 경제는 "등가의 논리"가 아니라 "넘침의 논리"이고, 되돌려 받기를 바라지 않는 "거저 줌"의 윤리라고 정의했다.[48] 이러한 선물의 경제가 추구하는 정의는 능력주의 시스템에서 낙오된 사회적

---

46 존 러스킨/김석희 옮김, 『나중에 온 이 사람에게도』(*Unto This Last* 서울: 느린걸음, 2007), 27.

47 Benjamin C. Crelin, "Workers in the Vineyard: The Meritocracy of God," *The Journal of the Evangelical Homiletics Society*, 20/2 (2020), 106.

48 김혜령, "폴 리쾨르의 '선물경제' 개념으로 살펴본 사랑과 정의", 『현대유럽철학연구』 39 (2015), 141–42.

약자들까지 배려하고 돌보도록 요구하는 보다 나은 정의를 실현할 기반을 마련할 수 있다. 약자들을 우선 배려하고 돌보는 정책은 "골짜기마다 돋우어지며 산마다, 언덕마다 낮아지며 고르지 아니한 곳이 평탄하게 되며 험한 곳이 평지가 될 것이요"(사 40:4)라는 말씀처럼 더욱 공평한 공동체의 기초가 된다.

자신의 공로나 업적을 당연시하는 능력주의를 넘어 은혜와 돌봄의 윤리를 갖게 되면, 소외된 약자나 공동체의 필요를 우선 고려하는 분배 정책을 위해 힘쓰게 된다. 토마 피케티는 점차 심화되는 양극화와 부의 불평등을 해결하기 위한 방안으로 금융 자산과 부동산 자산을 포함해서 국내외의 모든 순자산에 부과하는 "글로벌 자본세"를 제안했다. 자본이 소수에게 집중될수록 자산 보유자들은 창조적인 생산 활동을 하려 하지 않을 것이고 그렇게 되면 경제의 성장 동력이 떨어질 것이기 때문에, 자본주의 시장 경제의 역동성을 유지하고 부와 권력의 집중을 막기 위해서 자본세가 필요하다는 것이다. 피케티가 제안하는 글로벌 자본세는 다음 세 가지 특징이 있다. 첫째, 모든 나라가 공조 체제를 구축해 똑같은 세율을 적용하여 조세 피난을 차단한다. 둘째, 한 사람이 보유하고 있는 모든 형태의 자본을 합산한 금액이 세금 부과 대상이 된다. 셋째, 재산이 많을수록 더 높은 세율이 적용되는 누진 세율 구조를 갖는다.

피케티는 강한 누진성을 가진 소득세, 상속 증여세 그리고 자본세를 복합적으로 적용할 것을 주장한다. 소득세와 상속 증여세는 이미 광범위하게 부과되고 있지만, 자본세를 채택하고 있는 나라는 그리 많지 않다.[49] 지방 정부의 주요한 조세 수입원으로 재산세가 부과되는 경우는 많지만, 모든 형태의 자본에 대해 광범위하게 과세하는 사례는 아직은 찾아보기 힘들다. 자본세는 양극화의 불평등화를 늦출 뿐 아니라 자본세를 통해 조성된 예산의 상당 부분을 사회적 약자를 배려하기 위한 재원으로 유용하게 사용할 수 있다.

글로벌 자본세와 같은 맥락으로 주목받는 것이 기본 소득제다. 기본 소득제는 국가가 모든 개인의 소득을 완전히 보장하며 개인들이 자유롭게 자신이 하고 싶은 일을 찾아 나서는 경제 시스템을 제안한다. 기본 소득 체제에서 개인은 생계 때문에 억지로 노동하지 않으며, 자아실현과 연대를 위해서만 노동한다. 또한 특정 일터나 정부에 속박되지 않고 자유롭게 협력하고 연대하며 스스로 사회를 이끌어간다.[50] 그런 점에서 글로벌 자본세나 기본 소득제는 능력주의로 인한 불평등과 양극화를 극복하는 효과적인 대안이 된다.

2. 청지기 정신과 타자에 대한 책임

자신의 능력과 야심이 허용하는 한 성공하도록 이끄는 능력주의의 매력에 빠진 사람은 능력이 없는 사람이 겪는 고통을 간과하기 쉽다. 또

---

49   류이근 외, 『왜 자본은 일하는 자보다 더 많이 버는가』, 28-29.

50   폴 S. 애들러/한은경·김윤진 옮김, 『1%가 아닌 99%를 위한 경제』(*The 99 Percent Economy: How Democratic Socialism Can Overcome the Crises of Capitalism*, 파주: 21세기북스, 2021), 5

능력주의로 인한 불평등과 양극화의 윤리적 문제 **119**

한 능력만을 최고로 여기는 능력 만능주의는 공동체의 연대를 훼손한
다. 진정한 능력은 능력이 부족한 이들의 고통에 귀 기울이고 약자의
편에 책임적 자세로 서는 것이다.

인생에서의 성공은 타인에 비해 탁월한 성과나 놀라운 성취로 판
단하기도 하지만, 진정한 성공은 하나님의 선함을 인식하고 하나님의
능력과 은혜를 덧입어 타인과 더불어 책임적 삶을 사는 것이다.[51] 캐서
린 태너(Kathryn Tanner)에 의하면, 중요한 것은 하나님과의 관계이고 하
나님의 관점에서의 나의 가치이지 다른 사람과 비교하여 평가된 상대
적 가치가 아니다. 다른 사람들과의 관계에서 나의 위치가 어디인지와
상관없이 하나님은 여전히 나의 창조자이시며 내가 그분의 의도로부
터 얼마나 멀어져 있든 여전히 나를 좋게 보시고 고려할 가치가 있다고
여기신다.[52]

키스 스미스(Keith R. Smith)는 선한 청지기 정신이 없다면 수 세대
에 걸치는 동안 경제 행위는 영속적으로 도덕적 가치를 부패시킬 것이
라고 경고하면서 경제에서의 청지기 정신의 중요성을 설파했다.[53] 청
지기 정신에 입각한 기독교적 노동 윤리는 노동을 통해 타자와의 연대
성을 추구하는 것이며 공동체를 든든하게 세우는 것이다. 이때 중요한
척도는 능력에 따른 노동의 대가가 아니라 노동은 그 자체로 가치 있다

....

51 김은혜, "포스트모던 시대의 기독교윤리방법론에 대한 성찰: 바르트의 신학적 윤리 개
    념을 중심으로", 『장신논단』 46-4 (2014), 141 참조.
52 캐스린 태너/백지윤 옮김, 『기독교와 새로운 자본주의 정신』(*Christianity and The New
    Spirit of Capitalism*, 서울: IVP, 2021), 233.
53 Keith R. Smith, *God's Economic Mandate?* (Eastbourne: Thankful Books, 2005), 17.

는 것이다. 각자에게 주어진 능력으로 공동체를 든든히 세우고, 사회적 약자를 우선적으로 배려할 때, 윤리적 의미를 갖는다. 하나님의 정의는 생명을 살리기 위해 작용하는 원리다. 하나님 나라의 경제 정의는 능력을 최대치로 끌어올려 이익을 최대화하는 것이 목적이 아니라 생명 공동체를 살리려는 것이 목적이다. 하나님의 정의는 사람들을 살리는 것이며 그 방법은 사람을 살리는 방향으로 나아가야 한다.[54]

청지기 정신으로 볼 때 더 큰 능력은 더 큰 책임을 요구한다. "믿음이 강한 우리는 마땅히 믿음이 약한 자의 약점을 담당하고 자기를 기쁘게 하지 아니할 것이라. 우리 각 사람이 이웃을 기쁘게 하되 선을 이루고 덕을 세우도록 할지니라"(롬 15:1-2). 능력이 많은 자는 자기 유익보다는 약자를 먼저 돌보고 공동선을 증진시키기 위해 힘써야 한다. 이것이 바로 선을 이루고 덕을 세우는 책임적 자세다.

리처드 세넷에 따르면, 존중과 연관해서 사람들은 다음 세 가지 방식으로 인성을 형성한다. 첫째 자기 계발, 즉 능력과 기능의 계발은 다른 사람들에게서 존중을 일으킨다. 재능은 약간 모자라지만 자기 능력의 한계를 극복하기 위해 최선을 다해 노력하는 사람은 존중을 불러일으키지만, 뛰어난 능력을 갖고 있음에도 재능을 허비하는 사람은 존중받지 못한다. 둘째 방식은 자기 자신에 대한 돌봄으로써 육체적 쾌락과 고통을 조절하는 절제를 배우는 것이다. 반면 절제하지 못하는 사람은 덕을 상실하고 존중받지 못한다. 셋째 방식은 타인에게 무언가를 되돌

....

54   김판임, "예수의 비유를 통해서 본 하나님의 정의", 『신학사상』 162 (2013), 5.

려주는 것이다. 이것이야말로 한 사람의 인성을 존중하는 가장 보편적이고 영원하며 깊은 원천이다.[55]

능력주의는 능력이 많은 사람이 독식하는 구조라면, 선한 청지기는 공동선을 위해 협력하면서 연대성을 증진시킨다. 하나님은 우리 각자에게 다양한 재능을 맡기셨다. 우리는 각자에게 부여된 재능을 성실하게 연마하여 그에 걸맞은 능력과 성품을 갖추어야 한다. 능력은 자신만을 위해 사용할 것이 아니라 타인에게 무언가 되돌려주는 선한 청지기의 역할로 사용되어야 한다. 이것이 가장 존중받는 길이며, 재능을 주신 하나님의 뜻에 부합하는 삶의 미덕이다. "착하고 충성된 종아, 네가 적은 일에 충성하였으니 내가 많은 것을 네게 맡기리니(마 25:21)"라는 말씀처럼 하나님은 능력이 많은 자에게 더 크고 중대한 일을 맡기시며 그에 따른 책임도 부여하신다. 착하고 충성스러운 청지기는 능력을 주신 하나님의 뜻에 합당하게 공동체의 선을 위해 그 능력을 선하게 사용하는 자다.

V. 나가는 말

위에서 능력주의와 맞물린 사회 불평등과 양극화의 문제를 비판적으로 살펴보았다. 개인의 능력은 사회, 경제, 문화에 의존적이며 그렇기

---

[55]   리처드 세넷, 『불평등 사회의 인간 존중』, 88-89 참조.

때문에 개인의 능력 차이가 불평등이나 차별의 근거로 이용되거나 승자독식의 방편이 되어서는 안 된다. 능력주의로 인한 불공평을 해결하기 위해서는 개인의 능력에 지대한 영향을 끼치는 부모의 사회경제적 영향력이 은밀한 형태의 세습으로 이어지는 구조를 효율적으로 제어할 수 있어야 한다. 그렇게 할 때 형식적인 기회의 평등에서 실질적인 평등으로 다가설 수 있게 된다.

능력은 한 개인에게 전적으로 속한 것처럼 보이지만 다양한 행운이 작용한 결과다. 그가 어떤 시대, 어떤 사회, 어떤 가정에서 태어났느냐 하는 행운이 그의 잠재력이 발휘될 가능성에 직간접적인 영향을 끼친다. 모두가 공정한 출발선에서 경쟁하고 그 결과에 따라 차등적으로 보상을 하는 것은 지극히 당연하다는 능력주의의 논리는 허구다. 우리가 이러한 문제를 인식하지 못한 채 능력주의를 당연시하면 불평등한 현실을 변화시킬 의지와 동력을 상실하게 된다.

능력주의는 자본주의적 작동 방식과 맞물려 업적주의나 공로주의의 형태로 교회 안까지 들어와 영향력을 행사하고 있다. 능력주의를 극복하기 위해서는 은혜와 돌봄의 윤리가 필요하며 청지기 정신과 책임윤리로 공동체의 연대성을 강화하는 것이 요청된다. 은혜의 법칙이 지배하는 하나님 나라는 존중과 배려의 미덕으로 모두가 더불어 살아가는 공동체다. 구성원 모두가 쓸모 있는 존재로 느끼고 자신의 삶을 펼쳐갈 수 있도록 여건과 기회를 제공하는 것이 공동선에 부합한 모습이다. 따라서 사람들을 쓸모 있는 존재로 인정하는 제도는 사람들을 줄세우고 내치는 배제가 아니라 비록 약자라도 끌어안는 포용이며 약자를 배려하고 존중하는 책임 있는 자세다.

참고문헌

강영롱. "아퀴나스의 덕윤리-매킨타이어의 '의 상실' 관점에서 다시 읽기."『장신논단』43 (2011. 12), 183-206.

김성원. "마이클 샌델(Michael Sandel)의 '메리토크라시(Meritocracy)의 횡포'에 대한 분석 비평 연구."『조직신학연구』36 (2020).

김수현·이현주·손병돈.『한국의 가난』. 서울: 한울아카데미, 2015.

김은혜. "포스트모던 시대의 기독교윤리방법론에 대한 성찰: 바르트의 신학적 윤리 개념을 중심으로."『장신논단』46-4 (2014. 12), 117 ~ 143.

김판임. "예수의 비유를 통해서 본 하나님의 정의."『신학사상』162 (2013), 45-80.

김혜령. "폴 리쾨르의 '선물 경제' 개념으로 살펴본 사랑과 정의."『현대유럽철학연구』39 (2015. 10), 133-159.

라이스, 로버트 B/안진환·박슬라 옮김.『위기는 왜 반복되는가』. 파주: 김영사, 2011.

러스킨, 존/김석희 옮김.『나중에 온 이 사람에게도』. 서울: 느린걸음, 2007.

로런, 리베라 A/이희령 옮김.『그들만의 채용 리그』. 서울: 지식의날개, 2020.

롤즈, 존/황경식 옮김.『정의론』. 서울: 이학사, 2003.

루소, 장 자크/이재형 옮김.『인간 불평등 기원론』. 서울 : 문예출판사, 2020.

마코비츠, 대니얼/서정아 옮김.『엘리트 세습』. 서울: 세종서적, 2020.

샌델, 마이클/함규진 옮김.『공정하다는 착각』. 서울: 와이즈베리, 2020.

세넷, 리처드/김병화 옮김.『투게더』. 서울: 현암사, 2013.

_____. 김홍식 옮김.『장인』. 파주: 21세기북스, 2010.

_____. 유강은 옮김.『불평등 사회의 인간 존중』. 서울: 문예출판사, 2004.

_____. 유병선 옮김.『뉴캐피털리즘: 표류하는 개인과 소멸하는 열정』. 서울: 위즈 덤하우스, 2009.

스튜어트, 매튜. 이승연.『부당 세습』. 서울: 이음, 2005.

스티글리츠, 조지프 E/이순희 옮김.『불평등의 대가』. 파주: 열린책들, 2013.

애들러, 폴 S/한은경·김윤진 옮김.『1%가 아닌 99%를 위한 경제』. 파주: 21세기북스, 2021.

오성종. "한국교회 담임목사직 세습 문제와 신뢰 위기."『신학과교회』 16 (2021. 12), 341-363

이시철. "메리토크라시의 현대적 쟁점: 공공 영역을 중심으로."『한국행정학회 하계학술발표논문집』 (2021. 6), 1669-1688.

이장형·이승규. "코비드19-포비아에 대한 에이전시 신학적 분석과 기독교윤리적 제언."『장신논단』 52-2 (2020. 6).

장윤재. "피케티의『21세기 자본』과 신학의 응답."『신학과교회』 3 (2015. 여름), 273-316.

페인, 키스/이영아 옮김.『부러진 사다리』. 서울: 와이즈베리, 2017.

피케티, 토마/장경덕 외 옮김.『21세기 자본』. 파주: 글항아리, 2015.

하승우.『신분피라미드사회』. 고양: 이상북스, 2020.

한국기독교윤리학회.『한국기독교윤리학회 2022년 정기학술대회 자료집』. (2022. 4).

호, 캐런/유강은 옮김.『호모 인베스투스: 투자하는 인간, 신자유주의와 월스트리트의 인류학』. 서울: 이매진, 2013.

황경식.『개방사회의 사회윤리』. 서울: 철학과현실사, 1997.

Crelin, Benjamin C. "Workers in the Vineyard: The Meritocracy of God." *The Journal of the Evangelical Homiletics Society*. 20/2 (2020. 9), 104-111.

Smith, Keith R. *God's Economic Mandate?*. Eastbourne: Thankful Books, 2005.

https://www.nytimes.com/2015/04/24/opinion/david-brooks-love-and-merit.html/(2022. 1. 13. 접속)

https://cmarket0182.tistory.com/488/(2021. 12. 7. 접속)

MERITOCRACY

한국 사회의 메리토크라시 특성 비판

신혜진 | 이화여자대학교 강사

* 이 글은 "한국 사회의 메리토크라시(Meritocracy) 특성 비판"이라는 제목으로 『기독교사회윤리』, 53(2022), 35-78에 게재된 것이다.

I. 들어가는 말

능력주의는 무엇일까? 메리토크라시는 또 무엇일까? "오직 능력만을 선발 기준으로 삼는다"라고 말했을 때, 능력주의는 그 "능력"을 말하는 것인가?

고대 사회에서 덕(*arete*)이란 폴리스 국가를 다스릴 지도자가 가져야 할 탁월성(merit)이자 가장 중요한 자격 조건을 말하는 것이었다.[1] 현대 사회에서도 탁월성이란 사회적 성취를 위해 갖추어야 하는 중요한 요소라고 말해진다. 특히 자본주의 사회에서 "능력"은 소비나 소유를 가능케 하는 조건이나 덕목처럼 취급되고 있다. 시대의 고금을 막론하고 "능력"이란 사회 유지와 사회적 성취를 위해 갖추어야 할 자격이라고 인식되어왔다. 다만, 현대 사회에서 "능력"(merit)이란 인간의 자질이나 성품을 뜻하는 것이 아니라 사회적 지위와 인정과 같은 보상 문제를 함축하고 있다는 점이 다르다. 이렇게 볼 때 "능력"이란 사회 안에서 인간 개인의 인정과 지위를 포함하여 재화, 자본, 특혜, 점유와 연계되어 있으며, "능력주의"는 이 관계가 사회적 공정성 아래에서 약속된 상태임을 말해주는 것이라고 할 수 있다. 따라서 이 "능력주의"라는 말 안에는 혈연, 출신, 지역, 배경들이 배제된 사회적 공평성과 정의(正義)

---

[1] 아레테는 "덕" 또는 "탁월성"으로 번역되나, 사실상 고대 그리스적 사고에서 덕이 의미하는 바는 공동체 안에서 개인이 그 역할을 잘해내는 것, 맡겨진 자리나 일을 잘해내는 것, 존재하는 목적에 합당한 기능을 하는 것이라는 의미가 있다. 박종현, 『플라톤: 메논, 파이돈, 국가』(서울: 서울대출판부, 1987), 190-191, 220-224, 350.

개념이 내재되어 있다고 할 수 있다.

그런데 최근 들어 이러한 "능력주의"에 대한 담론으로 등장한 "메리토크라시"가 주목받고 있다. 무슨 이유에서인가? 메리토크라시를 옹호하는 이들은 다음과 같이 강조한다. 첫째, 능력주의는 인류 역사상 근대 이후 사회 불평등과 불합리성을 최소화하고 평등, 공정, 정의로운 사회를 발전시켜왔다. 둘째, 이러한 사회적 발전을 이루어온 주체는 탁월한 능력을 가진 능력자들이었으며 따라서 능력을 가진 사람들은 그 사회적 보상과 특혜를 점유할 마땅한 권리를 가진다.[2]

그러나 이와는 다르게 "메리토크라시"를 비판적으로 보는 사회학자들은 다음과 같이 반박한다. 메리토크라시라는 담론은 인류의 근현대사에서 통용되어왔던 능력주의 개념을 표방하고 있지만 실제로 그 목적은 사회적 평등과 정의 또는 사회적 공정성과는 전혀 상관이 없으며, 이는 극소수 특권층의 사회적 점유를 정당화하기 위한 담론에 불과하다는 것이다. 메리토크라시는 통상적으로 "능력주의"로 해석되고 있으나, 실상은 특정 소수가 자신들의 특권 점유를 정당화하기 위해 사용한 방어 기제라는 것이다. 사회적 부와 특권을 이미 확보한 극소수 엘리트들은 사회 내에서 자신들의 점유와 성취를 합리화하기 위해 "능력

---

2   예를 들어, 어떤 한 국가에서 최고 통수권자가 행정부 내각을 구성하면서 공무원 임면권을 행사하는 장면을 볼 수 있겠다. 국무 총리나 국무 위원, 각 부 장관들의 인사를 단행하면서, "나는 임명 대상자의 타고난 출신, 지역, 성별과는 전혀 상관없이, 무조건 개인의 능력만을 보고 뽑을 것이다. 그래서 모두 S대학을 나온 실력자들을 뽑을 것이다"라고 말한다고 하자. 이 점은 메리토크라시적 특징을 보여주는 단적인 예라고 할 수 있는데, 여기서도 "능력"에 대한 논의가 계속될 것임을 예상할 수 있다.

주의"를 전면에 앞세우며 중간 계층의 붕괴를 당연시하고 불공평한 사회 구조를 가속화하고 있다는 것이다.

다시 말해 메리토크라시를 옹호하는 진영은 사회 내 소수 엘리트나 지도층으로서 자신들의 부나 사회적 특혜가 그들의 성취에 합당한 보상일 뿐이라고 말한다. 이와 다르게 메리토크라시를 비판하는 진영은 "메리토크라시"의 숨은 주장을 보면, 어떤 사회나 0.5%의 극소수를 제외한 나머지는 무한 경쟁과 승자독식의 구조에 갇혀서 나올 수 없는 사태인데 그 안에서 사태의 원인이 능력 부족에 있으니 그것을 인정하라는 우회적 강요가 그 주장에 숨어 있다고 말한다. 사회학자들은 "Meritocracy"(능력주의)라는 용어의 이중적 의미와 모순적 사태를 "능력주의의 허구" 또는 "능력주의의 덫"(trap), "함정"이라고 지칭하고 이에 주목하고 있다.³ 능력주의라는 용어를 접할 때, 사회 안의 구성원들은 모두 각각 "공정한 능력주의" 속에서 자신을 "능력 있는 자"의 부류로 놓고 오인하게 된다는 것이다. 그러한 오해를 하도록 만드는 기제 또는 실행 도구가 "Meritocracy"(메리토크라시)라는 것이다. 이와 같은 문제의식에서 마이클 샌델 역시 『공정하다는 착각』에서 "능력주의"가 인간의 내면화 과정에 개입될 때 인간의 도덕적 가치는 무력화되고 그 대신 시장 가치가 그것을 잠식하여 인간의 이성과 존엄성의 기반을 해

---

3 스티븐 J. 맥나미·로버트 K. 밀러 주니어/김현정 옮김, 『능력주의는 허구다』(서울: 사이, 2015), 23-24, 37-42; *Markovits, Daniel, Meritocracy Trap* (N.Y.: Penguin Books, 2020), 14-16.

친다고 역설해왔다.[4]

또한 이 문제가 다루어지는 구체적 장소가 학문적 논의의 장이 아닐 경우 능력주의 자체의 오류는 지각될 소지가 희박하다는 사실, 그 때문에 능력주의에 대해서 반박하는 논리나 필요성조차 보편적 여론을 형성하기 어렵다는 사실을 알 수 있다. 따라서 이에 대한 토론이 시작된다 해도 사회 내 매우 상이한 입장들의 차이를 고려하면서 객관적인 균형점을 마련해야 하는 위치 설정의 난제 때문에 일차적으로 그 논의 자체에 대한 접근이 쉽지 않았다. 또한 그 주제를 채택한다고 해도 그것이 위치한 범위가 여러 영역과 층위에 걸쳐 있기 때문에 실제로 단일 영역의 연구 과제가 되기 어려웠던 것도 사실이다.

그럼에도 이 글은 최근에 부각된 "메리토크라시" 이론에 접근하되 사회윤리적 자리에서 비판적으로 분석하여 "능력주의"로 해석되는 메리토크라시 담론과 그 내용을 볼 수 있는 한국 사회의 현상을 놓고 그 내부를 탐구하며 우리가 살고 있는 사회적 현실 사태를 고찰할 것이다. 그리고 나는 이 작업을 통해 기독교 정신이 인간 존엄성과 평등성을 지키고자 하는 민주주의 정신을 어떻게 지지할 수 있는가 하는 보다 큰 문제의식 가운데, 기독교 신학은 어떤 자리에서 이 현상을 파악해야 하며, 우리 사회 내의 공동체적 방향성은 어디서 어떻게 논의될 수 있는가를 재차 물을 것이다. 이를 위해 "한국 여성"이라는 집단을 이 고찰의

---

4 마이클 샌델, 『공정하다는 착각: 능력주의는 모두에게 같은 기회를 제공하는가』(서울: 와이즈베리, 2020), 221-228, 308-313, 318-327, 348.

대상으로 삼고 사회학과 신학의 시각이 교차하는 자리에서 또 다른 학문들의 도움을 받아 이 문제를 위한 논의 자리를 구성하려고 한다. 그 첫 단계로 이 연구는 메리토크라시가 가진 여러 논쟁이 "Meritocracy"라는 용어 사용과 그 해석에서 생성된다고 보고 이를 분석한다. 그다음 단계에서는 여기서 파악된 분석 내용을 실제로 한국 사회 현상에 놓고 적용하여 그 실체와 특징을 확인할 것이다.

Ⅱ. "메리토크라시"의 이중적 의미

그렇다면 "메리토크라시"라는 담론과 그것이 말해진 사건으로서의 발화 행위는 그 목적과 주체가 있을 것인데 우리는 그 언어의 쓰임과 작용에 대하여 먼저 살펴보아야 할 것이다.

메리토크라시의 담론적 특징은 그 용어의 의미와 형태를 분석해 보면 보다 분명해진다. 이때 담론의 핵심은 "Merit"가 아니라 "Cracy", 즉 "Crato"에 있다. 문제의 핵심이 "Cracy"에 있다는 말은 메리토크라시라는 담론이 가진 문제가 국가와 사회 전체 체제를 이끌어가는 주체와 방식, 그 방향성에서 중요하게 작용될 것이라는 사실을 내포한다. 이제껏 능력주의 사회(Meritocracy)는 합성된 두 단어 중 앞에 있는 "능력"(Merit)에 중점을 두어 말해왔지만, 우리는 실제로 그 실상과 문제의 본질이 뒤에 있는 단어, 곧 "Cracy"나 "Crato"(지배-체제)에 있어서 "능력으로 사회를 계급화하는 방향성"으로 가고 있다는 점을 지적할 수 있다. 그러한 사회적 방향성은 세계 각국에서 계층 양극화가 진행되어 왔던 사회상을 통해 이미 노출되어왔으나 최근 부각된 메리토크라시에 의해 그 모순점이 더 날카롭게 간파되었다고 할 수 있다. 이 부분은 교육학에서의 자각, 즉 현실 교육과 사회에 대한 비판에서도 매우 잘 드러난다. 이때 "교육"은 더 이상 인간 교육의 사회화를 뜻하기보다는 기존 사회의 위계 질서를 교육화하는 장으로 사용되어왔다고 지적된다. 지식 사회학이나 교육 사회학에서는 현재 교육이라는 것이 사회를 주도하는 기능을 담당하지 않고, 이와는 달리 기존 사회를 존속시키는 기능만 유지하면서 작동하고 있다고 본다.[5] 여기서 그 기능이란 계급의 영속화 또는 사회 내 계급의 소유화를 의미하고 있는데, 이는 근대 이전에 시민 계급 생성 이전까지만 가능했던 사회적 부와 직위의 세습이 현대에 와서 "능력"이라는 합리적 기제로 변환되어 특정 계층의 사유화를 정당화하고 있다는 비판이다.[6] 다시 말하면, 현대 교육은 인간 개인의 존엄성과 평등의 공동체를 위한 사회화 교육이 아니라 경제적 자본과 생산성에 포획된 능력이 그것을 위시한 권력과 소유 체제의 주입을 위해 구축하는 교육이라는 것이다. 그리고 이런 현실은 한국 사회에서도 당연하게 여겨져 "자본주의 체제 아래에서는 어쩔 수 없다"라는 자포자기의 심정을 가지고 살아가는 이들이 많다.

....

5   김신일, 『교육사회학』(서울: 교육과학사, 1997), 219-254.
6   Conrad Hughes, *Education and Elitism* : *Challenges and Opportunities* (NY: Routledge, 2021), 19-22. 여기서 저자는 사회역사적이고 철학적 시각에서 엘리트주의를 주장해왔던 관점들을 짚어보면서 이러한 주장의 연장선상에 있는 능력주의가 어떤 방식으로 수직적이고 위계적인 소수의 필요성을 강조하고 있는지 보여주고 있다.

그렇지만 신학적 시각은 좀 다르다. 그것은 이러한 사회 현상과 권력 구조에 의한 체제는 영원한 것이 아니라 가변적이고 불완전한 것이므로 보다 궁극적이고 보편적인 목표를 설정하고 그것을 위해 현실 세계를 다르게 인식할 가치 체계와 그 행위에 대한 규준 근거가 분명하게 있다고 말한다. 이 글은 연구방법론으로서 이러한 신학적 시각이 현재 사회 연구에도 필요하며 그것이 이 사회의 대안적 시점으로 요구된다고 본다. "신의 시각"을 의식함으로 인해 인간의 능력과 소유, 자유 전반에 걸쳐 이 모든 주제의 관계를 보다 넓고 긴 시각에서 조망할 수 있기 때문이다. 신학적 시각은 사회 전체와 개인 문제 중 어떤 한 부분에 매몰되지 않고 주요한 이념들의 관계를 구분하고 재설정할 수 있다는 강점을 지니기 때문이다. 이런 시각에 입각해서 본다면, 종교개혁 이후 인간 개개인은 "영적 제사장"이자 독립된 사고 체계를 가진 "고유한 존재"이며 신 앞에서 "모든 인간은 평등하다"는 전제를 재확인할 수 있다. 그리고 개인과 사회, 그 관계에 대해 존엄성과 평등성을 동시에 지닌다는 사실과 가치 기준으로부터 말할 수 있게 된다. 개인의 자유, 그것을 위한 소유권 문제, 이와 더불어 사회라는 공동체를 의미 있게 형성하는 일, 그 모두를 중요한 것으로 놓을 수 있다. 신학적 시각은 근대 이후부터 민주주의 정치 체제로서 인간 존엄성과 평등성의 이념을 현실화해온 주체임을 전제하고 사회와 역사에 대해 말할 수 있다고 생각한다.

　　그런데 그렇게 본다면, 인류 역사에서 노예제가 철폐되어 자유롭게 되고 민주주의로서 모든 사람의 생명이 존중받는 세상이 비로소 왔

다고 할지라도, 지금의 역사적 현장을 보면 과연 "발전"해왔다고 말할
수 있을까 하는 의문이 떠오른다. 즉 직선적인 기독교적 역사 발전 시
각에서 말할 때, 지금 사회는 평등하며 그 안에 살고 있는 인간으로서
나와 우리는 그 존엄성 그대로 취급받고 있는가 하는 문제가 부상한다.
한 측면에서 보면 기독교 복음을 통해 세계 역사가 "하나님 나라"를 형
성해가고 있다는 기독교적 시각이 세계를 낙관적으로 보게 하지만, 다
른 한 측면에서 보면 지금도 그 시각과 의지와 방향성은 여전히 유효한
가를 물을 수 있다는 것이다.

　이 질문들에 답하기 위해 우리는 사회 과학에서도 거시적인 시야
를 확보하고 성찰하는 사회 과학에 대한 이론들을 참조할 필요가 있다.
역사적이고 문화적인 시각은 사회 현상을 보는 다수 관찰자의 시야를
확대시켜주며, 종교적 시각이나 철학적 시각은 인간과 사회의 상호관
계를 논증하며 그것에 대한 통찰을 제시해준다. 따라서 사회 현실과 현
상에 대한 관찰이 다양한 측면에서 필요하다고 할 수 있다. 이에 학문
적이고 객관적인 관찰을 위해 사회 전체를 비교 분석할 수 있는 사회학
적 시각을 도입하여 현재 사회의 정치적·경제적·사회적 문제점을 조명
하고 들여다본다면 그 핵심에 접근하는 일이 보다 용이할 것으로 보인
다.[7] 따라서 이 글은 사회 현상들을 보면서 다음과 같은 사회 성찰적인

7 　앤서니 기든스/임영일·박노영 옮김, 『자본주의와 현대사회이론』(*Capitalism and Modern Social Theory: An Analogy of the Writings of Marx, Durkheim and Max Weber*, 파주: 한길사, 2008), 349-380. 일찍이 역사상 사회철학적 시각에서는 마르크스주의가 이러한 사회 문제를 미리 짚어보면서 그 문제점을 해결하고자 했고, 뒤르켐이나 베버와 같은 학자들 역시 사회 변동 시기의 사회 불평등 문제와 사회 통합 문제에 대해

문제를 제기하고자 한다. 지금 여기서 한국 사회는 어떤 방향성을 가질 수 있는가?

이 질문에 답하기 위해 이 연구의 본격적인 작업은 현실 사회에 대한 사태 파악, 즉 현상 보기 작업에 있어서 한국 사회 탐구를 위한 모집단으로서 한국 사회의 "여성"을 통해 그 현상들을 분석하려고 시도한다. 한국 사회에서 모집단으로서의 "여성"은 한 집단으로나 한 계층으로 치환될 수 없으며 그 입장도 각각 다르다. 한국 사회에서 "여성"은 통칭되어 논의되지만 실제로 "여성"이라는 사회적 모집단을 본다면 그 안에는 각각 다른 계급이 분포하고 있어서 일부만을 취해서 일반화할 수 없다. 한 사회 내에서 "여성"을 지칭할 때 어떤 상황의 여성을 말하고 있는지 그 범위나 범주를 밝혀야 하며, 부분 "여성"을 가지고 와서 한국 사회 내 전체 "여성"으로 사용할 경우에는 보다 포용적이고 통합적인 사회 방향성을 위해 대안을 모색하는 입장에서 볼 것을 조건으로 가진다. 그리고 더 나아가 "여성" 현실에 대한 통찰은 과연 지금 우리 한국 사회 전체에 어떤 시사점을 주고 있는지 보아야 할 것이다. 사회적 주체로서의 여성, 인간 전체, 공동체에 대한 보다 너른 시각은 어떻게 가질 수 있는지 또한 개개인들이 사회와 더불어 그 존엄성과 평등성을 논할 수 있는 자리는 어디인지, 그 논의 지형 및 접경 지역을 찾아볼 것이다.

....

주의 깊게 들여다보면서 당시 사회와 종교와의 관계를 이론화한 바 있다. 지금까지 그것에 대한 비판적 논의는 계속 진행 중에 있다.

한 사회에서 인간 개인이 사회조직체와 연결되는 방식은 일(노동)과 보상(인정과 배분)을 서로 맞교환하는 제공 방식이 있다. 물물교환 시대 이후 "거래와 계약"은 더 명확해졌고 근대 이후 "대가와 보상"의 문제는 보다 합리적으로 계산되어왔다. 그런데 현대에 와서 이러한 계산법에 대한 공정성 문제가 심각하게 논의되고 있다. 그것은 개인의 일과 사회적 보상의 문제에 관한 등가 공식에 중요한 변수가 있고 그것이 두드러지게 다른 결과를 산출하고 있다는 지적에 의한다. 그 변수는 메리토크라시에서 주장하고 있는 "능력"이다.

우리나라에서 "능력주의"와 "메리토크라시"(Meritocracy)는 의미상 동일하게 들리지만 사실상 그 용어가 쓰이는 맥락과 그 사용 주체들은 전혀 다르다. 현재 "메리토크라시"는 근대 이후 생성되었던 "능력주의"의 의미를 내포하고 있지만, 사실상 발화/언술 과정에서 또 다른 의도를 갖고 있다는 사실이 밝혀져야만 한다. 이 연구는 현대 사회 안에서 논쟁의 배경으로 자주 등장하는 "메리토크라시"를 놓고 사회학적 시각들로 접근할 때 그 이론이 가지고 있는 이중적 의미, 특히 그 용어 사용에 내재한 모순점을 밝혀내는 것을 우선으로 한다. 그렇다면 다음과 같은 질문에서 시작할 수 있다. 근대 이후 이제까지의 능력주의와 최근 나타난 "Meritocracy"는 어떤 차이가 있는가? 과연 그 두 가지 "능력주의"가 지향하는 사회들 간에는 차이가 있는가?

먼저 여기에 두 가지 "능력주의"가 있다. 그리고 그 각각의 능력주의가 표방하는 두 사회가 있다. 그중 하나의 사회는 근대 이후부터 지금까지 지속된 "능력주의"를 표방한다. 근대라는 시기는 인간으로 하여금 혈연적 관계에서 체계적 전체 사회로 이동을 가능케 했다. 개인으로서 인간은 집단적 사회 안에서 "일"을 통해 사회적 관계를 맺고 그 역할에 따른 보상을 통해 개인적 생활과 사회적 생활을 동시에 영위하는 관계로 전환할 수 있었다. 근대라는 시기는 사회적 구조가 완전히 변화된 시기라고 할 수 있다. 이때부터 개인은 "능력"을 존중받아 혈연, 지연, 지역, 계층을 뛰어넘을 수 있었고, 사회는 사회 구성원의 일과 역할 수행에 따라 보상을 제공했는데, 이것은 역사상 사회 안의 보편적인 공정성을 확보했음을 의미하기도 한다. 따라서 "능력주의"란 개인의 주체성과 평등성이 확립된 근대 이후 "능력이 존중되는 사회"를 지시하는 것이기도 했지만, 그 안에서 인간이 사회적 권력을 소유하게 되는 방식과 그 방식의 공정성까지도 일컫는 것이었다.

그러나 최근 등장한 "메리토크라시"는 이와는 전혀 다른 "능력주의"다. 메리토크라시가 표방하는 사회란 사회 구조를 능력의 차이로 정당화하는 위계주의 사회다. 최근의 메리토크라시는 그 기준이 되는 "능력"의 공정성을 주장하고는 있지만, 그 의미가 앞의 "능력주의"와는 전혀 다르다. 그것이 말하는 공정성이란 기회의 공정성이 간과된 성취 결과만을 정당화하는 정당성이다. 이는 상이한 발화 주체의 의도에서 비롯되었기 때문이다. 이에 나는 이 용어들이 다르게 지칭될 필요성을 제시하고자 한다. 따라서 이 논문에서는 여러 저서와 출판물에서 번역되어 등장하는 "메리토크라시"를 이전의 "능력주의"와 구분하여 "능력위계주의"라고 설명할 것이다. 특히 이 논문은 "메리토크라시"가 의미하는 바를 기표(시니피앙, signifiant)와 기의(시니피에, signifie)로 구분하여 분석하면서 근대 이후부터 있었던 "능력주의"가 뜻하는 바를 기표(記標)로, 그리고 최근의 "메리토크라시"가 뜻하려는 바를 기의(記意)로 구분하여 설명할 것이다.[8] 그 의미를 구분하고 언어 사용 주체의 상이성을 드러내어 두 능력주의에서 그 사회적 주체는 각각 누구이고 사회적 방향성은 무엇을 향하고 있으며 그 "능력"이란 무엇을 말하는가에 대한 논거를 제시할 것이다. 나는 논거를 제시함으로써 신학적 해답과 사회적 적용을 모색할 때 그 작업을 위한 논의 지형을 확보하고자 한다.

우선 이 연구에서는 "메리토크라시"를 번역할 때 "능력주의"가 아니라 "능력 위계주의"로 옮겨 써야 할 것을 주장하는데 그 이유는 다음과 같다. 최근 수십 년간 현대 사회 문제와 더불어 등장한 메리토크라시는 일단 능력주의에 관한 여러 의미층을 함축하고 있기 때문이다. 나는 능력주의가 가져왔던 의미의 퇴적층을 그대로 가지고 와서 지금 그 용어를 쓰고자 하는 목적에 맞추어 "기표"로 작성했다. 다시 말하면 모두가 수긍해온 사회 진출 방식과 권력 획득 방식에 사용되었던 "능력주의"라는 말을 가지고 와서, 현재 권력 중심의 위계화된 구조를 더욱 강화시키기 위해 만든 언어적 표현(기표, 표기적 언어)이 메리토크라시라는 점이다. 더 정확하게 말하면 메리토크라시는 능력 위계주의 사회를 표방하므로 내용상 기존의 엘리트주의와 유사하지만, 그것은 형식상으로는 이미 평등한 사회 구조적 현상을 가리키는 것으로 여겨지게끔

---

8 언어학자 소쉬르는 언어를 소리와 뜻으로 구분하여 보았다. 이 연구에서는 "Meritocracy"의 의미를 고찰하면서 그 언어가 표시하는 바(기표)와 그것이 의미하는 바(기의)를 분리하여 보고자 하는 것이다.

한다. 따라서 능력주의를 주장하는 발화 주체가 이미 특정한 계급의 체계화를 위해 의도성을 갖고 있지만, 우리는 그 발화 주체가 그것을 숨기고 사회의 다수로 하여금 그의 말을 오인하도록 하는 언어의 이중적 의미 사용을 발견하게 된다. 따라서 "능력주의"가 발화될 때 수용되는 의미는 의도하는 의미와 대치 국면에 놓인다. 메리토크라시는 권력을 이미 획득한 특권 계층의 정당화 기제 또는 정당화하기 위한 담론으로서 기존의 능력주의 개념을 차용하고 있다.

예를 들면 기존의 "능력주의"는 일반적으로 사회적 지위를 놓고 "공정한 선발" 또는 "기회의 공평성"을 전제로 하며 민주주의 사회 내 일종의 약속과 같은 신뢰 관계를 말하는 것이었다. 그 외에도 특정 사회적 위치뿐만 아니라 사회적 특혜 또는 자본의 소유를 위한 상황을 가정할 수 있는데, 그것은 "능력"이라는 것이 다른 여타 조건들로서 외모, 혈연, 지역, 인척 등과 같은 불공평한 요소들을 상대화시키는 중요한 선별 원칙이면서 조건으로 간주되어왔다는 점에 근거한다. 또한 그것은 전체 사회가 각각의 구성원들과 공유하는 사회적 신뢰 기반이자 상식과도 같은 것이었다는 인식 지점에 위치해왔다. 또한 이러한 사실은 헌법에도 명시되어 있다.[9]

그러나 이와는 다르게 "메리토크라시"가 말하는 바와 말하고자 하

9 　대한민국 헌법 제11조 1. 모든 국민은 법 앞에 평등하다. 누구든지 성별, 종교 또는 사회적 신분에 의하여 정치적·경제적·사회적·문화적 생활의 모든 영역에 있어서 차별을 받지 아니한다. 2. 사회적 특수 계급의 제도는 인정되지 아니하며 어떠한 형태로도 이를 창설할 수 없다.

는 바, 즉 기표와 기의를 조금 더 자세히 구별하여 논리를 살펴보면, 발화자의 의도와 맥락에서 전달하려는 것이 "무엇"인지 쉽게 판별이 가능하다.

　　논리의 우선 순위에서 "무엇이 먼저인지"에 대한 예증이 필요하면 다음을 참조할 수 있다. 그것은 "p이면 q이다"와 "q이면 p이다"의 차이를 판별하는 일이다. p는 "능력 있다"이고 q는 "소유/점유한다"라고 전제했을 때, 기존의 능력주의는 "능력 있다 → 소유/점유한다"의 명제를 따른다. 그러나 이와는 다르게 메리토크라시의 "특권층"은 "q이면 p이다" 즉 "소유/점유한다 → 능력 있다"로 발화자의 맥락임이 밝혀진다. 메리토크라시는 기존의 관념을 전제로 하여 발화 내용을 전달하지만 실제로 그 상황적 맥락은 p와 q, 즉 "점유"와 "능력"이 도치된 것이라고 해석할 수 있다. 기존의 민주주의 기본 가치인 "평등"에서 말해졌던 인간의 "점유"(소유)와 "능력"이 역의 관계를 성립하고 있다. 이런 의미에서 능력주의에 대해 문제를 제기하는 입장에서는 능력주의가 기회 공정성을 확증해야 한다는 기존의 기회 공평성을 강조하며 최근에 대두된 메리토크라시에서 발화자와 그 의도에 대해 주목해왔다. 이 논문에서는 "능력주의"를 통해 전달해지는 말과 하려는 말 사이에 차이를 구분하고, 이에 문제를 제기하면서 p와 q의 관계, 즉 "능력"과 "점유/소유"에 대한 관계 방식에 대해 분석한다. 따라서 근대 이후 선택의 평등성을 중시하는 능력주의로서 "p이면 q이다"가 아니라 그 역으로서의 "능력 위계주의" 즉 "q이면 p이다"가 성립하려면 그것을 만족시키는 조건들이 별도로 필요할 것임을 알 수 있다. 따라서 지금부터 그 역을 성립하게 하는 조건들을 살펴보자.

Ⅲ. 한국 사회에서의 메리토크라시 특성

1. 세습과 자본주의의 문제

앞서 사회학적 비판을 통해 본 "메리토크라시"는 인류의 근대사에서 성취했던 "능력주의"라는 개인-사회의 연결 방식을 차용해서 기존에 획득된 특권을 정당화하기 위해 재사용하고 있는 일종의 프로파간다다. 우리는 메리토크라시가 이러한 현상이 낳은 사회 구조, 즉 이미 중산층이 와해된 사회적 계층 구조에 대한 묘사이며, 그 현상을 발화자 중심으로 사용한 특성이라는 점을 볼 수 있었다. 그런데 "메리토크라시"의 내적 특성은 여기서 더 들어간다. 그것은 능력주의라는 현대 자본주의적 사고방식을 이용하되 그 본질은 귀족제의 내용을 확보하고 있는 정치 제체를 가리키고 있다고 할 수 있다.[10] 메리토크라시의 능력 위계주의적 특징은 귀족주의와의 비교에서 더욱 잘 드러난다.

　여기서 오늘날의 능력 위계주의(Meritocracy)가 귀족주의(Aristocratism)와 비교되는 점은 "귀족"이라는 특권 계급의 "세습"과 유사한 현상을 가진다는 점이다. 근대 이전까지 사회에서는 귀족과

....

10　Daniel Markovits, *Meritocracy Trap*, 8, 13-15, 16-19.

같은 특정 계급이 전체 사회를 움직이는 권력 주체였다. 귀족 계급(Aristocrate)이나 귀족제(Aristocracy)는 "귀족"에 의해 운용되는 사회를 지칭하며 그들이 사회의 주축이 되어 그들의 이익을 극대화하는 방향으로 사회 전체를 움직이던 제도를 말한다. 귀족주의 사회에서는 사회 안에서 정치뿐 아니라 경제적 부, 문화적 지위와 특권이 귀족에게 귀속되는 것을 당연시했으므로, 귀족은 그 특권을 독점적 형태로 세습할 수 있었고, 이에 더하여 사회 내 자본과 재화를 점유하거나 배분하는 방식을 그들 스스로 결정할 수 있었다.

그러나 현대에 이르러 특정 소수가 사회 대다수의 부를 획득하고 그것을 독점하는 일은 당연한 것으로 여겨지지 않는다. 사회 전체의 부 또는 국가 전체의 부가 나뉘는 분배 방식에 대해 문제 삼을 수 없었던 때는 오로지 근대 이전이었다. 모든 사회 구성원이 평등한 민주주의 이념과 자본주의 경제 체제를 구성한다는 것은 자본주의 체제를 선택함으로써 자본가와 노동자의 생존을 동시에 감안하여 자본주의 체제를 수정 보완해가고 그렇게 모든 계층의 인간이 개인의 자유와 소유권을 보장받는 방향으로 가도록 한다는 일종의 사회적 약속이며 계약을 의미했다. 이는 현대 사회에서 구성원들의 암묵적 동의이자 "국가"의 존재 이유이며, 사회 복지 제도가 담당할 역할이기도 했다. 왜냐하면 자본주의 초기부터 "사회에서 최상층인 1명이 존재하려면 최하층 500명이 생기는 구조"가 자본주의라는 것을 알고 이에 대한 개선, 수정, 보완이 요구됨을 수용하여 시작했던 것이 "자본주의 체제"의 발단이었기 때문이다.[11] 따라서 지금의 자본주의 체제는 지난 200년이 넘는 동안 사회 내 수많은 수정 과정을 거친 결과물일 수밖에 없다. 현대 사회에서 실행되는 자본주의란 이러한 과정을 거친 자본주의다.

그럼에도 우리나라를 비롯한 세계 각국은 자본주의의 불공정성과 불평등성을 하나같이 폭로하고 있다.[12] 왜 그러한가? 그것은 인간이면 누구나 자신의 능력으로 부를 소유하고 축적할 수 있다는 기본 원칙이 있었는데 그 원칙이 무너졌을지 모른다는 의구심이 증폭되고 동시에 세계 도처에서 그러한 자격이나 능력과 소득의 문제가 합리적으로 연결되지 않는 현상들이 부상하기 때문이다. 한마디로 개인의 자격이나 능력이 공공의 계약이나 약속과는 상관없는 "세습"으로 사회적 자본과

---

11 "큰 재물에는 반드시 큰 불평등이 따른다. 큰 부자 한 명이 있으려면, 적어도 500명의 가난뱅이가 필요하다"라는 애덤 스미스의 말을 인용하여 최상층과 최하층은 똑같이 불평등한 사회 구조 또는 사회 상태를 보여준다고 바우만은 지적한다. 지그문트 바우만/안규남 옮김, 『왜 우리는 불평등을 감수하는가?』(*Does the Richness of the Few Benefit Us All?*, 파주: 동녘, 2013), 9-11.

12 피에르 부르디외·장 클로드 파세롱/이상호 옮김, 『재생산』(*La reproduction: éléments pour une théorie du système d'enseignement*, 서울: 동문선, 2003), 24-29. 교육 사회학 등 교육과 계급의 관계를 사회학의 비판적 시각에서 보는 입장은 "문화 자본을 분배하는 구조를 재생산"하는 것이 교육이라고 본다. 즉 계급들 사이에 존재하는 권력 관계의 구조를 재생산하는 것이 교육이고 이러한 메커니즘을 재강화하는 것이 교육이라는 지적이다. "자본가 계급의 권력과 권위는 세습된다는 주장은 다음과 같이 설명된다. 평등주의적인 학교 개혁의 실패는 자본주의 아래서 불평등이 개인적 결함에서 비롯되는 것이 아니라 교육이 객관적인 업적에 기초하여 개개인을 경제적 지위에 분배하는 것을 정당화함으로써 불평등을 재생산한다"는 입장이다. 사무엘 보울즈·허버트 진티스/이규환 옮김, 『자본주의와 학교교육』(*Schooling in capitalist Ameirca*, 서울: 사계절, 1986), 125-153. 교육의 내용은 항상 "공식적 지식에 대한 통제"를 포함하고 있는데, 그 과정은 항상 정치적 과정이라는 점을 저자는 미국적 상황으로 예증한다; 마이클 W. 애플/박부권 옮김, 『학교지식의 정치학』(*Official Knowledge*, 서울: 우리교육, 2001), 144-149, 182-183.

재화를 독점하고 있다는 사실이 노출되고 있기 때문이다. 이는 경제적 부를 독점한다는 것이 결국 정치 권력과 사회적 지위를 포섭할 수 있는 가능성으로 연결되기 때문에 더욱 문제시되고 있다. 보다 근본적으로는 근대 이후 사회의 극소수가 사회 전체의 재화나 특권을 임의로 할당하는 방식, 즉 "능력에 의해서"라는 말로 정당화되고 있는 현상에 대해 사회 공정 시스템이 제대로 작동하고 있는지 문제가 제기되었다. 사회 안에서 경제적 부의 분배 문제는 개인에게는 일과 소득의 문제로 중요하나 동시에 사회로서는 전체 사회적 방향성이 현시되는 문제이기 때문에 그 사회적 위기 의식이 심화된다.[13] 그럼에도 여기서 두드러지는 메리토크라시의 문제는 귀족주의와도 같이 사회 극소수가 전체 부의 상당량을 독점하고 그것으로 정치적인 영향력을 행사하며 그 사회적 신분을 귀족의 세습처럼 독점하면서도 그것이 "능력에 의해 정당하다"라고 주장하는 데 있다.[14] 메리토크라시의 특성은 오늘날 극소수가 공평한 기회를 사실상 무효화하고 그 세습적 특권으로 사회적 지위를 점유하며 신자유주의 체제의 특권을 독점하는 데서 잘 드러난다. 그래서 실제적으로 모든 사람이 그 특권에 접근할 수 있는 "능력"은 글로벌한 자본주의 사회 구조와 신자유주의 체제 내에서 이익 회수가 가능하고 기술 통제가 가능한 극소수에게 제한된다. 때때로 무한 경쟁 구조에

....

13   유팔무·김원동·박경숙, 『중산층의 몰락과 계급양극화』(서울: 삼화, 2005), 30-45, 153-175.
14   마이클 영/유강은 옮김, 『능력주의: 2034년, 평등하고 공정하고 정의로운 엘리트 계급의 세습 이야기』(*The Rise of the Meritocracy*, 서울: 이매진, 2020), 83, 172; 신중섭, 『포퍼의 열린 사회와 그 적들』(서울: 자유기업센터, 1999), 216-218.

서 대체 가능한 인력도 여기에 포함되지만 이는 현상 유지를 위해 가동되는 "능력"이면서 모든 사람이 스스로 특권을 점유할 수 있다고 여기게 하는 "능력"이므로 동상이몽과 같은 능력이다.

2. 명분과 민주주의의 문제

이 절에서 살펴볼 것은 메리토크라시와 민주주의(Democracy)의 관계다. 여기 두 단어 모두에서 우리는 "-cracy"라는 접미어를 주의해서 볼 수 있다. 메리토크라시와 민주주의는 모두 합성어로서 "cracy"(*crato*, 지배, 정부, 정치 체제)라는 동일한 접미어를 갖고 있다. 앞서 밝힌 바와 같이 이것이 의미하는 바는 "누가 이 사회의 주체인가"에 대한 물음과 함께 "어떤 가치를 가지고 이 사회를 이끌어가려고 하는가"의 문제이기 때문에 중요하게 다루어질 필요가 있다. 다시 말해 그 물음에는 사회 전체를 운영하는 주체와 체계도 중요하지만 그 방식을 채택할 경우 전체 사회는 어떠한 방향성을 가지게 될 것인가 하는 문제가 내포되어 있다. 이것이 메리토크라시가 사회 분배 이론에서 그치지 않고 정치 이론에서 거론되는 이유다.

그렇다면 메리토크라시가 민주주의와는 어떤 연관성을 가지는지 살펴보자. 민주주의는 사람들, 즉 국민과 민중, 인민, 시민으로 지칭되는 다수 주체(*demo*)의 주권 행사에 의한 것이라는 점이 가장 우선될 것이다. 즉 메리토크라시라는 공적인 담론 발의와 발화 작업과 연이은 작동이 민주주의라는 큰 틀 안에서 용인된다는 점에서 그 두 가지는 서로 연관성이 있다. 민주주의에서는 사회 운영 방식이 민주주의가 추구하는 가치대로 갈 수 있는가를 물으며 합의하는 공공의 약속이 중요시된다. 그러나 주체 물음이 제외될 때, 그 운영 방식에서 메리토크라시의 주체는 전체 다수에 대해 제안하는 형식으로 경쟁 관계에서 승자의 독식을 다수의 동의로 도출해낼 수 있게 된다. 그렇다면 메리토크라시는 민주주의라는 정치 체제를 위해 합리적인 방법으로 선택된 것이고, 이는 경제 체제인 자본주의와 신자유주의적 독식 체제 안에서 인간의 자유 실현을 위해 선택된 것이라고 말할 수 있으며 그러한 자유의 토대에서 인간 개개인의 소유권과 다른 권리들의 독점을 법적으로 마련할 수 있게 된 것이다. 이제까지 민주주의-자본주의는 공존하는 형태로 유지되어왔으며 그 우선되는 기본적 가치로서 민주주의의 "모든 인간의 존엄과 평등" 이념은 무엇보다도 우선되는 가치로 여겨져왔지만, 메리토크라시의 그 어떤 것에도 오류로 판명되지 않고 전제된 사실의 용도 변경만으로 정당화되고 있다. 이렇게 되면, 민주주의 내에서 자유로운 경쟁을 보장하고 그에 따른 사회적 보상을 연결하는 "능력주의"라는 논리적 형식은 표면적으로만 효용성을 갖게 된다. "민주주의-자본주의"의 공존은 "민주주의-능력 위계주의"로 악화된다.

법적인 차원에서는 외면적으로 "Meritocracy"가 민주주의와 서로 상충되지 않는 것으로 보이지만, 능력 위계주의가 가지는 속뜻, 즉 언어적 기의(기의) 면에서 본다면 신자유주의의 무한 경쟁과 승자독식 구조는 그 실행 과정과 결과와 정치적 지향 면에서 모두 민주주의적 평등 가치와 모순된다. 능력 위계주의 사회는 능력을 중시하는 사회를 일컫는 것이 아니라 무한 경쟁 구조 속에서 그 능력치를 위계화하고 계급화하는 사회를 지칭하는 것이기 때문이다. 따라서 이렇게 능력 위계주의 사회를 건립한다는 것과 단순히 민주주의 사회 내에서 기회 공정성을 뜻하는 능력주의가 실행된다는 것은 의미상 전혀 다른 것임을 식별해야 한다. 만약 구분되지 못할 경우 이제까지 능력을 통해 민주주의 사회 안에서 자신의 꿈을 이루려 하거나 자신의 생업, 직업과 일, 노동을 하는 모든 사람이 "능력주의"가 갖는 이중적 의미 안에서 갇히게 된다. 또한 능력 위계주의가 인간을 억압하는 상황이어도 이에 반박할 수 없게 될 것이다.

따라서 "메리토크라시"는 일차적으로 근대 이후 민주주의 사회를 일궈온 일반적 의미의 능력 존중주의 사회와는 구분되어야 하며, 능력 위계주의 사회로 가려는 그 정치적 함의가 표면에 노출되어서 그 정향과 방향성이 민주주의적 가치를 확장하거나 확충하는 방향과는 거리가 멀다는 사실을 우리는 인지해야 한다. 능력 위계주의 사회(Meritocracy), 즉 능력이 위계로서 정당화되어 굳어지는 체제는 대한민국 헌장에서 공표하는 민주주의 공화국 안에서 개인의 주권과 능력을 "국민 누구나"(demo) 성취할 수 있다는 내용과 공존할 수 없기 때문이다. 또한 헌법에서 그 "능력대로"라는 말이 실제적으로 그 법적 이념에 비추어 제대로 실행되고 있는지 대조해볼 일이다. 현재 시점에서 볼 때 능력 위계주의는 민주주의 이념과는 상반되지만 오히려 그 "민주주의" 안에서 법적인 제재나 행정 명령이나 법규에 어긋남이 없다. 법 실행은 각 단위나 수위에 준하여 조정되므로 메리토크라시와 같은 담론은 법에 저촉되지 않을 뿐만 아니라, 특권을 점유한 극소수나 엘리트들은 자신들의 이해관계를 강화하기 위한 체제 유지의 조건들 역시 법에 저촉됨이 없도록 법을 조정하고 개정하는 일에 분주하다. 실제로 법에는 여러 수위가 있다. 법에는 강제력이 따른다. 하지만 법의 이념에는 강제력이 따르지 않는다. 이 사이에서 민주주의라는 대의명분이나 법의 이념에 따라 법을 구축하고 그 법을 집행하며 그 법을 수정하거나 조정하는 이들을 우리는 엘리트라고 부른다. 이들은 현대 민주주의 제도의 맹점을 보여준다. 직접 민주주의가 불가능한 대의 민주주의에서는 소수 대표에게 그 권위와 권력을 주어 전체의 대표성을 가지고 대표직을 수행하도록 하지만, 반대로 그 합의에 의한 선출로도 민주주의의 이념과 목표가 실행되기 어렵기 때문이다. 그 대표성을 가진 정치 엘리트라는 소수 집단은 그 대표성을 자신의 능력에 대한 권리로 간주하는 경우가 생기기 때문이다.

3. 파워 엘리트의 결탁과 역할-책임의 문제

대의 민주주의에서 "엘리트"란 전체 사회 방향성에 대한 인식과 조정 제어 능력을 갖고 있는 집단을 지칭하는 용어였다. "엘리트"는 일반 대중보다 더 많은 교육과 훈련을 거쳐서 정치 제도나 경제 제도에서 공익을 위한 최선의 메커니즘을 형성하며 그것을 제공하도록 권력과 특권을 부여받은 사람들이다. 그러나 현대 사회에서 "최상위 1%는 세계 자산의 40%를 소유하고, 상위 10%는 전 세계 부의 85%를 차지하고 있으며, 하위 50%는 전체 1%의 부를 나눠가지고 있다"고 말해진다.[15] 달리 말해 "파워 엘리트" 또는 권력을 가지고 있는 엘리트 집단은 더 이상 사회 전체와 공익을 위해 일하지 않으며 정의로운 사회를 형성하기 위한 공정한 경쟁을 조성하지 않는다.[16] 이에 더하여 미국의 사회학자였던 밀스는 당시 사회 계층의 구조에서 "신중간층"으로 불리는 대중이 자유라는 것을 소비의 자유로 착각하고 있으며 도덕이나 공적 사고를 하지 못한다고 그들의 무능까지 비판했다.[17] 이렇게 볼 때 권력 엘리트 사회는 단순히 능력 있는 극소수가 사회 권력을 차지하는 문제에서 그치지 않고 사회 구조 자체의 방향성과도 연결되어 있음을 보여준다. 이에 한국 사회가 직면해야 할 문제는 기술과 자본의 축적이 무기 산업과 전쟁의 방향으로 집중되고 가속화되어가고 있다는 방향성에 대한 인식 문제다.[18]

이를 미국 사회의 경우에서 보기로 하자. "파워 엘리트"라고 불리

---

15   로버트 D. 퍼트넘/정태식 옮김, 『우리 아이들: 빈부 격차는 어떻게 미래 세대를 파괴하는가?』(*Our Kids: the American Dream in Crisis*, 서울: 페이퍼로드, 2016), 11, 68, 70; 강원택 외, 『당신은 중산층입니까?』(파주: 21세기북스, 2014); 지그문트 바우만/안규남 옮김, 『왜 우리는 불평등을 감수하는가?』(파주: 동녘, 2013), 9-11.

16   Davis, K. and Moore, W., *Class, Status and Power* (N.Y.: Free, 1966), 47-48.

17   C. 라이트 밀스/정명진 옮김, 『파워 엘리트』(*The Power Elite*, 서울: 부글북스, 2013), 405-444.

18   한국 사회는 분단국가로서 자주 국방 능력을 확충하는 것에서 그치지 않고 무기 산업을 확대하여 정치경제적 헤게모니를 장악해왔다. 기술과 무기 산업의 현황 중 단면은 다음에서 참조할 수 있다. 김상배, 『비대면 시대의 미중 기술경쟁: 정보세계정치학의 시각』(서울: 사회평론아카데미, 2021), 23-45, 51-55, 344-350; 서울대학교미래전연구센터, 『디지털 안보의 세계 정치: 미중 패권경재 사이의 한국』(파주: 한울아카데미, 2021), 82-83.

는 이들은 1953년 이후부터 신자본주의 사회에 이르기까지 첨단 기술을 가진 엘리트들로서 군사적 무기 사업과 군비 확충 정책과 무기 소비까지 담당하며 그것들을 모두 결합시켜왔고 경제적 자본과 정치적 권력을 유착시켜왔다.[19] 밀스는 1950년 한국전쟁 이후 미국의 군산업체 기술과 자본의 축적이 군산업체들의 정치적 관계로 연결되고 이를 통해 그 세력이 보다 강해지고 글로벌한 범위로 확대되었음을 밝혔다.[20] 이렇게 보면 한국 경제는 지난 반세기 넘게 미국 경제와 연동되어 있었던 점을 다시 보지 않을 수 없다. 또한 IMF 금융 위기 사태를 통해 한국의 경제 구조가 전면적으로 개편되면서 "신자유주의"를 표방한 이후 전체 방향성과 현황이 이를 뒤따르게 되었다는 점을 유의해 봐야 한다. 그리고 한국의 사회 문화 구조는 한국의 경제 구조가 변화한 그 시점을 중심으로 그 이전과는 전혀 다른 양상을 보이고 있다는 점에 주목해야 한다. 경제적 지표와 달리 쉽게 포착되지 않는 역사적 현상에서 주의해 볼 것은 과거 주요한 시기에 한국 사회에서 정치-경제-사회를 이끄는 주체는 누구였고, 어떤 방향성으로 어떤 결과를 가져왔으며, 그 이후 한국 사회는 어떤 방향으로 변화했는가 하는 점이다. 이렇게 보면 한국

....

19 브루스 커밍스/김준형 옮김, 『브루스 커밍스의 한국전쟁』(*The Korean War: A History*, 서울: 현실문화, 2019), 129, 164, 286-287.

20 C. Wright Mills, *(The) Power Elite*, 366-403. 그들은 교육받은 엘리트 집단이 특권 계층화되고 있었다는 사실을 짚어준다. 이들은 최첨단 기술을 가진 엘리트들과 자본을 가진 엘리트들이면서 동시에 경제-정치-군사적 분야에서 이를 소비할 "능력"이 있는 사회 안의 최상층이었는데 점차 그들의 사회적 지위는 경제적 자본과 정치적 권력에 의해서 더욱 견고해졌다고 언급된다.

의 역사적 현실에서 초기 한국 사회를 이끈 파워 엘리트는 누구였고 이러한 정치경제적 행적은 현재 어떤 사태로 드러났으며, 그 방향성은 어디로 향하고 있는지 묻게 된다. 이러한 질문을 간추려서 다음과 같이 정리해볼 수 있다.

먼저 한국 사회의 파워 엘리트는 누구인가에 대해 살펴보자. 그리고 한국의 현대사에서 정치적·경제적 행보는 어떠했고, 그 결과 지금의 사회로 악화시킨 계기와 그 행보는 어떠했으며, 그 행보를 통해 한국 사회는 얼마나 더 악화되었고 그 방향성은 지금 어디를 향해 가고 있는가를 물을 수 있다. 이에 대해서는 정치, 경제, 사회, 문화, 교육 등의 여러 부문에서 같이 들여다보고 상호 비판이 가능하도록 함께 논의할 수 있을 것이다. 그러나 여기서는 지면상 메리토크라시와 관련하여 사회적 공공성 또는 사회 공평성의 측면에서 정치 부문에 한하여 주목해보고자 한다. 이때 현대 정치사에서 한국 사회에 가장 큰 영향을 주었던 IMF 금융 위기 사태를 기점으로 그 이전과 그 이후의 정치적 변화에 따른 사회적 변화와 문화적 변화를 간략하게 살펴볼 수 있다. 다만 여기서 한 사회의 전반적 변화 양상을 살펴보는 데 있어서 특정한 경제적 사건을 기점으로 구분한 이유는 한국 사회의 형성 역사에서 전후 복구에 소요한 시간 다음으로 사회문화적 인간성의 변화에 가장 큰 영향을 준 사건이 "IMF 사태"이기 때문이다.

첫 번째로 우리나라를 비롯하여 세계가 금융 위기에 휩싸였던 시기, 한국 사회는 어떻게 IMF를 맞게 되었으며, 그 사태를 직면하게 된 정치적·사회적 원인과 배경은 무엇이었는지, 이때 정치와 권력의 중심에서는 어떤 일이 일어나고 있었는지 잠시 과거로 돌아가 볼 필요가 있다. 한국은 1950년 6.25 전쟁이 발발하여 3년간 전쟁을 계속하고 1953년 휴전 협정에 의해 정상적인 형태를 다시 갖추게 된다. 그러나 근현대사에서 모두 주지하는 바와 같이 1945년 일제강점기가 끝나고 해방을 맞이했으나 한반도는 미군정 시기로 돌입하게 된다. 이때 미국은 일본군에게 이양받은 사회 통제 권력을 다시 경찰과 군대에 배분했으며, 당시 친미 정권으로 자유당 독재를 실시한 이승만 정권은 결국 그 무능으로 군사 독재에 전권을 내주게 된다. 이렇게 미군정에서 군사 독재 정부로 이행된 한국 사회의 정치 권력은 정치 엘리트로 성장하고 나아가 재벌 우선 경제 정책을 시행하면서 자본가 계급을 보호하게 된다.[21] 이미 일제가 사용했던 이분화 정책, 즉 지주와 노동자에 대한 극적인 차별 정책으로부터 급부상한 재벌 기업들은 군사 정권과 결탁하여 경제 엘리트로 자리하게 된 것이다. 군부 엘리트들은 군권 자체에 의존했던 것에서 자본가 계급과의 적극적인 결속 관계를 통해 그 지위를 확보하려고 했던 것을 볼 수 있다.[22] 1990년 초반까지 이러한 경향은 계속되었다. 그러면서 군권 체제의 국가는 국가 주도형 경제 정책을 실시했는데, 이것은 사실상 자본주의 구도에서 볼 때 내구성이 취약

---

21 박명림, 『한국전쟁의 발발과 기원: 기원과 원인』(서울: 나남출판사, 1997), 439-444, 475.

22 김영모, 『한국 자본가 계급연구: 대기업자본가의 형성과 이동』(서울: 고헌, 2012), 111-121. 한국 자본가 계급은 정권과의 우호적 관계, 정책 지원에 따른 자본 축적의 순환에서, 특히 군사정권에서 경제 개발 계획 등의 재건 사업을 독점하면서 급속히 성장했다.

하고 불투명한 상황을 오래 지속시켰던 문제를 안고 있었다.[23] 또한 경제적 불안정성은 사회적 불안감을 자극하고 키워왔는데, 이러한 사회를 통제하는 방법은 전후 이념 갈등을 극화시켜서 이를 구조적 갈등으로 형성하고 이를 다시 극단적인 이분법과 양자택일의 정치로 체화시키는 것이었다. 예를 들면 선과 악의 편을 나누고 여기에 "선 = 자유민주주의 = 자본주의 = 자본가 = 반공"으로 구별하고, 다른 한편으로는 "악 = 사회민주주의 = 공산주의 = 노동자 = 좌파"를 적으로 간주했다.[24] 그러나 이런 작업은 사회 내의 갈등까지 구분해내고 처치할 수 있었던 것은 아니었다. 역사적인 맥락을 가진 계층 구분의 갈등이 풀리지 않은 채로 군사 정권의 권력과 자본가만을 우선시하는 자본주의의 결탁은 결국 경제적으로 총체적인 난맥상을 드러내게 되었다. 이에 세계적 금융 위기 상황이 닥치자 그 경제적 여파로 인해 사회 전반의 구조 자체는 흔들리게 되었다.

두 번째 IMF 사태라는 국가적 위기 상황 이후에 한국 사회의 정치와 경제는 어떻게 변화되었고, 그 중심에는 누가 있었으며, 어떤 일을 했는지를 연결해보자. 이때 정치 중심부의 권력 엘리트들은 더 이상 군

---

23 김용철·지충남·유경하, 『현대 한국정치의 이해』(파주: 마인드탭, 2018), 283-289, 297-300, 323.

24 현장아카데미, 『한국전쟁 70년과 "이후" 교회』(서울: 모시는사람들, 2021), 172-177. 한국의 정치와 사회 구조, 문화 구조는 한국 전쟁 이후 미국의 상황과 연결되는 부분이 많았다. 또한 해방 이후 국가 수립의 주축 세력은 일제강점기부터 토지와 소유권의 이해관계를 가진 경제 세력과 연결되어 있었다. 정치-경제-종교가 결탁한 세력이 국가를 자본가 중심의 구조로 형성해갔다.

부 세력이 아니었다. 이 시기는 문민정부로의 이행이 진척되어 민주주의 이념에 보다 적합하고 실질적인 정책을 도출해내고 시행하는 시기였다고 할 수 있다. 그러나 IMF 사태는 너무나 급작스럽게 닥쳤고, 이전의 경제 구조는 새로운 상황에 적응할 형태를 갖추지 못한 상태였으므로 정부 정책은 매우 혼란스럽고 체계를 갖추지 못한 채 공적인 역할을 다하지 못하여 각 개인은 스스로 그 생존을 책임져야 하는 결과를 낳게 되었다. 이는 후에 이러한 정부의 행적이 가져온 사회적 변화에 영향을 주게 된다. 전 세계적으로 금융 위기를 겪은 경험은 각각 다를 수 있지만, 한국 사회가 받은 타격은 그 영향이 경제 구조의 변화에서 시작되어 사회 계층의 이분화를 거쳐 양극화되면서 문화 현상으로 진행되었다. 경제적 측면에서 신자유주의 체제로의 갑작스러운 변화는 정치와 사회, 문화적 변형과 정체성 형성에까지 영향을 끼치게 된다. 하지만 여기서 무엇보다 가장 중시되는 정치 부문에 주목해본다면, IMF 사태 이후 각 정부마다 "신자유주의"의 세계적 흐름을 읽은 후 이에 대응하고 대처하는 "신자유주의적 행정"은 명칭적 유사함을 보였으나 그 방식과 태도에서 매우 상이했다는 점이다. 일단 사회가 직면한 현상은 사회 계층의 양극화를 통한 "중산층의 몰락"과 "빈익빈 부익부" 현상으로 집약되었다.[25] 구조 조정에 따른 실업 증가는 물론 고용 불안의 상태는 소득 격차 심화 및 상대적 박탈감의 증가와 같은 현상으로

....

25   다미엔 카힐마르티즌 코닝스/최영미 옮김, 『신자유주의』(*Neoliberalism*, 서울: 명인문화사, 2019), 62-69, 137-159.

이어졌으며, 소위 "화이트칼라"로 불리는 사무직 종사자는 대거 "블루칼라"의 노동직 종사자가 되었다.[26]

이때 국가의 행정부와 정치경제의 엘리트는 이러한 국가적 위기를 어떤 방식으로 극복하려 했을까? 우리는 당시 국가 전체적 구조 변화에 직면하여 그 위기는 어떤 집단에게 더욱 위기로 다가왔고, 다른 집단에게는 그 위기가 기회로 다가오지 않았을까라고 질문할 수 있다. 그 위기의 시기가 지난 후에 사회적 부는 극적으로 편중되는 현상을 보였는데, 그것은 매우 급작스럽게 변화된 사회 변동 때문이기도 했지만, 제도의 변화 역시 사회적 합의에 의해서가 아닌 정부 지도자와 자본가 또는 재벌과 경제 엘리트들에 의해 부지불식간에 진행된 일이었기 때문이다. 그때까지 스스로 중산층으로 이해하고 문화적 소속감이나 안정감을 가지고 있었던 대다수의 사회 구성원은 소득이 불안정해졌으며 내수가 침체되어 고용이 불안해지면서 빈곤율이 증가되는 상태에 이르렀다. 신자유주의는 피할 수 없는 세계 경제의 흐름이며 체제 전환에 대한 압력이었지만, 이를 국가의 경제 정책으로 표방한 정부는 내수 시장을 확대하려 하면서도 실제적으로는 경제 정책과 노동 시장을 기업과 자본가 입장에서 개편하여 노동자에게 임금 체계나 근로 조건을 강요하고 노조를 무력화하려고 시도했다.[27] 결국 정부의 신자유주

---

26   전병유·신진욱, 『다중격차』(페이퍼로드, 2016), 39-51; 유팔무·김원동·박경숙, 『중산층의 몰락과 계급양극화』(서울: 삼화, 2005), 11-21, 130-138; 박상현, 『신자유주의와 현대 자본주의 국가의 변화』(서울: 백산서당, 2012), 305-309, 310-330.

27   김용철 외, 『현대정치학의 이해』, 392-395.

의 경제 정책은 실패로 판명되었으나 문제는 그것에서 그치지 않았다. 국민 대다수는 이러한 정부를 신뢰하지 못했다. 정치 권력을 획득한 경제 엘리트 집단이 사적인 이익과 소수 재벌의 입장을 우선시하는 과정에서 그 결과가 노출되었던 까닭에 국가의 대다수 구성원은 국가 위기 상황에서 국가의 공공 역할과 책임을 발견하기보다 오히려 극소수 자본가의 이익과 정치 권력의 이해관계에서 여론조차 개의치 않는 사회 극상층의 정치적 행보와 특혜 점유와 책임 회피 행위들을 목격했다. 이러한 국가 정치에 대한 불신은 정치 전반에 걸친 무관심을 유도한 것에서 그치지 않고, "함께 산다"는 국가의 가치적 역할과 공동체성에 대한 신뢰를 와해시켰다. 이후 정권들이 퇴각하자 본격적인 민주주의에 대한 기대가 다시 확산되면서 인권과 평등의 가치를 직접 측량해볼 수 있는 시도들이 늘어나는 계기가 마련되었다. 그것은 통신 기술의 발전과 더불어 급속도로 증가한 매체들의 다양성과 목소리였다. 과거와는 상이할 정도로 통신 기기와 방송 매체, 소통의 방식이 다변화되면서 사회 구성원 대다수가 직접 자신들이 체험한 사회적 사건과 각 측면들을 표현하게 된 것이다. 사실 그 이전부터 언론의 역할은 사회 현상에 대한 실태와 방향성에 대해 주시하며 지성인으로서 사회적 감찰 기능을 맡는 것이었다. 그러나 언론은 사회 불평등을 생산하는 체제에 대한 수정은 두고서라도 언론이 감지할 수 있는 불공정 사태를 야기하는 정치-경제의 결탁 행위와 구조화 조짐들, 중산층의 와해 현장에서도 시민적 시각으로 비판하거나 보도하지 못했다. 민주주의 이념에 어긋나는 상황과 정황들이 정보로 쏟아져도 그것을 자신들의 도구로 사용해왔던 언론과 사법 기관은 그 오작동에 대한 책임이 크다고 할 수 있다. 반면 사회 현상들이 새로운 기술과 미디어를 통해 사회에 전면적으로 노출되고 빠른 전달이 가능해졌다. 이와 동시에 사회 전반에 걸쳐 특권층과 그 특혜 점유에 대한 관심이 높아지면서 상대적 격차에 대해 납득할 만한 이유들이 요구되었다. 이런 상황은 또 다른 국면의 사회 인식을 보여주고 있는데, 그 하나는 특권층 입장에서는 그 격차를 사회적으로 정당화할 기제가 필요해졌다는 것이고, 다른 하나는 사회 전체적으로 구성원들의 정보 인식 능력과 그 정보를 스스로 해석하는 능력이 향상되었다는 사실이다. 그 이전까지 전체 한국 사회를 통치 대상으로 여겼던 정치 엘리트나 경제 엘리트, 언론 엘리트를 넘어설 만한 사회에 대한 인식이 점차 확대되고 있고 이에 따라 사회 자본과 특혜를 점유할 타당성에 대한 담론이 새롭게 필요하게 되었다. 이러한 이유로 인해 "능력주의"라는 오래된 담론이 신자유주의 체제에 맞추어 "메리토크라시"라는 담론으로 재형성되었다.[28]

4. 신자유주의 메리토크라시와 한국 여성

이 장에서는 "여성"이라는 한국 사회의 모집단을 선택하여 그 본보기를 놓고 한국 사회 안에 자리하고 있는 메리토크라시의 특성을 분석

28　박상현, 『신자유주의와 현대 자본주의 국가의 변화』(서울: 백산서당, 2012), 305-309, 311-330.

한다. 앞서 보았던 주제들, 즉 불평등 문제와 불공정 문제를 볼 때, 그 현상을 객관적으로 관측할 틀을 활용하여 메리토크라시라는 능력주의 담론이 어떤 작용을 하고 있는지 관찰하고 이것이 시사하는 바를 시대적 성찰로 취하고자 한다. 이때 "여성"은 통계적 모집단으로 작용할 수 있는 사회 집단인 동시에 여러 계층의 여성들이 포함된 전체 집합으로 전제한다. 한국 사회를 "여성"이라는 모집단을 통해 살펴볼 때, 정치-경제-사회사적 현안들에서 메리토크라시가 옹호하는 불평등의 문제, 불공정의 문제를 직접 확인해볼 수 있다. 그것에 더하여 능력 위계주의 사회 안에서 "여성" 안에 어떻게 성차별적 요소가 이중적 억압으로 작용하는지 보게 될 것이다. 이 과정에서 "여성"과 "능력주의"(Meritocracy)가 정치적으로 언급될 때 능력 위계주의와 신자유주의 경제 체제 사이의 관계성이 드러난다. 신자유주의 체제 안에서 능력 위계주의 담론이 의도하는 바는 무엇이며 그것이 대다수 사회 구성원들에게 주는 영향은 무엇인지 살펴보자.

여성은 신자유주의적 능력주의의 수혜자인가 아니면 피해자인가? 이 질문은 지난해 계속 제기되었던 논쟁 중 하나였다. 여기서 정치적 유권자로서 확보할 대상으로 그려진 20-30대 남성들은 실질적인 여성 정책의 반대자로 변신했고, 취업 경쟁과 그 생존에서 남은 먹이를 두고 싸워야 하는 전투자의 자리에 서 있는 것을 볼 수 있었다. 그 당시 논쟁 가운데 있던 발화 사건의 내용을 정리하면 다음과 같다.

"신자유주의의 최대 수혜자는 여성이다."

"능력주의의 혜택을 가장 많이 받은 대상은 여성이다."

이와 같은 발화 내용은 한국 사회에서 취업을 준비하며 고용 불안으로 시달리는 남성 유권자들을 자극했고, 발화 목적대로 "여가부 폐지" 안건과 관련하여 "여성"과 "능력주의" 등의 주제로 확대되면서 논쟁 가운데 두 그룹을 형성했다.[29] 그 두 그룹은 대척점에 설 필요가 없었지만, 위의 발화 구조 속에 갇혀 반목했고 그것은 "혐오"라는 정치적 표현 등의 사회 갈등과 분열을 가져왔다. 그런데 위의 발화 내용에는 몇 가지 오류가 있다. 우선 그 내용에서 "여성"이란 한국 사회 안에서 전체 여성을 말하는지 아니면 일부 여성을 말하는지 그 범위 구분이 전혀 되어 있지 않다는 점이다. 따라서 일단 지칭된 대상의 범위가 우선 명시되어야 한다. 그렇지 않을 때, 청자는 "20-30대", "취업 준비자"로 자신을

....

29 참조 기사. 이춘재, 2021.10.13일자, "공정을 가장한 능력주의는 불평등을 고착시킨다", https://www.hani.co.kr/arti/economy/ (2022. 08. 14. 접속) 손효숙, 2021. 04. 23일자, "文 정부가 민생 망친 게 장관 성별탓? 이준석의 '무리수'", https://www.hankookilbo.com/News/Read/A2021042315310004821/(2022. 08. 14. 접속) 장나래, 2022. 03. 26일자, "이준석, 여성장애인 혐오 비판에 '수수자 정치의 프레임 전쟁' 반박", https://www.hani.co.kr/arti/politics/politics_general/1036365.html?_ga=2.88911069.778553559.1660465292-1118087568.1660465292/(2022. 08. 14. 접속); 박다해, 2021. 06. 05일자, "이준석이 말하지 않은 것", https://h21.hani.co.kr/arti/politics/politics_general/50447.html?_ga=2.88911709.778553559.1660465292-1118087568.1660465292 (2022. 08. 14. 접속) 류옥하다, 2021. 12. 21일자, "이대남은 왜 이준석에 열광하게 되었는가", http://m.ohmynews.com/NWS_Web/Mobile/at_pg.aspx?CNTN_CD=A0002796343#cb/(2022. 08. 14 접속); 장슬기, "윤석열, 이준석, 샌델이 지적한 '능력의 폭정'과 무관한가", http://www.mediatoday.co.kr/news/articleView.html?idxno=303182/(2022. 08. 14. 접속); 사회변혁노동자당, "제1야당 대표가 된 혐오와 능력주의", http://rp.jinbo.net/change/82316/(2022. 08. 14. 접속).

동일시하기보다 더 큰 범주인 "남성"에 동일시하며 그 상황적 프레임에 간히게 되고 그 언술된 상황과 맥락과 발화자의 의도에 따라 "남성"과 "여성"이라고 하는 대치 국면에 놓이게 되기 때문이다. 따라서 담화 사건과 내용에서 그 명제의 진위성 혹은 진릿값이 산출되어야 한다. 그러기 위해서는 그 언술 주체와 언술 맥락과 그 목적에 대한 이해가 있어야 한다.

우선 위의 발화 내용은 일정 내용의 사회상을 전제해놓고 시작한다는 점이 특이하다. 우선 "여성"과 "신자유주의"를 전면에 놓고 그 용어들의 관계를 규정하는데, "신자유주의"의 정체를 논하기에 앞서 그것이 가져온 "특혜와 피해"라고 하는 일정한 사회적 결과들에 대해 그 담화 내용을 듣는 청자의 반응을 미리 예측하고 언술을 시작한다. "여성"이라는 대상을 "수혜"와 "피해" 가운데 선택하여 연결하도록 판단하는 방식이면서, 이미 청자가 듣고자 하는 내용을 들려준다. 그것의 대상은 가상의 "남성"이라고 한다면, "남성이 원하는 바는 이것이다" 또는 "이런 정책이 필요하다"라는 진취적인 선택이 아니라 "지금의 절망적 상황은 우리 자신이 아닌 외부로부터 왔는데, 그것을 더 곤란하게 하는 경쟁자는 여성이다"라고 그 분노의 대상을 치환하는 방식을 사용하고 있다.

그렇다면 과연 여성은 신자유주의의 수혜를 받은 대상인가의 문제를 분석하기에 앞서, 우선 "수혜"와 "피해"를 짝지었던 그 맥락에서 언급된 "여성"이 어떤 여성 집합을 일컫는지 볼 필요가 있다. 일단 언술된 "수혜자 여성"이란 어떤 여성을 말하는가?, 또한 어떤 시기, 어떤 연령대의 여성인가?, 어떤 상황에 놓인 여성인가?를 규정할 필요가 있다. 이처럼 언어로 표현된 "여성"이라는 대상의 의미와 범위를 규정해야 하는 문제가 주어졌다. 또한 이때 만약 위의 언표 맥락이 정치적이고 논쟁적인 상황 아래에서 남성 유권자를 확보하겠다는 일회성의 정치적 목적으로 발설되었다고 할지라도 그 발언의 상황적 무게를 떠나 그 내용이 사실인지 혹은 발화된 대상 간의 관계 규정이 올바른지 규명될 필요가 있다. 왜냐하면 이 과정에서 언급된 "여성"이란 사회적 주체로서 한국 사회의 현상을 함축하는 "여성"을 말하고 있는데, 이 여성은 개인이 아니라 집합인 동시에 집단 안의 구성원으로서 구조 안에서 공동체성을 형성하려는 일원이라는 사실이 모두 누락되어 있기 때문이다. 그리고 간과될 수 없는 더욱 중요한 것은 한국 사회에서 "여성"은 "복합적 집합"으로서 한국 사회의 실태를 그대로 드러내고 있다는 점이다. 그것은 이미 "여성" 집단 안에 한국 경제 체제의 수혜자와 피해자가 모두 공존하고 있음을 뜻한다. 여성이라는 집단 안에 여러 계층이 존재하며, 그 계층 안에는 다양한 직업군이 존재하지만 그중에서도 사회로 진입하는 20-30대 취업을 준비하는 대상에게 있어서 활용된 예라고 할 수 있다. 이에 대한 여러 국면의 시각차가 생성될 수 있는데, 이것을 놓고 볼 때 위의 발화 목적은 남성과 여성을 구분하고 그 후에 그 구분을 사회 내 "여성"에 대한 정책적 보완책이나 사회적 배려를 제거하는 논리의 근거와 예시로 사용했다.

그런데 "여성"이 능력주의의 가장 큰 수혜자라는 주장은 현재 한국 사회 내에서 "여성"의 사회적 진출이 과거보다 더 활발해졌다는 면에서 "사실"이라고 할 수 있다. 하지만 여성의 능력이 그 이상으로 사회적 부를 점유할 수 있는데 왜 정부의 시책이나 "여가부" 같은 부서가 따로 필요한가라는 초점에 맞추어 그 주장을 근거 진술로 사용한다면 그것은 "부분적 사실"일 수 있는 것을 "전체적 사실로 보는 오류"에 빠지는 것이라고 할 수 있다. 왜냐하면 성차별적 요소와 상관없는 국가 시험과 취업 시험이 서로 비교 대상이 될 수 없듯이, 모든 20-30대 취업 준비생이 그러한 시험을 준비하는 것도 아니고, 모든 여성이 신자유주의-능력주의적 특혜에 접근할 수 있는 것도 아니며 반대로 모든 남성이 그 특혜에서 소외된 것도 아니기 때문이다. 따라서 남성과 여성의 구분을 연령별로 20-30대 층만 놓고 본다고 하더라도, 그들은 각기 다른 직업군과 다른 계층과 다른 상황에 놓여 있는데, 그들을 같은 직업 선호 군도 아닌 다른 집단을 비교하면서 여성과 남성으로 구분했다는 점은 발화 조건이나 논리에 맞지 않는 것임을 알 수 있다. 다만 위의 발화 목적과 맥락이 현재 한국 사회의 불평등 지수와 불공정성이 심화되는 상황에서 취업난에 처한 경제 활동 인구를 유권자로 간주할 때 그 문제의식에 동감을 표하거나 그 체감에 공감하는 선에서라는 단서가 붙을 때만 한시적으로 유효할 것이다. 그러나 이러한 발화 내용의 진위성은 한국 사회 안에서 그 구성원을 단기적 유권자로 간주한다는 점에서 그 한계점을 드러낸다. 한국 사회가 가지고 있는 경제 체제의 구조적 문제를 진지한 사회 공동체성을 위한 논의로 이끌어내거나 정책에 대한 모색으로 연결시키지 못한다는 면에서 여전히 정치적 의도로 활용된 용례가 될 것이기 때문이다.

그러나 이와 같이 그 발화 내용의 무해성을 감안하더라도, 그 발화 효과의 불의성은 다시 볼 필요가 있다. 20-30대 연령층이 한국 사회 내에서 겪고 있는 불평등의 문제, 불공평성의 문제를 진지하고 적극적인 자세로 개선하려는 의지나 방향성이 있는가의 문제가 다시 점검되어야 하기 때문이다. 비교 대상이 아닌 집단들을 대치 국면에 놓았던 것이 사회 계층에 따른 다양한 인구 구조를 파악하지 못해서라고 할지라도, 발화 결과와 효과는 사실상 양극화 현상을 인지하고 있었고, 그 계층의 양극화 현상을 활용하고 있었으며, 그것을 완화시키려는 사회 통합과는 전혀 반대로 사회 분열을 자극하는 방향으로 유도했다. "정치" 또는 한 사회의 "정체"의 특성상 사회 전체를 위한 정의 개념이 인식되어야 함에도 불구하고 신자유주의적 무한 경쟁 체제를 보편적 사실로 수용하며, 그러한 사태를 완화하거나 조정하지 못하는 정치 제도에 대한 국민적 불만을 한 대상으로 집약하여 "여성"에게 돌렸다는 점이다. 발화된 내용에 따르면 "여성"은 신자유주의적 체제 안에서 능력자가 아닌 특혜자로서 그 문제적인 "승자독식"과 "적자생존의 밀림 법칙"을 피해가고 있다는 논지로 이해되도록 노출시켰다는 점이다.

따라서 한국 사회의 "여성"은 누구인가를 묻는 우리는 위의 발화 내용에서와 같이 "여성"이 신자유주의 체제의 수혜자인지 아니면 피해자인지를 묻는 대신에, 그 "여성"이란 어떠한 상황의 여성일 수 있고, 어떠한 한국 사회의 문제를 앞에 놓고 있는 사회 구성원인가를 물을 수 있을 것이다. 왜냐하면 앞서 발화의 내용은 "여성"을 "수혜"와 "피해" 중 하나로 규정하려 했으나 사실상 "여성" 안에는 신자유주의 체제로 인한 극소수의 수혜자뿐만 아니라 대다수의 피해자가 있고, 그들은 그 안에서 한국 사회의 현상을 그대로 노출해주고 있으며 그 "모집단"이나 표본 형태로 존재하고 있기 때문이다. 따라서 사회적 주체로서 노동과 여성을 논의한다고 했을 때, 그 현안으로서 고학력 전문직의 유리천장, 비정규직의 노조 조직화 문제, 기혼 여성의 경력 단절 문제, 외국 이주민과 장애인의 차별 문제도 같이 볼 수 있다. 그러나 그중에 가장 주의 깊게 봐야 할 여성 노동의 문제는 비정규직화 현상이다.[30] 이 같은 사실은 IMF 이후부터 지금까지 계속되는 문제로서 "모든 여성"의 문제이기도 하다. 또한 한국 사회의 모든 노동하는 구성원의 문제이기도 하다. 이것은 한국 사회의 노동 구조를 포함한 경제 구조 전체의 문제다. 이러한 문제 현황은 다음과 같은 지표들에서도 확인 가능하다. 〈한국 사회 내의 여성 비정규직 노동자 현황〉, 〈여성 근로 빈곤 계층과 노동 시장 정책〉, 〈대졸 여성 청년층 노동 시장〉, 〈미취업 여성 청년층의 취업 준비 활동〉, 〈OECD 회원국 내 여성 취업률〉, 〈2019년 한국의 성인지 통계〉, 〈OECD 회원국 내 20대 여성 자살률〉 등등이 여성의 사회적 현실성을 표시해주고 있다.[31] 여기서 볼 때, 20대 대졸 여성 청년

....

30 비정규직 여성 노동자에 대한 문제를 노동시장 현황과 고용 불안정에서 찾아 정리한 자료들은 다음과 같다. 강이수·신경아·박기남, 『여성과 일』(동녘, 2015), 237-273; 정현백, 『연대하는 페미니즘』(동녘, 2021), 148-149; 강이수, "해방 후 한국경제의 변화와 여성의 노동경험", 「여성과 역사」 4(2006), 49, 재인용.

31 IMF 직후부터 차례대로 열거하면, 여성 사회적 지위와 노동시장에 대한 정책 자료는 다음과 같은 것이 있다. 김종숙·강민정·정형옥, 『여성 비정규직 노동의 특성과 정책 과제』(서울: 한국여성정책연구원, 2005). 김종숙·이선행·윤병욱, 『여성 근로 빈곤 계층과 노동 시장 정책』(서울: 한국여성정책연구원, 2006); 그 이외에 민현주·임희정, 『여

층의 취업률은 과거에 비해 상대적으로 상승했고 그중에서 숙련된 업무 능력을 통해 전문직으로 사회 진출이 증가한 것은 사실이지만, 그와 같은 세계적인 여성의 사회적 진출 증가 통계가 "신자유주의적" 상황에서 돌출되는 한국 여성의 사회적 진출을 가능케 한 요인들로서 말해질 수 없다. 오히려 이와는 달리 국가 고시나 전문직 시험을 제외한 고용 분야에서 볼 때, 이러한 통계 자료를 통해 확인되는 여성의 전반적인 사회 진출 가능성은 취직 인구 중 20-30대 초반의 문제로서만 볼 수 없고, 연령별로 비교할 때도 전체 여성은 여전히 "경력 단절"을 경험하고 있으며, 재취업 희망 시 40대 후반-50대 초반의 취업 인구가 사무직에서 나왔을 때 육체 노동이나 서비스직 외에는 선택 가능성이 없다는 사실을 아울러 보여준다.[32] 결국 이러한 사회적 지표들이 보여주는 바는 한국 사회에서 사회적 주체로서 활동하기 원하는 "여성"이 공무원이나 사무직 또는 전문직처럼 시험 결과로부터 취업 결과가 명확한 대상에 한정되는 것이 아니라는 점이다. IMF 구조 조정 이후 한국

성 일자리 이동 실태와 노동시장 성과 제고를 위한 정책과제』(서울: 한국여성정책연구원, 2009); 김태홍·유희정·강민정·전용일, 『여성인력관련 사회경제 정책의 효과 분석과 과제』(서울: 한국여성정책연구원, 2009); 민무숙·오은진·이시균, 『경력 단절 여성 재취업지원서비스 발전 방안』(서울: 한국여성정책연구원, 2010); 박성정·최윤정·전혜숙, 『직업 능력 개발 계좌제 참여 경력 단절 여성의 훈련성과 제고 방향』(서울: 한국여성정책연구원, 2011)을 통해 한국 사회 내 여성 노동시장의 환경을 볼 수 있다.

32 스테판 에젤/신행철 옮김, 『계급사회학』(*Class*, 서울: 한울아카데미, 2001), 110. 신베버주의자들은 "중간 계층의 몰락"의 원인을 중간층 사무직 노동자들의 비숙련 노동으로 들었는데, 이러한 현상이 "여성"이라는 모집단을 놓고 볼 때 더욱 극대화되어 나타나고 있으므로 과거에는 남성 사무직 집단과 달리 여성 사무직 집단의 노동을 "미숙련 노동"이라고 가치 절하하고, "여성들은 어떤 의미에서 화이트칼라 영역의 최하층 계급이다"(기든스, 1979)라고 결론지었다.

전체 인구 자료에서 보듯이 여성 집단에서도 중산층은 분명하게 이분된 형태로 상-중산층과 하-중산층으로 나타난다는 점이다.[33] 더욱이 이 부분은 "여성"에서 심화된 이분 형태를 보여준다. 외환 위기 사태 이후 중산층의 각 부문에서 하층 노동자로 계급적 지위가 하강 이동한 측면이 "여성"에서는 더욱 명확하게 드러난다.[34] 이 시기 괄목할 만한 것은 극소수의 정치-경제 엘리트들이 실시한 정부 주도의 기업 친화적(business friendly) 정책들에 의해 비정규직 노동자나 다국적 가사 노동자의 문제 등 한국의 고용 구조는 더욱 악화되었고 사회 정의의 위기 상태를 야기했다는 점이다.[35] 결국 정부 주도의 기업 친화 정책은 실패한 정책으로 판명되었다. 그러나 문제는 더 심각하다. 노동 양극화 현상과 사회 불평등은 더욱 심화되었고, 대기업 중심의 시장 독점을 구조화했으며, 과도한 단기 시점의 성공만을 추구하여 노동 시장은 불안해져 노동자, 서민, 여성들은 더욱 주변화되고 소외되었다.[36]

....

33   김영옥·민현주·김복순, 『여성 노동 시장의 양극화 추이와 과제』(서울: 한국여성개발원, 2006).

34   외환 위기 이후 중산층 각 부문에서 여성 노동 시장의 추이는 다음과 같다. 우선 가장 주목할 것은 양극화 현상이다. 노동 시장에서 일자리 감소에 따른 상하 임금 일자리와 고용이 양극화하는 것을 볼 수 있는데, 여기서 여성 특히 하위 일자리 취업 여성들의 빈곤화가 예측 가능한 형태로 여성 노동 시장의 계층화로 연결되고 있다는 점이다. 김영옥·민현주·김복순, 『여성 노동 시장의 양극화 추이와 과제』, 3-7, 30-35, 50-53, 89-92.

35   신광영, 『한국 사회 불평등 연구』(서울: 후마니타스, 2016), 101, 133-140, 152, 173, 200-202.

36   외환 위기와 그 이후의 문제점에 대해 논하고 있다. 세계적 "글로벌 경제"라는 "메가트렌드적 영향" 외에도 한국 경제 개혁의 역할을 지적해볼 수 있다는 것이다. 요컨대 경제 개혁의 기본 방향이 신자유주의를 표방하면서, 이때 위기를 가중시켰던 재벌 구조

여기서 "여성"은 한국 사회 내의 대학 교육을 받고 고위직을 목표로 하는 여성에 제한되지 않았음을 알 수 있다. "여성"에는 다양한 계급/계층에서 사회에 진입을 시도하는 "여성들"이 있음을 알 수 있다. 또한 앞의 담화에서 "전문직" 사례의 일부 "여성"만 놓고 전체 여성에 대한 국가적 시책의 불합리성을 논하는 것은 논리상 맞지 않다는 결론도 도출된다. 이보다 더욱 중요한 것은 여성계에서는 줄곧 "빈곤의 여성화"만을 논의해왔지만 2022년 현재 OECD 국가로서 "여성"의 문제와 "빈곤"의 문제가 연결되어 있다는 점을 다시 눈여겨볼 필요가 있다는 점이다.[37] 이것은 비단 한국 사회 내의 문제만은 아니지만, 여전히 한국 사회에서는 최하층 또는 극빈층으로 분류되는 여성들의 비율이 높다는 점과 여성들이 생계와 가족의 부양을 함께 책임져야 하는 상황에서 빈곤층이 더욱 곤란한 사태에 놓이게 된다는 점을 보여준다.[38] 이러한 빈곤 상황은 "빈곤의 세습화"를 언급하지 않을 수 없게 만들며, "중간 계층 또는 중간 계급"을 놓고 보았을 때 "여성" 안에서는 극적으로 이분화되거나 양극화 상태로 나타난다는 사실을 보여준다.[39] 이제

개혁을 과제로 삼지 않고 실질적으로는 "친대기업 정책"을 지지했기 때문에 중소기업 상생 정책 및 하도급 거래 개선이 실행되지 않았다는 지적이다. 임혜란, "한국의 민주주의 위기와 경제 개혁", 『한국정치연구』(서울대학교 사회과학연구원, 2018), 347-373.

[37] 라쉘 살라자르 파레냐스/문현아 옮김, 『세계화의 하인들: 여성, 이주, 가사노동』(*Servants of Globalization: Woman, Migration and Domestic Work*, 서울: 여이연, 2009), 394-395.

[38] 조지프 스티글리츠/이순희 옮김, 『불평등의 대가: 분열될 사회는 왜 위험한가』(파주: 열린책들, 2013), 13-16.

[39] 한편에서 볼 때, 이러한 조사 연구는 여성과 "능력주의"의 담론을 분석할 때 "계급" 또

껏 정치적 담론이나 언론에서 "여성"을 지칭하면서 "모두 같은 전체 여성"으로 묶어서 논의하는 것의 문제는 일정 목적에 따른 정치적 언술 방법이라는 점을 논외로 하더라도, 어떤 한 계층이나 세대로 구분된 "여성"을 특정하여 말하는데 "전체 여성"으로 들리도록 하는 효과를 동반해왔다. 이러한 경우에 지적된 대상을 제외한 실질적인 "여성"의 문제는 모두 경시되어왔다. 이렇게 되면 각기 다른 여성의 상황들이 간과되어 각각의 문제 범위 안으로 복속되므로 결국 "여성"의 문제로 말하는 것 자체가 무의미해진다. 따라서 "여성"의 전체 문제와 각 상황의 문제들이 구분되어 다루어져야 함을 알 수 있다. 각계각층마다 사회적 삶의 조건과 사회-경제-정치적 이해관계들과 정체성이 각각 다르게 존재하므로, 발화 사태 또는 언술 국면에서 "여성"으로 통칭하여 일반화하면 안 된다는 사실, 그럼에도 동시에 "여성" 전체의 문제가 사회 내여전히 존재한다는 점을 미리 인지해둘 필요가 있다.

요약하면, 위의 메리토크라시 담론과 신자유주의 체제의 동일한 주장에서 "여성"은 모두 "신자유주의와 능력 위계주의 사회의 수혜자"로 등장한다고 말해왔다. 그러나 이와 다르게 실제로 "여성"은 무한 경쟁과 승자독식의 "신자유주의 체제와 능력 위계주의"로 인한 중산층

....
는 "계층"을 구분하는 작업은 한국 사회 내 "여성"의 다면적 상황을 설명하는 데 보다 정확한 시각적 재현에 도움을 준다. "계급"에 의한 현상 보기를 할 때, 그 목적을 "분리"가 아니라 "관계적 구분"에 놓고 이에 따른 평등한 사회, 공정한 사회, 통합된 사회로의 대안적 시각 또는 그 가능성의 단서를 찾으면서 접근할 것이다. 참조. 이현재, "신자유주의 시대 젠더 정의와 '유리천장 깨뜨리기'", 『능력주의와 페미니즘』(고양: 사월의책, 2018), 232.

붕괴와 양극화 현상을 가진 한국 사회의 실태를 그대로 드러내고 있으며 더욱 양극화되어가고 있다는 점이다.

Ⅳ. 나가는 말

지금까지 이 글은 "능력주의"에서 능력이란 무엇이며 한국 사회 안에 나타난 "능력주의" 또는 능력 위계주의는 어떤 배경에서 생성되었고 어떤 계기를 통해 심화되어 지금과 같은 한국 사회의 현상으로 나타났는지 살펴보았다. 능력 존중의 사회와 능력 위계 중심의 사회는 다르다는 구분하에 능력 위계주의가 옹호하는 신자유주의 논리와 그것이 가져온 사회 분리 현상을 놓고 "여성" 안에 그 분리 현상이 어떻게 구체화되어 있는지를 관찰하고 분석했다. 현대 우리 사회에서 "능력주의"를 주장하는 언표 현상을 놓고, "능력주의"(Meritocracy)가 추구하는 능력 위계 중심의 사회와 사회적 분열의 상관성을 비판했다. 이때 "여성" 집단 안에서는 그 양극화가 어떻게 나타나고 있는지 구체적인 사회적 지표들이 설명하고 있음을 확인했다. 또한 한 사회와 그 사회 구성원의 관계성으로 들어가 볼 때, 사회적 주체로서 "여성"은 어떤 사회 전체적 특징을 가지고 있으며, 또 어떤 특수한 양태로 존재하는지 재조명해보았다.

그 결과 "능력주의"를 표방하는 입장의 논리가 무엇인지 보면서 그 발화 내용의 기표와 기의를 구분하여 자본주의 내의 "능력"이 정치적·경제적·사회적 특권과 관련된 보상의 문제로서 사회 불평등과 불공정성을 어떻게 정당화하는지 보았다. 이를 통해 "능력"이 존중되는 사회와 "능력 위계적 사회"는 다르다는 결론에 도달했다. 또한 민주 사회의 각각의 주체들이 역사 전체를 통해 주시해야 할 것은 사회경제적 보상뿐만 아니라 사회 전체의 방향성 문제와도 연관됨을 고찰해보았다. 인간의 존엄성과 평등에 대한 이념은 신학적인 것으로부터 사회문화적 환경에 이르기까지 또한 인간의 생존 조건에서부터 사고와 문화에 이르기까지 연계되어 있으며, 이러한 인간-사회의 공동체와 그 방향성에 대해서 메타 인지적 시각이 요구됨을 다시 확인할 수 있었다.

이후 연구에서는 기독교 성서 속 복음의 메시지가 어떻게 민주적 이념으로 역사화되었는지에 대한 기본적 이해를 바탕으로 현대 사회 현실에서 여러 가지 사건들로 그 문제들이 노출될 때 신학은 어떻게 구체적으로 접근할 것인지, 또한 어떻게 그 접경 지역에서 다음 세대나 이후의 사회 방향성에 대해 결정하고 그 판단에 대한 논의점을 제공할 수 있을 것인지, 이에 대해 보다 다양한 측면의 시각과 심도 있는 관찰이 필요할 것으로 보인다. "능력주의" 현상이 어떻게 사용되고 있는지에 대한 구체화된 사례들과 다양한 서술도 요구된다. 신자유주의의 가속화가 진행되면서 생겨난 사회 문제들과 계급의 양극화 상황에 대해서도 그 속성에 대한 파악과 대안적 사고가 모색되어야 할 것이다.

앞선 연구에서 보았듯이 사회 집단이 가지는 체계와 방향성은 그 구성원에게 영향을 줄 뿐 아니라 직간접적으로 정체성과 인간의 사회적 실현성을 마련한다. 따라서 정치 경제면에서 민주주의 이념과 경제 체제의 사고가 상충될 때 어떤 기준을 가지고 무엇을 우선시할 것인지에 대해 그 근거를 마련하는 일이 필요하고, 사회적·문화적·종교적 측면에 대해서 신학이 논리적으로 밝혀주어야 할 역할이나 책무가 있다고 본다. 이렇게 본다면, 그 책임 완수가 신학적 "능력"의 의미가 될 것이다.

참고문헌

강원택.『당신은 중산층입니까?』. 파주: 21세기북스, 2014.

_____.『사회적 갈등과 불평등』. 서울: 푸른길, 2018.

강이수. "해방 후 한국 경제의 변화와 여성의 노동 경험." 「여성과 역사」 4(2006), 43-76.

_____.『여성과 일: 한국 여성 노동의 이해』. 파주: 동녘, 2001.

기든스, 앤서니/박노영·임영일 옮김.『자본주의와 현대사회이론: 마르크스 뒤르켕 그리고 막스 베버의 저작분석』. 파주: 한길사, 2008.

김상배.『디지털 안보의 세계정치: 미중 패권경쟁 사이의 한국』. 서울대학교미래전 연구센터. 파주: 한울아카데미, 2021.

_____.『비대면 시대의 미중 기술경쟁: 정보세계정치학의 시각』. 서울: 사회평론아 카데미, 2021.

김수행.『자본주의 경제의 위기와 공황』. 서울: 서울대학교출판부, 2006.

김신일.『교육사회학』. 서울: 교육과학사, 1997.

김영모.『한국 자본가 계급 연구 : 대기업자본가의 형성과 이동』. 서울: 고헌, 2012.

김영옥·민현주·김복순.『여성노동시장의 양극화 추이와 과제』. 서울: 한국여성개발 원, 2006

김용철.『현대 한국정치의 이해』. 파주: 마인드탭, 2018.

김종숙·이선행·윤병옥.『여성 근로빈곤계층과 노동시장정책』. 서울: 한국여성개발 원, 2006.

김태홍·유희정·강민정·전용일.『여성인력관련 사회경제 정책의 효과분석과 과제』. 서울: 한국여성정책연구원, 2009.

리브스, 리처드/김승진 옮김.『20 vs. 80의 사회』. 서울: 민음사, 2019.

맥나미, 스티븐밀러·로버트 K/김현정 옮김.『능력주의는 허구다』. 서울: 사이, 2015.

민무숙.『경력단절 여성 재취업 지원서비스 발전방안』. 서울: 한국여성정책연구원,

2010.

민현주.『여성일자리 이동실태와 노동시장 성과제고를 위한 정책과제』. 서울: 한국
    여성정책연구원, 2009.

밀스, C., 라이트/정명진 옮김.『파워 엘리트』. 서울: 부글북스, 2013.

바우만, 지그문트/안규남 옮김.『왜 우리는 불평등을 감수하는가?』. 파주: 동녘,
    2013.

박명림.『한국전쟁의 발발과 기원 II: 기원과 원인』. 서울: 나남출판사, 1997(2003).

박상현.『신자유주의와 현대 자본주의 국가의 변화』. 서울: 백산서당, 2012.

박성정.『직업능력개발계좌제 참여 경력단절여성의 훈련성과 제고 방안』. 서울: 한
    국여성정책연구원, 2011.

박종현.『플라톤: 메논, 파이돈, 국가』. 서울: 서울대출판부, 1987.

보울스, 사무엘·진티스, 허버트/이규환 옮김.『자본주의와 학교교육』. 서울: 사계절,
    1986.

브르디외, 피에르·파세롱, 장 클로드/이상호 옮김.『재생산』. 서울: 동문선, 2003.

사이드, 에드워드/전신욱·서봉섭 옮김.『권력과 지성인』. 서울: 창, 1996.

사이드먼, 스티븐/박창호 옮김.『지식 논쟁: 포스트모던 시대의 사회이론』. 서울: 문
    예출판사, 1999.

샌델, J., 마이클/함규진 옮김.『공정하다는 착각: 능력주의는 모두에게 같은 기회를
    제공하는가』. 서울: 와이즈베리, 2020.

스티글리츠, 조지프/이순희 옮김.『불평등의 대가: 분열될 사회는 왜 위험한가』. 파
    주: 열린책들, 2013.

신광영.『한국 사회 불평등 연구』. 서울: 후마니타스, 2016.

신선미.『고졸 여성청년층의 진로취업 및 경력개발 현황과 정책과제』. 서울: 한국
    여성정책연구원, 2009.

신선미.『미취업 여성청년층의 취업준비활동 효과와 취업지원방안』. 서울: 한국여
    성정책연구원, 2013.

신중섭.『포퍼의 열린 사회와 그 적들』. 서울: 자유기업센터, 1999.

애플, 마이클 W/박부권 옮김.『학교지식의 정치학』. 서울: 우리교육, 2001.

에젤, 스테판/신행철 옮김.『계급 사회학』. 서울: 한울아카데미, 2001.

영, 마이클/유강은 옮김.『능력주의: 2034년, 평등하고 공정하고 정의로운 엘리트 계급의 세습 이야기』. 서울: 이매진, 2020.

유팔무.『중산층의 몰락과 계급양극화』. 서울: 삼화, 2005.

이인정.『인간 행동과 사회 환경』. 서울: 나남, 2020.

이주희.『유리천장 깨뜨리기: 관리직 여성의 일과 삶』. 서울: 한울아카데미, 2004.

이현재.『능력주의와 페미니즘』. 고양: 사월의 책, 2018.

임혜란. "한국의 민주주의 위기와 경제개혁."「한국정치연구」27(2018), 347-373.

전병유.『다중격차』. 서울: 페이퍼로드, 2016.

정현백.『연대하는 페미니즘』. 파주: 동녘, 2021.

주성수.『한국 시민사회와 지식인』. 서울: 아르케, 2002.

카힐, 다미엔·코닝스, 마르틴즈/최영미 옮김.『신자유주의』. 서울: 명인문화사, 2019.

커밍스, 브루스/조행복 옮김.『브루스 커밍스의 한국전쟁』. 서울: 현실문화, 2017.

파레냐스, 라셀 살라자르/문현아 옮김.『세계화의 하인들: 여성, 이주, 가사노동』. 서울: 여이연, 2009.

퍼트넘, D., 로버트/정태식 옮김.『우리 아이들: 빈부격차는 어떻게 미래 세대를 파괴하는가?』. 서울: 페이퍼로드, 2016.

한센, 필립/김인순 옮김.『한나 아렌트의 정치이론과 정치철학』. 서울: 삼우사, 2008.

현장아카데미.『한국전쟁 70년과 '이후' 교회』. 서울: 모시는사람들, 2021.

Cumings, Bruce. *The Korean War*. N.Y.: The Modern Library, 2010.

Davis, K. and Moore, W. *Class, Status and Power*. N.Y.: Free, 1966.

Hughes, Conrad. *Education and Elitism : Challenges and Opportunities*. N.Y.: Routledge, 2021.

Markovits, Daniel. *Meritocracy Trap*. N.Y.: Penguin Press, 2020.

Misztal, A Barbra. *Intellectual and the Public Good: Creativity and Civil Courage*. Cambridge: Cambridge University Press, 2007.

이춘재. 한겨레신문, 2021. 10. 13일자, "공정을 가장한 능력주의는 불평등을 고착시킨다", https://www.hani.co.kr/arti/economy/(2022. 08. 14. 접속).

손효숙. 한국일보, 2021. 04. 23일자, "文 정부가 민생 망친 게 장관 성별 탓? 이준석의 '무리수'", https://www.hankookilbo.com/News/Read/A2021042315310004821/(2022. 08. 14. 접속).

장나래. 한겨레신문, 2022. 03. 26일자, "이준석, 여성 ‧ 장애인 혐오 비판에 '수수자 정치의 프레임 전쟁' 반박", https://www.hani.co.kr/arti/politics/politics_general/1036365.html?_ga=2.88911069.778553559.1660465292-1118087568.1660465292/(2022. 08. 14. 접속).

박다해. 한겨레21, 2021. 06. 04일자, "이준석이 말하지 않은 것", https://h21.hani.co.kr/arti/politics/politics_general/50447.html?_ga=2.88911709.778553559.1660465292-1118087568.1660465292/(2022. 08. 14. 접속).

류옥하다. 오마이뉴스, 2021. 12. 21일자, "이대남은 왜 이준석에 열광하게 되었는가", http://m.ohmynews.com/NWS_Web/Mobile/at_pg.aspx?CNTN_CD=A0002796343#cb/(2022. 08. 14. 접속).

장슬기. 미디어오늘, 2022. 04. 02일자, "윤석열, 이준석, 샌델이 지적한 '능력의 폭정'과 무관한가", http://www.mediatoday.co.kr/news/articleView.html?idxno=303182/(2022. 08. 14. 접속).

사회변혁노동자당. "제1야당 대표가 된 혐오와 능력주의", http://rp.jinbo.net/change/82316/(2022. 08. 14. 접속).

MERITOCRACY

능력주의의 문제와 법의 역할

- 볼프강 후버의 법윤리의 적용 -

김성수 | 명지전문대학 교목

* 이 글은 "능력주의의 문제와 법의 역할-볼프강 후버의 법윤리의 적용"이라는 제목으로『기독교사회윤리』, 53(2022), 9-34에 게재된 것이다.

I. 들어가는 말

성서에 등장하는 베데스다 연못(요 5:2-9)은 다양한 질병을 가진 사람들이 찾아와 머물던 장소였다. 천사에 의해 성스러워진 물에 먼저 들어가는 사람이 치유된다는 소문 때문에 이 연못에서 치열한 경쟁이 벌어졌다. 선착순이 규칙이었고 속도와 민첩성이 경쟁에서 승리하기 위해 필요한 능력이었다. 38년 동안 질병을 앓고 있던 한 사람은 이러한 능력이 결여되어 있었기 때문에 경쟁에 참여할 수 없었다. 예수 그리스도는 능력 부족으로 경쟁에서 도태된 이 사람에게 관심을 보이며 도움을 주었다.

이 이야기 속에 묘사된 경쟁 상황은 현대 사회에서 유사하게 재연되고 있다. 치열한 경쟁이 일상화되고 평범해진 사회의 양상이 확연하기 때문이다. 경쟁이 심화하여 심각한 병목 현상(bottleneck)이 나타나고 있기도 하다.[1] 비좁은 지점을 통과하여 선망하는 대상을 획득하기 위한 광범위한 경쟁이 벌어지고 있다. 이 경쟁 사회에서 선택의 기준은 능력이다. 사안에 적합한 특정 능력을 갖춘 사람이 그에 부합한 보상을 얻는다. 이 인식이 집약된 능력주의는 경쟁 사회의 핵심 원리다. 이는 능력만을 기준으로 삼고 있기 때문에 정의로운 원리로 여겨진다. 그러나 능력주의는 능력 형성에 끼치는 배경적 요인을 감안하지 않는 근본 문

---

[1] 조지프 피시킨/유강은 옮김, 『병목사회』(*Bottlenecks: A New Theory of Equal Opportunity*, 서울: 문예출판사, 2016), 12.

제를 가지고 있다. 이로 인해 사회적 배경의 혜택을 얻지 못하는 사람이 능력 부족으로 경쟁에서 도태되는 상황이 방치되고 사회적 불평등이 고착화된다.

　이러한 능력주의의 문제를 극복하기 위해 법의 개입이 필요하다. 교회도 법의 역할에 관심을 기울여야 한다. 이 관심은 경쟁에서 밀려난 사람에게 머물던 예수 그리스도의 시선에 근거를 두고 있다. 교회는 능력의 배경적 요인이 간과되는 구조 속에서 그 결핍에 의한 능력 부족으로 경쟁의 기회를 얻지 못하는 상황을 문제시하고, 그 극복을 위해 법에 대한 윤리적 성찰에 주력해야 한다. 독일 신학자 볼프강 후버(Wolfgang Huber)의 기획은 이 과제의 수행에 공헌할 가능성을 가지고 있다. 개신교 법윤리를 선구적으로 주제화하고 체계화한 그는 교회가 법윤리적 책임의 근거를 설정할 수 있는 이론적 틀인 법의 목적과 기능을 주제화하고 법과 기독교 신앙의 관계를 규정했다.[2] 또한 그는 사회적 불평등의 해소를 위해 대안을 제시했는데, 이는 능력주의의 문제 극복을 위한 방향 설정에 도움을 줄 수 있다. 그런 점에서 후버의 구상은 상당한 유용성을 가지고 있다.

....

2　스승인 하인츠 에두아르트 퇴트(Heinz Eduard Tödt)와 함께 1970년대부터 인권 개념을 바탕으로 법을 탐구 주제로 삼았던 후버는 심층적 연구를 통해 법윤리의 이론적 틀을 정립하고 많은 후속 연구를 촉발했다. Wolfgang Huber, Heinz Eduard Tödt, *Menschenrechte. Perspektiven einer menschlichen Welt* (München: Kreuz Verlag, 1977), 후버의 법윤리에 대한 분석과 평가는 다음을 참조하라. Michael Moxter, "Recht und kommunikative Freiheit. Überlegungen zur Rechtsethik Wolfgang Hubers," in *Kommunikative Freiheit. Interdisziplinäre Diskurse mit Wolfgang Huber* (Leipzig: Evangelische Verlagsanstalt, 2014), 109-125.

이에 따라 본 논문은 후버의 법윤리를 기초로 능력주의의 문제 극복을 위한 방안을 모색하는 것을 목표로 하고 있다. 이를 위해 먼저 능력주의의 개념을 파악하고 그 근본 문제를 명료화하고자 한다. 그리고 문제 극복을 위한 이론적 체계의 구축을 위해 후버가 이해한 법의 목적과 기능을 분석하고 그가 시도한 법과 기독교 신앙의 관계 규정을 검토함으로써 법에 대한 교회의 책임을 규명하고자 한다. 또한 사회적 불평등의 해소에 관한 후버의 구상을 토대로 능력주의의 문제 극복을 위한 구체적 과제를 제시하고자 한다.

Ⅱ. 능력주의의 개념과 문제

능력주의(meritocracy)는 능력에 부합하는 보상을 정당한 것으로 인정하는 사고 체계를 말한다. 능력(merit)은 선천적 재능과 후천적 노력이 결합된 총체적 개념이다. 능력주의가 활성화된 사회는 개인의 재능과 노력에 의해 산출된 결과를 존중하고 그 보장을 추구하는 특징을 가지고 있다. 이러한 규정은 20세기 중반 영국의 사회학자 마이클 영(Michael Young)에 의해 처음 이뤄졌지만, 고대 그리스 시대부터 개념의 근본 사고가 존재해왔고 근대에 이르러 그에 대한 관심이 본격화되었다.[3] 특히

---

3   영은 1958년 발표된 자신의 소설 『능력주의의 부상』(*The Rise of the Meritocracy*)에서 능력주의가 가진 양면성을 지적했다. 그는 능력주의가 기회 균등을 보장하는 원리로 이해되고 있지만, 역설적으로 사회적 불평등을 고착화하고, 그로 인한 갈등을 심화할

개인의 재능과 노력 정도에 따라 자격, 지위, 재화를 할당하는 것이 자유와 평등의 가치와 양립한다고 여겨졌다. 능력주의는 경제적 자유와 재산권의 보장과 결부됨으로써 자본주의의 발전을 추동했고, 가문과 혈통에 의한 권력 세습을 비판하며, 학력과 전문성을 갖춘 인물이 정치와 행정을 맡아야 한다는 사고로 확장되기도 했다.[4]

이 과정에서 능력주의는 정의 이념과 결합되어 이해되었다. 능력에 따른 보상이 각자에게 응분의 몫(*suum cuique*)을 분배하는 것과 같다고 여겨진 것이다. 플라톤은 응분의 몫을 신분과 출생에 따른 역할로 파악했다. 이에 부합한 역할 수행을 옳은 것으로 판단한 그는 통치 계급, 군인 계급, 생산 계급이 지혜, 용기, 절제의 덕을 가지고 고유 역할에 주력함으로써 질서와 조화를 이루는 것이 정의롭다고 보았다.[5] 중용의 덕을 강조한 아리스토텔레스는 정의를 과도와 부족 사이의 적절한 응분의 몫을 분배하는 것으로 규정했다. 신분과 출생에 관한 플라톤의 설명의 배후에 가치(*axia*)에 대한 인정이 위치하고 있다고 본 그는 응분의 몫을 이에 부합하는 것으로 설명했다.[6] 가치는 기여와 업적에 따라 평가된다. 이 기여와 업적은 각자의 능력에 기초하고 비례한다. 이와 같은 아리스토텔레스의 생각의 영향으로 개인의 재능과 노력에 따른 응분의 몫의 분배가 정의로운 것이라는 인식이 공고화되었다.

....

수 있다는 점을 강조했다. 마이클 영, 『능력주의』(서울: 이매진, 2004), 14.
4   마이클 샌델, 『공정하다는 착각』(서울: 와이즈베리, 2020), 56.
5   플라톤/박종현 옮김, 『국가』(*Politeia*, 서울: 서광사, 2001), 285-286.
6   아리스토텔레스, 『니코마코스 윤리학』(서울: 이제이북스, 2008), 169.

이러한 응분 원칙에 기초한 정의관은 기회 균등 원칙에 중점을 둔 정의관과 연결되었다. 기회 균등은 특정 자격, 지위, 재화의 획득 과정에 참여할 수 있는 평등한 기회의 보장을 의미한다.[7] 기회 균등의 실현은 공정한 절차를 전제한다. 누구나 진입과 참여가 가능한 개방적 과정이 필요한 것이다. 경쟁을 통해 적합한 사람을 선발하고 보상하는 것이 이에 해당한다. 이때 기준은 요구되는 특정 능력을 갖췄는지의 여부다. 능력만을 감안하여 선택과 보상이 이뤄지기 때문에 경쟁의 과정은 공정하고 정의롭다. 이러한 능력주의의 구조 안에서 계층 이동의 가능성도 확보된다.

능력주의는 정의 이념에 부합한다는 이해 속에 높은 위상과 의미를 획득했다. 이것은 사회 전반에 깊이 침윤되었고 다양한 영역의 성공과 실패의 원인을 규명하는 해석학적 틀이 되었다. 능력주의는 사회적 유동성을 증진하는 정의로운 원리로 이해되지만, 심각한 윤리적 문제를 내포하고 있다. 이는 능력의 배경적 요인을 간과하고 결과만을 감안하여 분배하는 데 있다. 능력주의가 가지고 있는 이 근본 문제는 사회적 불평등을 고착화하는 결과를 가져온다.

존 롤즈(John Rawls)가 이 문제를 간파하고 대안을 제시한 바 있다. 그는 칸트의 사상적 노선을 따라 개인의 자유와 권리를 강조했지만 개인들의 협동 체계인 사회가 질서정연하게 유지되기 위해 평등이 함께 보장되어야 한다고 보았다. 그래서 자유와 평등을 증진하기 위해 공정

---

7 John Rawls, *Eine Theorie der Gerechtigkeit* (Frankfurt a. M.: Suhrkamp, 2014), 93.

한 절차를 보장하는 정의의 필요성을 제기했다. 이 정의의 틀 안에서 평등은 기회 균등 원칙을 통해 구현된다.[8] 그러나 이 원칙은 형식적인 것이 될 가능성이 높다. 능력 형성에는 개인의 노력과 함께 개인이 통제할 수 없는 불가항력적인 요소가 작용한다. 재능과 같은 자연적 우연성뿐 아니라 부모의 경제력과 같은 사회적 우연성에 의해 능력의 차이가 발생하기 때문이다.[9] 그래서 개인은 불평등한 출발선에 서서 경쟁에 임하게 되고 불평등한 결과를 얻게 된다.

그런 점에서 공정한 기회 균등이 필요하다고 판단한 롤즈는 우연성의 영향을 최소화하고자 했다. 그러나 우연성의 특혜를 많이 보고 있는 개인의 이익을 제한하는 것은 그 자유와 권리를 침해하는 결과를 가져온다. 따라서 그 대신 혜택을 적게 보고 있는 최소 수혜자에게 최대 이익이 주어지는 조치가 더 적합하다. 이러한 차등 원칙의 적용을 통해 공정한 기회 균등이 이뤄지고 최소 수혜자에게 적절한 보상이 돌아갈 수 있다.[10] 그리고 이 과정을 통해 사회가 안정화되면 이미 우연성의 특혜를 보고 있던 개인들도 이로 인한 유무형의 혜택을 공유하게 되면서 사회 구성원의 자유와 권리가 상호 증진되는 효과가 나타난다. 또한 차등 원칙의 적용을 통해 박애의 가치가 실현되고 최소 수혜자가 자존감을 유지하게 됨으로써 사회적 갈등이 완화될 수 있다.[11]

....

8   위의 책, 81.
9   위의 책, 92-93.
10   위의 책, 122.
11   위의 책, 126-128.

마이클 샌델(Michael Sandel)도 능력주의의 문제를 예리하게 포착했다. 그는 평등 지향적 자유주의의 입장에서 개인의 자유와 권리를 강조한 롤즈와 달리 시민의 덕과 자치를 중시하는 공화주의의 입장에서 공동체와 공동선의 의미를 부각했다. 샌델은 능력주의를 공동체성을 약화시키는 부정적 요소로 판단했다. 기본적으로 이것이 사회적 불평등의 원인을 개인에게 전가하는 특징을 가지고 있기 때문이다.[12] 능력주의의 시각에서 볼 때 승자와 패자가 얻은 보상의 차이는 능력 차이에 따른 정당한 결과다. 보상은 전적으로 개인의 책임에 속하기 때문에 사회적 불평등은 사회 구조의 문제가 아닌 개인의 문제로 간주된다. 이러한 이해 속에서 능력 부족에 대한 패자의 자책은 굴욕감과 결합되고 승자에 대한 증오와 분노로 이어지게 된다.[13] 반대로 승자는 자신의 업적을 능력과 결부함으로써 오만해지며 패자에 대한 공감과 배려를 상실하게 된다.[14] 그 결과 사회적 연대가 약화하는 현상이 나타난다.

샌델은 사회적 불평등에 대한 개인적 차원의 해석이 우연성의 영향을 외면한 결과라고 보았다. 그래서 경쟁 이전에 작용하는 우연성의 효과를 경계하고 극복하는 과정이 필요하다고 판단했다. 능력 형성에 영향을 끼치는 사회적 배경은 개인의 노력과 무관하게 얻게 된 행운과 은총에 해당한다.[15] 패자는 이 인식을 통해 그가 획득한 적은 보상이 자

---

12   Michael Sandel, *The Tyranny of Merit*, 67.
13   위의 책, 52.
14   위의 책, 53.
15   위의 책, 67.

신만의 책임이 아니라는 점을 이해하며 굴욕감을 경험하지 않게 된다. 그리고 승자는 주어진 것에 대한 감사와 겸손의 덕을 가지고 자신이 얻은 혜택을 공동체적으로 향유하고자 노력하게 된다. 샌델은 이와 같은 인식 변화와 함께 보상이 적은 노동에 대한 존중이 필요하다고 보았다.[16] 노동의 존엄성 회복은 사회 구성원의 공헌이 동등하게 인정받는 기여적 정의의 구현을 가져오며 공동체성을 증진하게 된다. 그는 이러한 전제 위에서 비로소 공화주의에 기초한 민주주의가 활성화될 수 있다고 보았다.

롤즈와 샌델은 철학적 입장이 서로 다르지만, 그들은 모두 능력주의가 능력의 배경적 요인을 간과하는 문제를 지니고 있다는 점을 똑같이 지적했다. 사회적 배경은 승자의 독식을 유지하는 기제로 작용한다. 부모의 경제력과 같은 물질적 특혜를 통해 자격, 지위, 재화의 획득이 유리해지고 승자의 입지가 대를 이어 공고화된다. 사회적·문화적 자본과 같은 비물질적 특혜의 상속도 상대적으로 더 나은 능력의 형성을 가져온다.[17] 이와 반대로 사회적 배경의 결핍은 능력 부족을 초래하고 공정한 경쟁의 기회를 얻지 못하는 결과를 야기한다. 그래서 능력의 배경적 요인을 외면하는 능력주의는 사회적 불평등을 고착화하고 더 나아가 이를 촉진하게 된다.

하지만 이 문제를 해결하기 위해 사회적 배경의 특혜를 보고 있는

---

16   위의 책, 322-329.
17   스티븐 J. 맥나미·로버트 밀러 주니어, 『능력주의는 허구다』(서울: 사이, 2021), 27-29.

개인의 이익을 제한하는 시도는 롤즈의 지적처럼 그 자유와 권리의 침해를 야기한다. 따라서 그 혜택을 보지 못하는 개인에게 차등의 이익이 주어져야 한다. 그리고 이와 함께 이들이 같은 출발선에 설 수 있도록 돕는 제도적 장치가 필요하다. 공정한 경쟁이 성사될 여건을 조성함으로써 평등한 기회를 보장해야 한다. 여기서 법이 유의미한 공헌을 할 수 있다. 사회적 불평등의 해소는 법의 목적과 기능에 부합하는 일이기 때문이다. 이러한 논의를 함축하고 있는 후버의 법 이해를 통해 능력주의의 문제 극복에 관한 법의 기여점을 파악하고자 한다.

Ⅲ. 능력주의와 법

1. 법의 목적과 기능

법은 다층적 차원을 포함하고 있는 개념이기 때문에 그에 대한 정의가 쉽지 않다. 이에 따라 법은 다양한 개념 규정을 가지고 있다.[18] 후버는 임마누엘 칸트(Immanuel Kant)의 생각에 기초하여 법을 이해했다. 칸트는 인간이 감정과 경향성을 따르는 자의(Willkür)를 가지고 있다고 보았다.[19] 그러나 인간은 선의지를 통해 자의에 좌우되지 않고 실천 이성

------

18 Wolfgang Huber, "Rechtsethik," in *Handbuch der evangelischen Ethik* (München: C. H. Beck, 2013), 127.

19 Immanuel Kant, *Die Metaphysik der Sitten* (Frankfurt a. M.: Suhrkamp, 1982), 318.

의 도움을 받아 보편 법칙에 부합하는 준칙을 설정하며 옳은 행위를 추구할 수 있다. 자의에 따른 해악 행위를 양산하지 않고 도덕적 행위를 할 가능성을 지니고 있는 것이다. 자율적으로 자의의 극복을 의도하는 도덕과 달리 법은 타율적으로 자의를 제한하는 강제 규범이다.[20] 그것은 법칙을 제공하고 그에 합치하는 외적 행위를 요구함으로써 자의의 남용을 방지하고 상호 병존을 추구한다. 그런 점에서 법은 외적 행위만을 대상으로 삼는 형식적 규범에 해당한다. 후버는 칸트의 이해에 기초해서 법을 인간의 외적 행위를 규율하는 강제 규범의 총체로 파악했다.[21] 그러나 그는 자의의 제한이 의도하는 바가 타자에 의해 자유를 침해당하지 않고 이를 적극적으로 실현하는 데 있다고 보았다. 이 해석을 통해 후버는 법이 자유의 구현을 의도하고 있다고 판단했다. 자유는 사회 구성원이 동등하게 보장받아야 할 가치이기 때문에 법은 자유와 함께 더 나아가 평등을 증진하고, 이를 통해 상호 인정을 현실화하는 목적을 가지고 있는 것이다.

이와 같은 후버의 생각은 칸트의 존중 개념을 출발점으로 삼고 있다. 칸트에게 인간은 앞서 설명한 것처럼 이성을 기초로 자의를 극복하고 도덕적으로 행동할 수 있는 자율적 존재다. 그래서 인간은 함부로 평가, 대체, 교환될 수 없는 절대적 가치를 지니고 있다. 다시 말해 인간

『윤리형이상학』(아카넷 역간).

20 위의 책, 337.

21 Wolfgang Huber, *Gerechtigkeit und Recht. Grundlinien christlicher Rechtsethik* (Gütersloh: Gütersloher Verlagshaus, 2006), 65.

은 존엄하다.[22] 이로부터 타자에 의해 도구화될 수 없고 목적으로 대우받아야 한다는 요구가 도출된다. 인간은 존엄하기 때문에 타자로부터 존중받아야 한다. 타자 또한 존엄하기 때문에 존중의 대상이 되어야 한다. 이러한 측면에서 칸트는 "모든 인간은 자기 이웃에게 존중받을 정당한 권리를 가지고 있고 자신도 상호적으로 자기 이웃을 존중해야 한다는 의무와 결합되어 있다"는 점을 역설했다.[23] 인간은 존엄한 존재로서 상호 존중의 의무를 가지고 있다.

후버는 존중의 요구가 인정의 요구와 결합되어 있다고 보았다.[24] 이에 따라 인간은 존엄하기 때문에 존중과 인정을 받아야 한다. 타자 역시 존엄하기 때문에 존중과 인정의 대상이 되어야 한다. 상호 인정은 근본적으로 개인의 선택과 결정을 통해 도덕적 차원에서 이뤄져야 한다. 그러나 인간은 타락을 기점으로 타자와 왜곡된 관계를 형성하고 있기 때문에 상호 인정이 쉽게 성사되기 어렵다. 그래서 후버는 상호성의 실현이 법적 차원에서 가능해진다는 점을 강조했다. 이러한 측면에서 법의 근본 목적은 상호 인정의 관계를 구현하는 것이다.

법의 목표는 상호 인정의 실현이다. 인간이 상호적으로 인정을 구현할 때 법은 그 목적을 달성하게 된다.…법은 틀을 제공하고 상호 인정이 구체화

22 Immanuel Kant, *Die Metaphysik der Sitten*, 600.
23 위의 책, 600.
24 Wolfgang Huber, *Konflikt und Konsens. Studien zur Ethik der Verantwortung* (München: Chr. Kaiser, 1990), 248.

되는 생활 관계를 보호한다. 법은 협력과 상호 호혜를 가능케 하는 규칙들과 의무들의 결합체다. 법은 인정을 위한 조건들이 침해될 경우 국가적 강제력을 집행한다. 생명, 존엄, 소유에 대한 침해는 국가적 제재의 실행을 가져오는 권리 손상에 해당한다.[25]

이처럼 후버는 법이 상호 인정을 현실화하는 규범 체계라고 판단했다. 도덕적 차원에서 이뤄지지 못한 상호성의 존중이 법의 도움을 통해 구현되는 것이다. 이에 따라 모든 법률은 직간접적으로 상호 인정의 실현과 관련이 있다. 후버는 이 생각이 문화인류학적 근거를 갖고 있다고 보았다. 그 근거를 제공한 볼프하르트 판넨베르크(Wolfhart Pannenberg)는 법이 관습에 뿌리를 두고 있다고 판단했다.[26] 가족과 그 연합체인 씨족에서 통용되는 다양한 행동 양식과 기준이 사회의 형성 과정에서 법의 형태를 지니게 된 것이다. 인류가 수렵과 채취를 하던 시절부터 이뤄진 주고받는 행위는 상호성의 구현에 해당한다.[27] 이는 인류의 역사와 함께 지속되었고 인간의 관습에 깊이 자리 잡았다. 관습에 기초를 두고 있는 법은 제도화되면서 지속적으로 상호 인정의 원칙을 존중하고 보호하게 되었다.

　　또한 후버는 상호성의 실현이 현대 사회의 법체계 안에서도 유

25　Wolfgang Huber, *Gerechtigkeit und Recht*, 64.

26　Wolfhart Pannenberg, *Anthropologie in theologischer Perspektive* (Göttingen: Vandenhoeck & Ruprecht, 1983), 452.

27　위의 책, 452.

효한 목표라는 점을 위르겐 하버마스(Jürgen Habermas)의 철학을 통해 논증했다. 하버마스는 현대 사회의 구조를 현상학적 차원에서 이층위적으로 이해했다.[28] 경제와 행정 영역과 같은 기능적 지평인 체계(System)는 사회의 분화 과정에서 시장과 권력의 가치 상승을 통해 높은 위상과 의미를 획득했다. 그 결과 체계는 가족과 친구 관계와 같은 비기능적 지평을 의미하는 생활세계(Lebenswelt)에 침투하여 이를 식민지화했다. 체계 안에서는 자기 이익을 목적으로 삼는 전략적 행위가 힘을 발휘하고 생활세계 안에서는 인정과 교류를 전제로 하고 있는 의사소통적 행위가 영향을 끼친다. 법은 이 두 영역의 사회적 행위를 규율하는 역할을 한다. 체계와 생활세계에 속한 개인의 자유와 권리를 동등하게 보장하고 이를 통해 상호 인정을 증진하는 것이다.[29] 법은 두 영역을 매개함으로써 생활세계가 고유성을 유지하는 데 기여한다. 공론장에서 논의되고 합의된 사안들이 법률화되어 체계에 영향을 줌으로써 생활세계에 대한 간섭과 개입을 완화하는 역할을 하는 것이다.

이외에도 후버는 성서의 법 이해가 상호성의 실현에 관심을 기울이고 있다는 점에 주목했다. 고대 사회의 법은 종교와 도덕과 밀접하게 결합되어 있었다. 구약 시대의 법도 이스라엘 민족의 신앙과 윤리에 토

---

28 Jürgen Habermas, *Theorie des kommunikativen Handelns. Bd. 2. Zur Kritik der funktionalistischen Vernunft* (Frankfurt a. M.: Suhrkamp, 1981), 180. 『의사소통행위이론 2』(나남 역간).

29 Jürgen Habermas, *Faktizität und Geltung. Beiträge zur Diskurstheorie des Rechts und des demokratischen Rechtsstaats* (Frankfurt a. M.: Suhrkamp, 1994), 49-50. 『사실성과 타당성』(나남 역간).

대를 두고 있었다. 그 출발점은 하나님과 이스라엘 민족 사이에 체결된 계약이다.[30] 이 계약을 기초로 해방 사건의 주체인 하나님의 윤리적 요구가 법의 형태로 이스라엘 민족에게 주어졌다. 이 내용이 담긴 계약법전에 포함되어 있는 황금률은 상호성의 원칙을 함축하고 있다. "눈에는 눈, 이에는 이"(출 21:23-25)로 정식화되는 황금률은 행위에 대한 균등한 대응을 보장함으로써 해악 행위를 방지하려는 목적을 가지고 있다. 자기 행동과 동일한 행동이 타자에 의해 이뤄지는 점을 감안하여 해악 행위를 삼가야 하는 것이다. 그래서 황금률은 소극적 차원의 상호성 실현을 지향한다.[31] 이처럼 상호 인정의 증진은 성서 안에서도 중요한 법적 요구로 이해되었다.

후버는 문화인류학적·철학적·성서적 근거를 바탕으로 법이 상호 인정의 실현을 추구하고 있다는 점을 강조했다. 법은 상호성을 증진하는 것을 핵심 과제로 가지고 있다. 그래서 그것은 상호 인정 관계의 형성을 위해 개선되고 발전되어야 하는 특징을 지니고 있다. 법은 완전하거나 종결된 체계가 아니라 불완전하고 개방적인 체계다. 후버는 법의 개선과 발전을 위한 교회의 기여가 필요하다고 판단하고 그 신학적 근

---

30 Wolfgang Huber, *Konflikt und Konsens*, 238.
31 황금률은 이와 함께 적극적 차원의 의미를 가지고 있다. "남에게 대접을 받고자 하는 대로 너희도 남을 대접"할 것(마 7:12)을 요구하는 황금률은 타자에게 해악을 끼치지 않는 것에 더하여 그에 대한 존중을 구체화해야 한다는 점을 설명하고 있다. 이 해악 금지와 존중에 대한 요구는 상호성의 실현을 목표로 삼고 있다. Wolfgang Huber, *Gerechtigkeit und Recht*, 252. 황금률의 윤리에 관한 연구는 다음을 참고하라. 조용훈, "기독교윤리의 관점에서 본 황금률 윤리", 「신학과 실천」 63(2019), 655-676.

거를 마련하는 데 관심을 기울였다. 이러한 측면에서 그가 준거점으로 삼은 법과 기독교 신앙의 관계를 검토하려고 한다.

2. 법과 기독교 신앙의 관계

법은 개신교 전통 안에서 큰 관심을 받지 못한 주제다. 여기에 교회와 정치 권력의 역할을 구분하고 강조한 마르틴 루터(Martin Luther)의 신학이 많은 영향을 끼쳤다.[32] 그의 영향 속에서 평화와 질서를 보호하는 기능을 갖고 있는 정치 권력과 그 도구인 법이 상대적 자율성을 가지고 존립한다는 인식이 나타났다. 그래서 법은 기독교 신앙과 직접적 관련이 없는 세속적 영역에 속한다고 이해되었다. 이러한 인식은 19세기에도 유지되었다. 당시 독일을 대표하던 법학자 루돌프 좀(Rudolph Sohm)도 이 흐름 속에서 법의 본질이 세속적이고 교회의 본질은 영적이라는 점을 주장했다.[33] 법은 강제력을 통해 사회 질서를 규율하는 세속적 체계이고 교회는 사랑을 근간으로 삼고 있는 영적 공동체다. 강제력의 실행을 요체로 삼고 있는 법은 자발적 사랑의 실천을 중시하는 교회에는 낯선 영역이다. 좀의 생각은 20세기 초반 개신교 전통의 법 이해에 큰 영향을 끼쳤고 그 결과 법은 신학적 주제로 거의 다뤄지지 않

---

32 Martin Luther, "Von weltlicher Obrigkeit, wieweit man ihr Gehorsam schuldig sei," in *Martin Luther ausgewählte Schriften. Bd. 4* (Frankfurt a. M.: Insel Verlag, 1982), 36-84.

33 Rudolph Sohm, *Kirchenrecht. Bd. 1. Die geschichtlichen Grundlagen* (Berlin: Duncker & Humblot, 1970), 1.

았다. 다만 나치 정권에 의해 법이 전체주의 정책을 위한 수단으로 활용되자 그에 대응하기 위해 법에 대한 신학적 접근이 제한적으로 시도되었다.[34] 그러나 제2차 세계대전 이후 다시금 법은 세속 영역에 속한다는 인식 속에 깊이 주제화되지 않았다.

이러한 시대적 흐름과 달리 후버는 1970년대부터 법을 탐구 대상으로 삼았다. 법이 기독교 신앙의 영향력 증대와 사회 병리 현상의 극복을 돕는 효과적인 도구라고 판단했기 때문이다.[35] 루터의 전통에 서 있는 신학자로서 그는 법을 신학적으로 논증하는 작업을 시도하지 않았다. 그 대신 그는 앞서 설명한 것처럼 법의 목적과 기능을 파악하고 그 개선과 발전을 위한 교회의 책임을 구체화하는 데 관심을 기울였다. 그래서 법과 기독교 신앙의 관계를 규정하는 것이 그의 우선적 과제가 되었다. 이를 위해 후버는 먼저 판넨베르크의 법사상을 비판적으로 검토했다.

판넨베르크의 신학은 역사 이해를 출발점으로 삼고 있다.[36] 하나님은 역사를 규정하시는 존재이기 때문에 역사는 하나님의 영향 아래

....

34 디트리히 본회퍼(Dietrich Bonhoeffer)는 에밀 브룬너(Emil Brunner)와 함께 당시 법에 대한 신학적 성찰을 시도한 대표적인 신학자다. 이에 관한 연구는 다음을 참조하라. 김성수, "디트리히 본회퍼의 시민적 용기의 개념과 법윤리적 함의", 「기독교사회윤리」 51(2021), 9-35.

35 후버는 법이 복음 전파와 이웃 사랑의 실천을 함축하고 있는 교회의 공적 책임을 구체화하는 역할을 한다고 보았다. 그래서 그는 공적 책임의 방향을 제시하는 공적 신학(öffentliche Theologie)과 법윤리를 연계하여 논의했다. Wolfgang Huber, *Gerechtigkeit und Recht*, 12.

36 Wolfgang Huber, "Heilsgeschehen und Weltgeschichte-Grundfragen der Ethik im Anschluss an Wolfhart Pannenberg," *ZEE* 64(2020), 250-252.

놓여 있다. 그래서 역사는 기독교 신앙과 분리될 수 없다. 역사의 의미도 종말 사건을 통해서만 완전히 파악될 수 있다. 하지만 종말 사건은 역사 속에서 간접적으로 계시된다. 예수의 죽음과 부활은 종말의 선취에 해당한다.[37] 이처럼 하나님은 역사 속에서 자기를 계시하신다. 그래서 계시는 보편적 영향력을 가지고 있다.[38] 이에 따라 기독교적인 것은 보편타당성을 가지고 있다. 이 연장선상에서 기독교 신앙은 법과 상응 관계를 형성한다. 법과 유사하게 기독교 신앙은 상호성의 원칙과 깊은 관련성을 맺고 있다.[39] 타자에 대한 인정과 행동을 추동하는 사랑이 상호 호혜적 관계의 형성을 가져오기 때문이다. 이러한 맥락에서 사랑은 법에 상응하는 방향성을 취하고 있다. 사랑의 실천은 상호성의 실현에 기여하고 "법(률)적 관계들을 생기 있게" 만드는 역할을 한다.[40] 기독교 신앙은 법과의 유사성에 근거하여 법의 안정화에 공헌할 가능성을 가지고 있다.

그러나 후버는 판넨베르크의 구상이 법과 기독교 신앙의 차이점을 경시하고 있다고 판단했다.[41] 이로 인해 기독교 신앙이 지니고 있는

....

37 Wolfhart Pannenberg, "Dogmatische Thesen zur Lehre von der Offenbarung," in *Offenbarung als Geschichte* (Göttingen: Vandenhoeck & Ruprecht, 1961), 103.
38 위의 책, 98.
39 Wolfhart Pannenberg, "Christliche Rechtsbegündung," in *Handbuch der christlichen Ethik. Bd. 2* (Freiburg: Herder, 1978), 336.
40 볼프하르트 판넨베르트/오성현 옮김, 『윤리학의 기초: 철학적신학적 관점』 (*Grundlagen der Ethik. Philosophisch-theologische Perspektiven*, 서울: 종로문화사, 2022), 179.
41 Wolfgang Huber, *Konflikt und Konsens*, 249.

세속 영역에 대한 비판적 관점이 무력화될 수 있기 때문에 그는 두 영역의 상응점과 함께 차이점이 명료화되어야 한다고 보았다. 법과 기독교 신앙은 연대적 행위를 지향한다는 점에서 유사성을 가지고 있다. 법이 추구하고 있는 상호성의 원칙은 연대의 가치를 증진하는 결과를 가져온다.[42] 법은 타자에게 해악을 끼칠 수 있는 자의의 제한을 통해 비연대적 행위를 억제하고 자유와 평등의 실현을 보장함으로써 연대적 행위를 촉진하기 때문이다. 기독교 신앙은 법과 유사성을 지니고 있다. 사랑도 근본적으로 연대성을 지향하는 특징을 가지고 있기 때문이다. 사랑의 실천은 연대성의 증진을 가져오고 더 나아가 법의 역할 수행에 기여하게 된다.[43]

법과 기독교 신앙의 상응점과 함께 후버는 두 영역의 차이점을 부각했다. 법이 제도화된 강제 규범으로서 지속성을 가지고 있는 것과 달리 사랑은 자발적 경향성으로서 일시적인 실행을 가져온다는 특징을 지니고 있다. 또한 법은 상호성을 기초로 삼고 있지만, 사랑은 일방성을 토대로 하고 있다.[44] 자기 행위에 상응하는 타자의 행동에 대한 기대 없이 타자 지향적 행위가 이뤄지는 것이다. 이것은 원수 사랑의 요구에서 잘 드러난다. 그래서 사랑은 상호 인정을 상회하는 질적 수준을 가지고 있고 더 나아가 법에 비해 우위성을 지니고 있다.[45]

....

42 위의 책, 246.
43 Wolfgang Huber, *Gerechtigkeit und Recht*, 67.
44 위의 책, 253.
45 Wolfgang Huber, *Konflikt und Konsens*, 244.

후버는 이 차이점에 근거하여 기독교 신앙이 법에 대해 건설적 기여를 할 수 있다고 보았다. 기독교 신앙은 법과 간격을 유지하며 그에 대해 비판적 태도를 취할 수 있다. 법이 상호성의 원칙을 보장하지 않을 경우 법을 비판하고 그 개선을 요구할 수 있는 것이다. 바로 이 지점에서 후버는 인권의 역할에 주목했다. 국가 이전의 규범이라는 근본 특징을 지니고 있는 인권은 근대 이후로 법의 정당성을 판가름하는 기준으로 기능했다.[46] 인권은 세속적 성격을 가지고 있지만, 기독교 신앙과 상응점을 가지고 있기 때문에 교회의 판단 도구로 활용될 수 있다.[47] 교회는 인권을 기준으로 법이 목적과 기능에 부합하게 상호성을 증진하고 있는지 관찰하고 미흡할 경우 비판을 통해 법의 개선을 추구해야 한다. 앞서 설명한 것처럼 능력주의는 배경의 불평등에 의한 사회적 불평등을 방치하는 문제를 가지고 있다. 이는 상호 인정의 실현을 위협한다. 이러한 측면에서 교회는 인권을 바탕으로 법의 개선을 추구함으로써 능력주의의 문제 극복에 주력해야 한다. 그 과제를 후버가 사회적 불평등의 해소를 위해 제시한 대안을 통해 구체화할 수 있다.

....

46 Wolfgang Huber, *Gerechtigkeit und Recht*, 284.
47 후버는 기독교 신앙이 법과 마찬가지로 인권과의 관계에서도 상응점과 함께 차이점을 지니고 있다는 점을 강조했다. 이는 특히 자유, 평등, 참여에 대한 이해 속에서 파악할 수 있다. 위의 책, 297-298. 후버의 인권 이해에 관한 연구는 다음을 참조하라. 김성수, "인권과 평화를 위한 교회의 책임-볼프강 후버의 정의로운 평화의 윤리 연구", 「기독교사회윤리」 44(2019), 199-221.

Ⅳ. 능력주의와 법윤리적 과제

후버는 능력주의를 직접적으로 주제화하지 않았다. 그러나 그가 사회적 불평등의 완화를 위해 구상한 대안은 능력주의의 문제 극복을 위한 방향 설정을 도와준다. 사회적 불평등을 빈곤 문제를 야기하는 사회 병리 현상으로 진단한 후버는 실질적 기회 균등의 실현이 그 근원적 해결책이라 보았다.[48] 이를 위해 교회의 노력이 필요하다고 판단한 그는 구약성서에서 가난한 자에 대한 하나님의 태도와 신약성서의 예수 그리스도의 관심 속에서 그 근거를 발견했다.[49] 이에 따라 후버는 가난한 자를 위한 우선적 선택(vorrangige Option für die Armen)의 원칙을 강조했다.[50] 그는 이 원칙을 통해 부유층의 자유와 권리를 침해하지 않고 빈곤층의 삶의 개선을 추구했으며, 그들의 능동적이고 적극적인 사회 참여를 증진하려고 했다. 빈곤층의 역량 강화는 그가 주목한 핵심 과제였다.[51] 역량 증진은 빈곤층으로 하여금 다양한 삶의 가능성을 선택하고 결정할 수 있는 자유를 증진시킬 뿐 아니라 경쟁을 위한 여건을 조성함으로써 실질적 기회 균등을 실현시킬 수 있다. 다시 말해 그것은 빈곤

----

48 Wolfgang Huber, *Ethik. Die Grundfragen unseres Lebens von der Geburt bis zum Tod* (München: C. H. Beck, 2015), 87.

49 Wolfgang Huber, *Gerechtigkeit und Recht*, 231.

50 이 원칙의 법윤리적 적용에 관한 연구는 다음을 참고하라. 김성수, "민주주의와 교회의 공적 책임: 기독교대한성결교회 신앙고백서의 법윤리적 조명", 「신학사상」 196(2022), 364.

51 후버의 생각은 역량 강화를 통한 선택의 자유와 실질적 기회 균등의 증진을 강조한 아마르티아 센(Amartya Sen)의 견해에 근거를 두고 있다. Wolfgang Huber, *Ethik*, 83.

층의 사람들이 부유층에 있는 사람들과 같은 출발선상에서 경쟁할 수 있도록 준비시킨다.

후버는 이를 위해 교육의 보장이 필요하다고 보았다. "오직 교육을 통해서만 취약한 시작 조건이 극복"될 수 있다고 판단했기 때문이다.[52] 교육은 개인의 잠재력을 계발하여 역량을 강화하는 활동이다. 개인은 이를 통해 필요한 능력을 갖추고 경쟁에 임할 수 있다. 후버는 교육을 통한 역량 증진이 성서의 인식과도 조화를 이룬다고 판단했다.[53] 특히 달란트 비유(마 25:14-30)는 각자에게 재능이 부여되어 있다는 점을 암시하고 있다. 이 재능을 사용하지 않아 주인의 비판을 들은 한 달란트 가진 사람과 달리 자기에게 부여된 재능을 활용한 다섯 달란트와 두 달란트 가진 사람이 주인의 칭찬을 들은 점에 착안하여 그 발휘를 위한 재능 계발에 관심을 기울어야 하는 것이다. 이처럼 재능을 강화하고 역량 증진을 돕는 교육은 성서 안에서도 필요성을 인정받고 있다.

후버는 교육의 보장을 위해 발전권[54]이 주목받아야 한다고 보았다. 인권은 전통적으로 국가의 권력 남용으로부터의 개인의 보호에 중점을 둔 자유권과 개인의 평등한 삶에 초점을 맞춘 사회권으로 범주화되었다. 자유권과 사회권은 국가 이전의 규범이라는 근본 특징을 공통적으로 가지고 개인을 권리의 주체로 상정하고 있다.[55] 1960년대 후반

---

52   위의 책, 87.

53   위의 책, 85-86.

54   발전권에 관한 연구는 다음을 참고하라. 김형민, "발전과 인권: 제3세대의 인권론을 중심으로", 「한국기독교신학논총」 13(1996), 203-234.

55   Wolfgang Huber, Hans-Richard Reuter, *Friedensethik* (Stuttgart: Kohlhammer,

부터 제3세계 국가들은 불균형한 세계 경제 질서의 개선, 평화 구축, 환경 보호를 위한 전 지구적 연대를 요구했고 이것이 인권 담론과 연결됨으로써 연대권의 중요성이 부각되었다. 연대권의 한 종류인 발전권은 경제 개발을 요구하고 그 혜택을 향유할 수 있는 권리로 이해되었다.[56] 후버는 이 권리에 대해 유보적 입장을 취했다. 발전권이 추구하는 경제 개발이 국가적 목표 혹은 집단적 권리에 해당하기 때문에 개인을 권리 주체로 삼고 있는 인권 개념과 궤를 달리한다고 판단한 것이다.[57] 그러나 1986년 공표된 유엔 발전권 선언을 시작으로 점차 발전권은 경제 개발과 관련된 집단적 차원뿐 아니라 사회, 문화, 정치 등 다양한 삶의 영역의 발전을 요구하고 향유하는 개인적 차원의 권리로 자리 잡았다.[58] 이러한 흐름 속에서 영양, 의료 등 삶의 기본 조건의 증진을 통해 개인의 역량을 강화하는 권리로 발전권을 이해한 후버는 이것이 교육의 보장을 통해 사회적 불평등 해소에 기여하게 된다고 보았다.[59]

후버의 구상은 능력주의의 문제 극복에 필요한 과제의 윤곽을 설명해준다. 앞서 설명한 것처럼 능력주의는 능력의 배경적 요인을 간과함으로써 사회적 불평등을 고착화한다. 특히 사회적 배경의 결핍에 의

....

1990), 344.

56 백범석·박진아, "발전, 인권 그리고 국제법: 발전권의 국제적 논의 전개와 실현 과제를 중심으로", 「국제법학회논총」157(2020), 65.

57 Wolfgang Huber, Hans-Richard Reuter, *Friedensethik*, 344.

58 Wolfgang Lienemann, "Menschenrechte und das Recht auf Entwicklung," *ZEE* 53(2009), 91.

59 Wolfgang Huber, *Ethik*, 234.

해 부족한 능력을 가진 사람이 경쟁에서 도태되는 상황이 방치된다. 이에 따라 후버의 주장처럼 교육의 증진을 통해 역량을 강화함으로써 공정한 경쟁을 가능케 하여 실질적 기회 균등을 구현하는 것이 필요하다. 이는 배경의 불평등에 의한 사회적 불평등을 극복하는 결과를 가져온다. 그 현실화를 위해 법의 역할이 필요하다. 법은 발전권의 보장을 통해 평등한 교육 기회를 구체화할 수 있다. 교회는 달란트 비유가 암시하고 있듯이 교육의 증진을 책임적 과제로 이해하고 발전권의 실현을 위해 노력해야 한다. 특히 언어와 지능 발달이 이뤄지는 유아 교육의 확대와 강화, 초중고 수업의 질 향상, 직업 교육의 다양화와 심층화가 법을 통해 구현되는 것을 긴급한 과제로 인식해야 한다.[60] 또한 비물질적 형태의 사회적 배경의 결핍을 해소하기 위해 사회적·문화적 자본의 습득을 증진할 수 있는 교육 과정의 구성도 교회의 법윤리적 관심 대상이 되어야 한다.

---

60 Evangelische Kirche in Deutschland, *Gerechte Teilhabe. Befähigung zu Eigenverantwortung und Solidarität. Eine Denkschrift des Rates der Evangelischen Kirche in Deutschland zur Armut in Deutschland* (Gütersloh: Gütersloher Verlagshaus, 2006), 61-69.

V. 나가는 말

능력에 따른 분배를 강조하는 능력주의는 정의 이념에 부합한다고 이해되며 사회 전반에 깊이 뿌리내렸다. 그러나 이것은 능력 형성에 끼치는 배경적 요인의 영향을 간과하는 근본 문제를 가지고 있다. 이로 인해 사회적 배경의 결핍이 가져온 능력 부족으로 경쟁에서 이탈되는 상황이 방치되며 사회적 불평등이 공고화된다. 그 극복을 위해 공정한 경쟁이 성사될 수 있는 제도적 장치가 마련되어야 한다. 법은 이에 기여할 가능성을 지니고 있다.

후버의 구상은 이러한 법의 역할을 명료화하는 데 공헌한다. 그는 문화인류학적·철학적·성서적 탐구를 통해 법이 상호 인정의 실현을 목적으로 삼고 있다는 점을 규명했고 그 증진을 위해 법에 대한 윤리적 성찰이 중요하다는 점을 논증했다. 기독교 신앙이 법과 상응점뿐 아니라 차이점을 가지고 있다는 점에 근거하여 법에 대한 비판과 대안 제시가 가능하고 필요하다. 이때 인권은 법에 대한 기준으로 기능하게 된다. 인권은 세속적 이념이지만, 기독교 신앙과 유사점을 가지고 있기 때문에 교회의 판단을 위한 도구로 활용될 수 있다. 교회는 인권을 기준으로 법에 의해 상호성의 증진이 이뤄지고 있는지 관찰하고, 교정이 필요할 경우 비판을 통해 법의 개선을 촉구해야 한다. 이러한 측면에서 배경의 불평등에 의한 사회적 불평등을 공고화하여 상호 인정의 실현을 위협하는 능력주의의 문제를 극복하기 위해 교회의 법윤리적 노력이 필요하다.

이 노력의 구체적 방향은 후버가 사회적 불평등의 해소를 위해 제시한 대안적 관점을 통해 정교화된다. 교육을 통한 역량 강화가 실질적 기회 균등을 증진함으로써 사회적 불평등의 완화에 영향을 끼친다고 본 그의 생각은 사회적 배경의 결핍으로 경쟁에서 이탈하게 되는 상황의 개선에 기여할 수 있다. 그런 점에서 교육의 보장을 통해 능력 형성이 증진되고 경쟁에 참여할 수 있는 기회가 마련되어야 한다. 이를 위해 후버가 강조한 발전권의 보장이 교회의 핵심 과제로 인식되어야 한다.

결과적으로 후버의 기획을 토대로 능력주의의 문제 극복을 위한 이론적 체계를 구축할 수 있었다. 그 현실화를 위해 발전권의 법적 보장을 위한 교회의 적극적인 공론장 참여와 의견 개진이 필요하다. 이와 같은 교회의 법윤리적 관심과 노력은 능력주의의 문제를 극복하고 현존 사회를 개선하는 데 공헌하게 될 것이다.

참고문헌

김성수. "디트리히 본회퍼의 시민적 용기의 개념과 법윤리적 함의." 「기독교사회윤리」 51(2021), 9-35.

_____. "민주주의와 교회의 공적 책임: 기독교대한성결교회 신앙고백서의 법윤리적 조명." 「신학사상」 196(2022), 347-370.

_____. "인권과 평화를 위한 교회의 책임: 볼프강 후버의 정의로운 평화의 윤리 연구." 「기독교사회윤리」 44(2019), 199-221.

김형민. "발전과 인권 – 제3세대의 인권론을 중심으로." 「한국기독교신학논총」 13(1996), 203-234.

백범석·박진아. "발전, 인권 그리고 국제법 – 발전권의 국제적 논의 전개와 실현 과제를 중심으로." 「국제법학회논총」 157(2020), 59-92.

샌델, 마이클/함규진 옮김. 『공정하다는 착각』. 서울: 와이즈베리, 2020.

스티븐 맥나미·밀러 주니어, 로버트/김현정 옮김. 『능력주의는 허구다』. 서울: 사이, 2021.

아리스토텔레스/김재홍 외 옮김. 『니코마코스 윤리학』. 서울: 이제이북스, 2008.

영, 마이클/유강은 옮김. 『능력주의』. 서울: 이매진, 2004.

조용훈. "기독교 윤리의 관점에서 본 황금률 윤리." 「신학과 실천」 63(2019), 655-676.

판넨베르크, 볼프하르트/오성현 옮김. 『윤리학의 기초: 철학적·신학적 관점』. 서울: 종문화사, 2022.

플라톤/박종현 옮김. 『국가』. 서울: 서광사, 2001.

피시킨, 조지프/유강은 옮김. 『병목사회』. 서울: 문예출판사, 2016.

Evangelische Kirche in Deutschland, Gerechte *Teilhabe. Befähigung zu Eigenverantwortung und Solidarität. Eine Denkschrift des Rates der Evangelischen Kirche in Deutschland zur Armut in Deutschland.* Gütersloh: Gütersloher Verlagshaus, 2006.

Habermas, Jürgen. *Theorie des kommunikativen Handelns. Bd. 2. Zur Kritik der funktionalistischen Vernunft*. Frankfurt a. M.: Suhrkamp, 1981. 『의사소통행위이론 2』(나남 역간).

_____. *Faktizität und Geltung. Beiträge zur Diskurstheorie des Rechts und des demokratischen Rechtsstaats*. Frankfurt a. M.: Suhrkamp, 1994. 『사실성과 타당성』(나남 역간).

Huber, Wolfgang. *Konflikt und Konsens. Studien zur Ethik der Verantwortung*. München: Chr. Kaiser, 1990.

_____. *Gerechtigkeit und Recht. Grundlinien christlicher Rechtsethik*. Gütersloh: Gütersloher Verlagshaus, 2006.

_____. "Rechtsethik." In *Handbuch der evangelischen Ethik*. München: C. H. Beck, 2013, 125-193.

_____. *Ethik. Die Grundfragen unseres Lebens von der Geburt bis zum Tod*. München: C. H. Beck, 2015.

_____. "Heilsgeschehen und Weltgeschichte – Grundfragen der Ethik im Anschluss an Wolfhart Pannenberg." *Zeitschrift für evangelische Ethik*. 64(2020), 250-262.

_____. Tödt, Heinz Eduard. *Menschenrechte. Perspektiven einer menschlichen Welt*. München: Kreuz Verlag, 1977.

_____. Reuter, Hans-Richard. *Friedensethik*. Stuttgart: Kohlhammer, 1990.

Kant, Immanuel. *Die Metaphysik der Sitten*. Frankfurt a. M.: Suhrkamp, 1982. 『윤리형이상학 정초』(아카넷 역간).

Lienemann, Wolfgang. "Menschenrechte und das Recht auf Entwicklung." *Zeitschrift für evangelische Ethik*. 53(2009), 89-103.

Luther, Martin. "Von weltlicher Obrigkeit, wieweit man ihr Gehorsam schuldig sei." In *Martin Luther ausgewählte Schriften*. Bd. 4. Frankfurt a. M.: Insel Verlag, 1982, 36-84.

Moxter, Michael. "Recht und kommunikative Freiheit. Überlegungen zur

Rechtsethik Wolfgang Hubers." In *Kommunikative Freiheit. Interdisziplinäre Diskurse mit Wolfgang Huber*. Leipzig: Evangelische Verlagsanstalt, 2014, 109–125.

Pannenberg, Wolfhart. "Dogmatische Thesen zur Lehre von der Offenbarung." In *Offenbarung als Geschichte*. Göttingen: Vandenhoeck & Ruprecht, 1961, 91–114.

_____. "Christliche Rechtsbegündung." In *Handbuch der christlichen Ethik. Bd. 2*. Freiburg: Herder, 1978, 323–338.

_____. *Anthropologie in theologischer Perspektive*. Göttingen: Vandenhoeck & Ruprecht, 1983.

Rawls, John. *Eine Theorie der Gerechtigkeit*. Frankfurt a. M.: Suhrkamp, 2014.

Sohm, Rudolph. *Kirchenrecht. Bd. 1. Die geschichtlichen Grundlagen*. Berlin: Duncker & Humblot, 1970.

능력에서 연대로

"오징어 게임"을 기독교윤리적으로 바라보기

최경석 | 남서울대학교 부교수

* 이 글은 "능력에서 연대로-〈오징어 게임〉을 기독교윤리적으로 바라보기"라는 제목으로 『기독교사회윤리』, 53(2022), 111-138에 게재된 것이다.

I. 들어가는 말

지난 2021년은 한국 대중문화가 전 세계의 이목을 사로잡은 한 해였다. 그중에서 넷플릭스(Netflix)를 기반으로 한 황동혁 감독의 드라마 "오징어 게임"이 그 중심에 서 있다. 2021년 9월 17일에 방영이 시작되었고 2주 후인 2021년 10월 2일, 넷플릭스를 제공하는 모든 국가에서 시청률 1위를 기록했다. 죽음을 담보로 최종 생존자가 상금 456억을 가져가는 게임에 456명이 참가하는 내용이다. 게임에 참가한 사람들의 자발성, 각 게임이 끝난 후 내려지는 결정(죽음)의 수용성, 그리고 최종 우승자에게 주어지는 보상성을 고려할 때, "오징어 게임"에서 진행되는 모든 게임은 공정하다. 자신의 능력으로 얻은 보상이기에 공정한 것처럼 보인다. 그러나 게임이 아무리 공정할지라도 현실 사회에서 "오징어 게임"이 그대로 진행될 경우 이를 공정하다고 말할 수 있을까?

"오징어 게임"이 전 지구적으로 관심을 받다 보니 거의 모든 영역에서 이 열풍의 원인과 내용에 대한 해석이 난무하다. "오징어 게임"의 해석학이라 말할 수 있다. 독자적 해석이 요구되는 현대 해석학에서 신학적인 해석, 특히 기독교윤리적 해석도 필요하다. 또한 최근 지구적 차원에서 "공정"이란 규범은 인구에 회자되고 있다. 전 지구적으로 자국 내의 공정하지 못함을 지적하며 자국의 이익을 앞세워 능력에 따른 분배를 공정의 기치로 삼는 보수적 또는 우파적 이념들과 행동들이 확산되고 있다. 한 걸음 더 나아가 코로나 팬데믹으로 인해 국경 봉쇄, 거리두기, 백신과 코로나 치료제의 분배, 백신 패스 등과 같은 정책을 결정함에 있어서 공정성을 따지기도 한다. 한국 사회도 사정은 마찬가지다. 지난 2021년 한국 사회는 대선을 통한 정치적 이슈들로 가득 찼다. 보수와 우파적 성향의 야당의 후보는 "공정"을 앞세우며 대선 경쟁에 뛰어들었고 결국 당선되었다. 그러나 그가 말하는 공정은 자신에게 유리한 쪽에서 해석된 소위 "선택적 공정"의 모습으로 보인다.[1]

한국 사회뿐만 아니라 지구적으로 청년들에게 있어서 키워드는 능력에 따른 공정으로 봐도 무방하다. 특히 한국의 경우, 취업의 높은 문턱에서 소위 "이대남(20대 대학생 남성)"은 병역 의무의 관점에서 여성들과 비교해서 차별을 받고 있다고 판단한다. 그러기에 개인이 가진 능력에 잇대어 봤을 때, 한국사회가 공정하지 않다고 보는 경향이 이대남들에게서 상당히 높다.[2] 이 글은 능력 위주의 공정을 넘어 연대가 필요

....

1   지난 대선 당시 국민의 힘 대통령 후보자이며 현 대통령 윤석열은 자신의 부인 김건희의 허위 경력과 관련해서 선택적 공정을 보여줬다. 지난 2008년 신정아의 허위 경력에 대해서 당시 검찰로서 구형한 것과 2019년 조민의 동양대 표창장 위조에 대한 검찰 총장으로서 행동이 그 예다. 어찌 보면 능력 정의를 최대한 활용한 대통령 당선자라 할 수 있다. 대한민국 검찰의 가장 큰 능력은 소위 기소하지 않음에 있다. 검찰 자신의 이해관계와 상응할 경우 기소하지 않음으로써 사건을 무마시킬 수 있다. 아울러 지난 대선 과정에서 언론과 각종 포털에서의 기사의 소비 구조도 국민의 힘에 훨씬 유리하게 흘렀다. 실제 종편 4사는 대통령 후보 부인에 대한 보도에서 "김혜경 의혹"을 "김건희 의혹"보다 10배 이상을 보도했다. 이와 관련해서는 뉴스공장, 2022년 2월 21일, https://www.youtube.com/watch?v=z1hn7Ekqe-o을 참조하라(2022. 4. 24. 접속).

2   송용섭은 기독교윤리적 시각에서 20대 남자들이 주로 활동하는 인터넷 커뮤니티인 "일간베스트"(일베)의 사용자들이 생각하는 정의에 대해서 다음과 같이 논의하고 있다. "한국 발전에 기여한 집단들은 '남성, 산업화 세력, 영남'이고 이들은 한국 사회에 기여한 만큼 보상받아 주류가 되어 '사회적 정의가 구현'되었다. 그런데 '여성, 진보, 호남'은 이기적으로 권리만을 앞세워 '기여한 것보다 더 큰 보상을 요구하므로 정의 구현이라는 차원에서 볼 때' 일베의 비난의 대상이 되는 것이다." 송용섭, "공감적 정의를 향하여: 일베 현상을 통한 롤즈의 정의론의 비판적 성찰과 대안으로서의 공감적 정

한 사회를 고민한다. 이런 의미에서 제2장에서 "오징어 게임"의 내용이 기술될 것이다. 제3장은 철학적 측면, 특히 의무론적 윤리와 목적론적 윤리에 입각해서 능력을 공정으로 인정하는 입장이 비판을 받을 것이다. 제4장은 신학적 측면에서 칭의론과 노동의 개념을 정리하면서 연대의 규범을 강조할 것이다.

II. "오징어 게임" 속으로

지난해 전 지구적으로 "오징어 게임"의 열풍이 일어났다. 이런 열풍의 이유는 여러 가지며 일각에서는 여기에 대한 다양한 의견이 난무하고 있다. 기독교윤리적 시각에서 "오징어 게임"을 바라본다면, 전 지구적으로 공정하지 못한 지구의 현실을 "오징어 게임"이 반영하고 있는 듯하다. 극 중에서 "오징어 게임"을 설계한 오일남(오영수 분)의 대사, "밖에 나오니까…여기가 더 지옥이야"처럼 지옥과 같은 냉혹한 현실에서 공정성은 어디에 있는지 모를 정도다. "오징어 게임"을 단순히 문화적 소비의 한 형태로 평가하고 작품에 대한 논평으로 머물기보다는 작품에 담겨 있는 시사적 고발성을 학문의 영역으로 가져와 학술적 가치로 인정하는 것도 그 의미가 있다.[3] 이런 의미에서 "오징어 게임"을 기독교

....

의", 「한국기독교신학논총」 99(2016), 92.

3　"오징어 게임"을 주제로 한국학술지인용색인(Korea Citation Index: KCI)의 논문들을 살펴본다면, 대부분 미디어나 문화 영역에서 콘텐츠 활용에 대한 것들이다. 문학적

윤리, 특히 공정의 관점에서 대략적 줄거리와 더불어 읽어본다.

1. 줄거리

456명의 참가자들은 현실에서는 불가능한 456억의 상금을 위해 자신의 목숨을 담보로 총 6개의 게임이 진행되는 프로그램에 참여한다. 456명, 각자의 서사는 다르지만 공통점은 경제적 절망감이다. "빚에 쫓기는 수백 명의 사람들이 서바이벌 게임에 뛰어든다. 거액의 상금으로 새로운 삶을 시작하기 위해. 하지만 모두 승자가 될 순 없는 법. 탈락하는 이들은 치명적인 결과를 각오해야 한다."[4] 이는 넷플릭스 공식 사이트에서의 "오징어 게임"에 대한 소개다.

"오징어 게임"은 총9부작으로 구성되었다. 대략의 줄거리를 넷플릭스 "오징어 게임" 홈페이지에 잇대어 구성해본다.[5] 제1부는 "무궁화 꽃이 피던 날"로, 빚더미의 중년 남자 성기훈(이정재 분)은 일확천금을 노리고 의문의 게임에 참여한다. 첫 번째 게임은 무궁화 꽃이 피었습니다. 많은 참여자가 첫 번째 게임에서 패배하여 죽음을 맞이한다.

제2부 "지옥"은 첫 번째 게임에서 발생한 참혹함을 경험한 참가자들이 게임을 지속할지에 대한 투표를 단행하며 바깥세상으로 다시 나

으로 "오징어 게임"과 괴테의 파우스트를 비교하면서 학문적인 영역에서 연구한 논문으로는 이군호, "「오징어 게임」과 괴테의 『파우스트』: 그 내용적 연관성에 대한 소고", 「괴테연구」 34(2021), 5-28 정도다.

4   https://www.netflix.com/kr/title/81040344/ (2022. 3. 19. 접속).

5   위의 사이트.

갔지만 지옥 같은 현실로 인해 다시 게임에 참가하는 내용이다. 주인공들이 왜 다시 게임에 참여하는지에 대한 서사적 배경이 나온다. 하나같이 경제적 빈곤이다.

3부는 "우산을 쓴 남자"로, 각자마다 운수와 저주가 따르는 두 번째 게임, 곧 "설탕 뽑기" 게임이 진행된다. 주인공 기훈은 우산 모양을 고른다. 우산 쓴 남자, 성기훈인 셈이다. 기훈은 재치로 죽음을 모면한다. 조상우(박해수 분)는 게임의 종류를 미리 예측해서 매우 쉬운 삼각형을 고른다.

제4부 "쫄려도 편먹기"에서 밤이 되면 상황이 어떻게 변할지 모르는 두려움이 참가자들 속에 엄습한다. 참가자들은 저마다 자신을 지켜줄 동역자들을 찾고 뭉친다. 왜냐하면 그 속에서는 살인이 나름 용인되기 때문이다. 세 번째 게임, 단체 "줄다리기"를 위해서 게임에 유리한 참가자들로 팀이 구성되어야 한다. 대부분 노인, 외국인, 여성들로 구성된 기훈과 상우의 팀은 일남의 제안을 수용하고 상우의 재치로 줄다리기에서 승리하여 살아남는다.

제5부는 "평등한 세상"이란 제목으로 또다시 찾아온 밤에 일어날 수 있는 만일의 사태에 대비해서 불침번을 서기로 한다. 빛이 없는 밤에 참가자들은 상대방을 살인한다.

제6부 "깐부"는 2인 1조로 진행되는 네 번째 게임인 "구슬" 놀이에 대한 것이다. 기훈은 일남과 딱지와 구슬을 공유하는 "깐부"를 맺는다. 생사의 기로에서 기훈은 일남을 속여 살아남는다. 상우는 살고자 하는 본능에 굴복하여 알리(트리파티 아누팜 분)를 유린한다. 강새벽(정호연

분)은 아무에게도 하지 않은 자신의 이야기를 지영이(이유미 분)에게 털어놓는다.

제7부는 "VIPS"로 게임의 후원자들이 직접 현장에 와서 참관하는 가운데 참가자들, 아니 살아남은 자들은 다섯 번째 게임인 "징검다리"를 건너야 한다. 정해진 시간에 깨지지 않은 강화 유리 징검다리를 건너야 한다.

제8부 "프론트맨"은 짧은 분량으로 다섯 번째 게임의 승리자인 기훈, 상우 그리고 새벽이 만찬을 하고 마지막 게임을 기다린다. 상우는 새벽을 살해한다.

제9부는 "운수 좋은 날"로, 마지막 게임인 "오징어 게임"에서 기훈과 상우가 죽음을 걸고 게임을 진행한다. 상우는 스스로 자살하며 기훈이 최종 승리자가 된다. 456억도 받는다. 그러나 그가 돌아간 현실은 여전히 지옥인 듯하다. 어머니는 죽었고 게임에 참가한 사람들도 모두 죽었다. 그 죽음의 대가가 456억이다. 설계자였던 "깐부" 일남의 정체가 밝혀지고, 기훈은 456억의 일부를 새벽의 남동생과 상우의 어머니에게 준다.

2. "오징어 게임"에서 연대성 찾기

절망과 좌절을 맛본 참가자들은 게임에서 승리할 경우 거기에 상응한 몫인 상금을 받는 것이 공정할 수 있다고 판단하고 "오징어 게임"에 참여한다. 이 게임에 참여한 참가자들 대부분은 경제적 절망감에 빠져 있다. 게임은 어떻게 보면 가장 공정하다. 게임에 참가한 사람들은 규칙을 알고 있으며 그 규칙에 합의하여 참여했기 때문에 게임의 결과에 승복한다. 공정한 게임의 결과를 얻기 위해서는 게임의 과정이 얼마나 공정한지를 따져야 한다. 스포츠 경기도 마찬가지다. 공정한 경기의 과정을 담당하는 심판관이 존재하는 이유다.

"오징어 게임" 속에 뛰어든 참가자들은 자신의 고통을 감수하면서 돈을 벌 수 있는 게임에 자발적으로 참여한다. 그들은 참가 전에 딱지치기를 이미 경험했다. 참가자들 저마다 계약서를 읽고 거기에 서명한다. 계약이 성립된 셈이다. 다만 그들은 어떤 게임이 어떤 방식에 의해서 이루어질지 모른다. 이런 의미에서 참가자들은 어떤 게임이 펼쳐질지 모르는 무지의 장막 속에 있는 셈이기에 출발점은 공정하다고 볼 수 있다.

게임에 참여한 사람들이 무지의 장막 속에서 출발하므로 공정하다고 볼 수 있으나 승패의 결과가 목숨이라는 설정에서 공정이란 개념은 유명무실해진다. "오징어 게임"에서 펼쳐지는 게임은 개인의 능력이나 팀의 능력에 따라서 승패가 좌우된다. 그리고 패배는 곧 생명과 교환된다. 하지만 머리가 좋아서 또는 체력이 좋아서 또는 운이 좋아서 승리한 최종 승자인 기훈[6]에게는 그런 능력은 무의미하다. 그는 왜

....

6   성기훈(이정재 분)은 자동차 공장 노조원으로 활동하며 공장의 폐업을 막기 위한 투쟁의 한복판에 있었다. 이로 인해 실직을 당하고 사채와 도박을 전전하다 이혼하고 무기력한 삶을 유지한다. 어머니 돈을 훔쳐 경마장에 가는 철없는 기훈은 새아버지를 따라서 미국으로 가는 딸을 위해서, 그리고 당뇨로 인해 고생하는 어머니를 위해서 돈이 필요하다.

456억에서 단돈 1만 원만 인출했을까? 그 많은 돈이 나머지 사람들의 피값이기에 인출하지 않았나?라는 해석이 가능하다. 마지막 부분에서 그 돈의 일부를 새벽[7]의 남동생과 상우[8]의 어머니에게 나누는 장면은 의미가 있다. 능력이 아닌 연대라는 점에서 말이다. 능력이 머리든, 힘이든, 운이든 간에 그것이 승패를 좌우하는 것처럼 보이지만, 그 이면에서 중요하게 해석될 수 있는 연대의 역설적 측면에서 각 게임을 읽어보기로 하자.

"오징어 게임"에 참여한 사람들이 마주칠 게임들은 단순하다. 그것들은 어릴 적 그 유래가 어딘지 모르고, 동네마다 저마다 다른 규칙들이며, 동무들과 함께 놀았던 놀이들로 구성된 게임들이다. 참여자들은 저마다 첫 번째 게임인 "무궁화 꽃이 피었습니다" 게임의 규칙을 이미 잘 알고 있다. 하지만 그들은 게임에서 진 패배자들의 최후가 목숨을 잃는것이라는 사실은 몰랐다. 설계자와 운용자들은 그 최후를 알았으나, 게임에 참여한 사람들은 무지의 장막에 있었으니 게임이 공정한 것처럼 보인다. 처음부터 살상이 난무하는 과정에서 천진난만한 웃음

---

[7]　강새벽(정호연 분)은 북한을 탈출한 여성으로 보육원에 남동생이 있다. 남동생을 보육원에서 자기 품으로, 북에 있는 부모님을 남한으로 데리고 오는 것이 목표다. 소위 탈북브로커에게 사기를 당해 돈을 잃게 되어 소매치기까지 하며 삶을 유지한다. 가족이 함께 모일 희망과 제주도로 여행할 목표로 게임에 참가한다.

[8]　조상우(박해수 분)는 서울대학교 경영학과를 졸업하고 증권 회사에 취직해 승승장구했다. 그는 회사에 60억에 해당하는 배임 행위를 저질러 수배당하며 자살까지 시도했다. 그는 성기훈의 동네 후배면서 동네의 자랑거리였다. 미래도 희망도 없는 그는 게임에서 기꺼이 자신의 목숨을 투자할 수 있다.

과 함께 일남[9]의 행동을 지켜본 사람들은 어릴 적 놀이를 상기하면서 게임에 참여한다. 이 게임은 철저히 개인의 능력에 의해 진행되는 것으로 보이지만, 한 사람의 능력이 다른 사람들에게 영감을 줌으로써 연대의 가능성이 보이게 된다. 또한 기훈이 넘어지려 할 때, 뒤에서 힘으로 잡아주면서 기훈의 죽음을 막아준 알리[10]의 역할에서 연대의 모습이 해석될 수 있다.

두 번째 게임은 소위 "설탕 뽑기"다. 첫 번째 게임이 끝난 후, 게임의 지속 여부를 두고 투표가 진행되고 그 결과로 게임이 중단된다. 하지만 다시금 자발적 참여로 게임에 참가하는 사람에게서 연대의 분위기가 조성되고 각자의 공동체가 자발적으로 구성된다. 두 번째 게임이 어떻게 펼쳐질지를 예상했던 소수의 사람이 자신들의 이익을 위해서 연대를 방해하며 자발적 공동체의 연대는 이루어지지 않는다. 그럼에도 기훈의 능력과 재치로 인한 행동이 다른 사람들에게 영향을 주면서 두 번째 게임에서 몇 사람이 살아남기도 한다.[11]

세 번째 게임은 단체전으로 "줄다리기"다. 단체전이기 때문에 힘

---

9 오일남(오영수 분)은 나머지 455명과는 다르다. 게임의 설계자이자 남은 생이 별로 없는 참가자다.

10 알리(트리파티 아누팜 분)는 코리안드림을 위해서 한국으로 이주한 파키스탄 노동자로서 꿈은커녕 악덕 사용자에 의해 몸과 마음까지 만신창이가 되어버렸다. 산업 재해를 입었음에도 병원비는커녕 고향으로 돌아갈 여비마저 받지 못한 상태에서 사용자에게 상해를 입히고 도망자 신세가 되어 게임에 참여한다.

11 주인공 기훈은 햇빛을 이용해 침으로 설탕 뽑기를 녹임으로써 두 번째 게임을 통과한다. 사람들은 이 모습을 보면서 동일한 행동을 하기도 한다. 아울러 바늘과 라이터 불도 공유하는 장면도 나온다.

있는 남자들이 많으면 유리한 게임임을 예상했지만, 기훈의 팀은 여자들과 노인이 가장 많은 팀으로 구성된다. 줄다리기는 연대의 게임이다. 일남은 어릴 적, 줄곧 했던 줄다리기 방법을 설명하는 능력을 발휘하며 10명의 팀원은 그 방법으로 연대한다. 위기의 순간 상우의 능력으로 발휘된 방법에 10명의 팀원이 연대하며 결국 승리한다. 한 사람의 능력을 열 사람이 연대했기에 가능한 승리였다.

　세 번째 게임이 끝난 후 자율적으로 구성된 팀은 밤에 일어날 끔찍한 일을 미리 예상하고 자기 팀을 지키려고 연대한다. 연대한 팀원들이 어둠 속에서 상대 팀원을 살해하는 과정에서 일남은 높은 곳에 올라가 "이러다 다 죽어"를 외친다. 그 외침에 어둠 속 살육은 끝이 난다. 네 번째 게임은 2인 1조 게임이다. 2인일 경우 연대가 가장 강할 것으로 판단한 참가자들에게 역설적으로 연대가 아닌 상대방을 이겨야만 하는 게임이 펼쳐진다. 바로 "구슬" 놀이다. 기훈은 그 누구도 함께하기 싫어하는 나이 많은 노인인 일남과 한 팀이 된다. 결국 기훈의 거짓말을 다 알고도 그 유명한 "깐부"라는 이유로 일남은 기훈에게 자신의 구슬을 다 준다. "깐부"는 구슬과 딱지를 서로 공유하는 사이로서 연대적 성향이 강한 드라마 속 언어다. 어릴 적 언어인 "깐부"가 소환되어 연대의 중요성이 상기될 수 있다.

　다섯 번째 게임은 "징검다리" 건너기다. 유리판으로 되어 있는 징검다리를 건너야 하는 게임으로서 순서는 살아남은 참가자들이 스스로 결정한다. 스스로의 결정이 자신의 운명을 결정한 셈이다. 참가들은 1번부터 16번까지의 숫자 중 중간 숫자들을 선택하려고 한다. 이도 저도 결정을 내리지 못한 기훈은 결국 맨 마지막으로 마지막 숫자를 고른다. 징검다리를 건너는 순서를 결정한 것이다. 정해진 시간에 징검다리를 건넌 모든 사람이 승리를 얻게 된다. 발 앞에 펼쳐진 두 개의 유리판 징검다리 중 한쪽은 강화 유리, 다른 한쪽은 일반 유리로 되어 있어 강화 유리를 밟아야 살아남아서 계속 전진할 수 있다. 이 게임에서는 연대가 필요 없어 보이고 그저 운이 작용하는 것처럼 보인다. 하지만 살아남은 참가자 중 유리 전문가가 있다. 유리 전문가가 앞장서서 그 특성을 미리 설명했다면, 모든 참가자가 살아 남았을지도 모른다. 하지만 그의 능력은 자신과 뒷 사람만을 위해서 사용된다. 그마저도 시간이 부족해 상우가 유리 전문가를 밀쳐 떨어뜨리고 상우, 새벽 그리고 기훈만 살아남게 된다.

마지막 여섯 번째 게임에 앞서 살아남은 자들에게 푸짐한 저녁이 제공된다. 새벽은 유리 파편이 옆구리에 박혀 생사의 기로에 놓여 있다. 저녁 식사를 위해 제공된 칼과 포크는 무기가 될 수 있다. 세 명은 서로를 감시하면서 밤을 지새운다. 기훈은 옆구리에 박힌 유리 파편으로 인해 약자가 된 새벽을 보호한다. 하지만 상우는 그런 새벽을 제거한다. 마지막 게임은 "오징어 게임", 힘과 잔꾀라는 능력이 발휘되어야 이길 수 있는 게임이다. 피가 흥건한 사투 끝에 바닥에 누운 상우를 기훈이 칼로 찌르려고 하지만, 기훈은 상우의 몸이 아닌 바닥에 칼을 꽂는다. 차마 어릴 적 동무이자 동네 동생인 상우를 죽일 수 없었기 때문이었을까? 상우는 그 칼을 바닥에서 빼내어 자기 몸에 찌르며 스스로 목숨을 끊는다.

"오징어 게임"의 최종 승자, 최후까지 살아 남은 자는 456번 성기훈이다. 그는 456억을 1년 동안 찾지 않은 은행의 VIP지만, 은행장에게 10,000원을 빌린다. 그는 "깐부" 일남의 부름에 일남을 찾아가고 일남이 설계자임을 알게 된다. 일남은 참관하는 것보다 참여하는 것이 더 재미있을 듯해서 1번으로 참여했다고 고백한다. 어차피 얼마 남지 않은 삶이기에 가능했을 것이다. 일남은 죽어갈 때까지 게임을 진행한다. 죽어가는 일남은 기훈에게 내기를 건넨다. 밖에서 눈을 맞고 있는 노인을 12시 이전에 누군가 구해줄 것인가? 아닌가?에 대한 내기다. 일남은 냉소적으로 아무도 도와주지 않을 것이라 하면서 죽게 된다. 하지만 12시 이전에 누군가가 그 노인을 도와준다. 눈이 오는 세상은 여전히 추운 듯하나 도움의 손길이 있는 곳은 따스하다. 스스로의 능력이 없어 죽어갈 수밖에 없는 밖에 쓰러진 노인이었지만, 누군가의 도움으로, 누군가가 그와 연대함으로써 살게 된다.

Ⅲ. 능력을 공정으로 인정하는 입장에 대한 철학적 비판

앞서 우리는 "오징어 게임"을 능력이 아니라 연대를 강조하는 시각으로 읽었다. 능력을 통한 정의 또는 공정에 대해서 철학적 입장이 언급되는 것은 그에 대한 기독교윤리적 반성을 위해 필요한 작업일 것이다. 이런 의미에서 의무론적 윤리와 목적론적 윤리란 두 가지 큰 틀에서 능력을 공정으로 인정하는 사고에 대한 비판적 시각이 논의되어야 한다.

이에 대한 비판들이 롤즈(J. Ralws)의 입장을 중심으로 의무론적 윤리에서, 공동체주의의 입장을 중심으로 목적론적 윤리에서 언급될 필요가 있다.

1. 의무론적 윤리의 입장

사회철학자 센(A. Sen)에 따르면 현대 철학에서 사회정의론은 두 가지 측면에서 이해될 수 있다.[12] 하나는 사회계약 전통에서 완벽한 정의를 찾는 노력으로 홉스(T. Hobbes), 루소(J.-J. Rousseau), 칸트(I. Kant) 그리고 롤즈로 이어진다. 다른 하나는 이미 존재하는 정의에서 비교적 나은 정의를 찾는 노력으로 스미스(A. Smith), 벤담(J. Bentham), 마르크스(K. Marx), 밀(J. S. Mill)을 이어 센까지 이르고 있다.

공정에 대한 원리를 제시한 하트(H. L. A. Hart)에 따르면, 한 사회의 개인들은 규칙을 만들어 자신의 자유를 제한하여 협조 체제를 구축한다. 이런 협력 체제의 규칙들에서 모종의 혜택을 받은 사람들도 그 규칙들을 따르도록 요구되며 그들의 자유는 일정 부분 제한될 수 있다. 사회 구조를 만드는 데 협력한 사람들과 혜택을 받은 사람들 상호의 자유가 제한됨으로써 자유롭고 평등한 권리는 실현된다.[13]

칸트의 의무론적 윤리와 사회계약설을 바탕으로 정의에 대해 논

....

12   Amartya Sen, *The Idea of Justice* (London: Penguin Books, 2009), 5-8.『정의의 아이디어』(지식의 날개 역간).

13   김동일, "공정원리의 이론과 도덕적 기초", 「정치사상연구」, 18-1(2012). 80-81.

의한 대표적인 사람은 롤즈다. 롤즈의 정의론에 대한 이해는 수많은 글을 통해서 배울 수 있다.[14] 롤즈는 하트의 공정 원리를 수용한다. 롤즈의 정의는 "공정으로서의 정의"다.[15] 공리가 옳고 그름의 판단 기준인 공리주의적 정의관에 대한 대안으로써 계약론적 전통을 중심으로 민주주의 사회를 위한 정의관을 확립한 도덕적 기초를 세우는 것이 공정으로서의 정의의 목표다.[16] 정의로운 사회는 공정한 협력체의 관계 속에서만 존재한다.[17] 원초적 입장의 두 가지 조건인 무지의 장막과 상호 무관심 속에서 자신이 속한 정파의 이익을 위해 정의의 원칙을 도출하며 계약을 맺어 협력 체제가 이루어진다. 이곳에 참여한 정파들은 하나의 공동 결의를 만들어 기본 권리와 의무를 할당하고 사회적 이해관계의 분배를 정할 원칙을 채택한다. 이런 의미에서 롤즈는 하트의 공정

....

14   한국의 신학자들이 롤즈에 관심을 가지며 그의 정의론을 언급한 글들은 다음과 같다. 이상원, "존 롤즈의 정의론: 공정성으로서의 정의", 신원하 편, 『기독교 윤리와 사회정의』(서울: 한들출판사, 2000), 21-67. 유지황, "토마스 아퀴나스의 정치사상의 분석적 이해", 「철학사상」 25(2007), 31-66. 이혁배, "존 롤즈의 정의론에 대한 신학적 평가", 「신학과 실천」 28(2011), 857-877. 정기철, "리쾨르의 정의론: 롤즈와의 대화", 「한국개혁신학」 36(2012), 304-335. 전희원, "존 롤즈의 사회정의론에 대한 기독교윤리적 평가", 「한국여성신학」 76(2012), 75-101. 곽호철, "Making John Rawls' Political and Implications for Religion", 「신학논단」 74(2013), 311-352. 고재길, "공정사회와 기독교 정의론에 대한 연구", 「선교와 신학」 35(2015), 161-199. 그리고 송용섭, "공감적 정의를 향하여-일베 현상을 통한 롤즈의 정의론의 비판적 성찰과 대안으로서의 공감적 정의", 91-119. 이 글들의 요약은 송용섭, 위의 글, 94-96을 참조하라.
15   존 롤즈/황경식 옮김, 『정의론』(서울: 이학사, 2003), 35-96.
16   위의 책, 16.
17   위의 책.

이론을 수용한다고 본다.[18]

원초적 무지의 장막 속에서 각 정파들은 자신의 이익을 극대화할 것이다. 그렇다고 해서 공리주의적 원칙을 선택하지는 않을 것이다. 왜냐하면 자신들의 정파가 소수일 수도 있기 때문이다. 각 정파에 속한 모든 사람은 유사한 자유를 누리고 기본적 자유를 누릴 평등한 권리를 가져야 할 것이다(정의의 제1원칙). 이 원칙 속에서 사람들은 사회적·경제적 이익을 얻으려고 자신들의 기본권을 포기하고 희생을 감내하며 자유를 포기하지 않을 수 있다. 원초적 무지의 장막 속에서 각 정파들이 상호 무관심 속에서 합의하여 정의를 도출했을 때 생기는 사회적·경제적 불평등을 해소할 문제들이 존재할 것이다. 사회적 약자에 속하는 정파들이 생길 경우, 그들에게 최소한의 수혜가 돌아가야 한다. 그들에게 돌아가는 수혜가 그들에게는 최대의 이익이 되는, 즉 "최소 수혜자"에게 최대 이득이 되는 이른바 "차등의 원칙"이 성립되어야 한다(정의의 제2원칙). 각 정파의 사람들은 아무리 최소 수혜자들일지라도 공정한 기회를 부여받고 투명한 직위와 직책을 부여받아야 한다.[19]

롤즈는 능력주의에 대해서 경계한다. 차등의 원칙에 따르면, 애당초 출발점이 유리한 곳의 사람들은 그것이 하나의 능력이기 때문에 능력을 개발하되, 능력으로 얻게 된 이익은 공동체 전체에게 공유되어야 한다. 이러기 위해서는 사회의 기본 구조가 변경되어야 한다. 왜냐하면

---

18 위의 책, 17.
19 위의 책, 105.

타고난 능력은 공동의 자산이기에 이익이 생기면 함께 나누는 데 합의한 것이기 때문이다.[20] 타고난 능력에 비해 갈고닦은 노력으로 불리는 능력도 "가정과 사회적 영향"으로 보고 있다.[21] 노력하는 의지마저 타고난 능력이기 때문이다. 즉 타고난 재능, 가정과 사회적 환경, 그로 인한 노력이란 것은 도덕적 우연으로서 하나의 임의적인 것이기에 배제되어야 한다. 롤즈에 따르면 그 어떤 능력이라도 최소 수혜자들이 받을 이익에 이바지해야 한다. 롤즈에게 정의는 사회 계약을 통해 이루어진다. 사회 계약을 통해서 세워진 정의의 원칙에 따라서 의무와 권리가 규정되고 그 규정에 맞는 것이 선이다. 윤리적으로 선한 능력은 차등의 원칙에 따라서 최소 수혜자들에게 최대 이익이 될 때만 가능하다.

2. 목적론적 윤리의 입장

정의를 목적론으로 이해하는 아리스토텔레스는 정의를 사람들이 마땅히 받아야 할 몫으로 말한다.[22] 정의는 목적과 그 목적에 도달할 경우 받아야 할 몫인 영광과 밀접하다. 아리스토텔레스의 정의는 좋은 삶을 사는 것이다. 좋은 삶을 위해 공동체의 구성원들은 미덕과 공동선을 배우고 이것들은 좋은 습관에서 비롯된다.

....

20   위의 책, 152.
21   이와 같은 해석으로 마이클 샌델/이창신 옮김, 『정의란 무엇인가?』(파주: 김영사, 2010), 221.
22   위의 책, 263.

공동체의 목적인 좋은 삶이 무엇인지를 밝히는 것에 관심을 가진 공동체주의자들도 정의와 도덕의 관계를 주목한다. 매킨타이어(A. MacIntyre)는 개인을 "이야기하는 존재"[23]로 정의한다. 즉 인간은 서사의 존재다. 공동체 속에서 구성원 개개인은 그 공동체가 공유하는 이야기의 일부이며 그 이야기를 유지시키고 다음 세대에 전달한다. 이런 유지와 전달력을 가진 이야기의 특별한 목적이 바로 미덕이다. 미덕을 위해서 공동체는 서로 연대해야 하는 이른바 연대 의무를 가지며 공동선을 추구한다.

샌델은 공동체주의에 입각해서 공동체가 미덕을 세우며 연대성을 확장시키는 데 관심을 기울인다. 이를 위해서 부자들에게 세금을 부여해 공동체를 위한 공공재를 구축하는 것이 중요하다.[24] 이렇게 되도록 정부는 시민들의 삶에 적극 개입해야 한다.[25] 연대가 아니라 개인의 능력 또는 가정의 능력에 따라서 공동체의 삶이 진행될 경우 정부의 역할이 절실해진다. 최근 샌델은 자신의 저서 『공정하다는 착각』(The Tyranny of Merit)에서 이런 사회를 지적하고 능력주의를 비판한다. 우리나라의 번역은 "공정하다는 착각"이지만 원문을 직역하면 "능력주의의 폭정"이다. 그만큼 능력주의가 지배하는 사회는 폭정 사회라는 것이다. 좋은 대학을 졸업하고 좋은 직장에 취직하는 것이 미덕의 탈을 쓴 능력이다. 수학 능력 평가에서 높은 점수를 받는 것은 개인이 가진 능력에도 비례

....

23   위의 책, 310.
24   위의 책, 369.
25   위의 책, 370.

하지만, 부모가 가진 재력과 비례한다. 우리나라에서는 이른바 "엄마 찬스"와 "아빠 찬스"란 용어로 사용된다. 샌델은 이를 "능력주의의 폭정"이라 규정한다.[26]

능력을 넘어서 누구나 노동할 수 있는 사회적 안전망을 만드는 것이 샌델에게 있어 중요하다. 공동체에 속한 사람들은 노동을 통해서 사회적으로 인정받아야 하며 노동의 존엄성을 회복시켜 공동선으로 이해될 수 있는 연대성을 다시 찾아야 한다.[27] 샌델에 따르면, 능력에 따른 자유로운 시장 경제와 접목한 민주주의는 "소비주의적 민주주의"로서 도덕적 연대와는 전혀 무관하여 소비자의 복지에만 관심을 기울일 것이다.[28] 그러나 민주주의는 "사회적 연대와 시민 의식의 강화"[29]에 기여해야 한다. "시민적 공동선"을 추구하는 민주주의 사회에서 사람들은 능력에 따른 상이한 의견들 사이에서 타협하고 "다름과 더불어 살아가는 법"을 만들 수 있다. 이것이 우리 사회에 필요한 "공동선을 기르는 방법"이다.[30]

....

26   마이클 샌델, 『공정하다는 착각』(서울: 미래엔, 2020), 255.
27   위의 책, 343.
28   위의 책, 352.
29   위의 책, 348.
30   위의 책, 353.

Ⅳ. 공적에서 칭의로-능력을 넘어서 연대로

"오징어 게임"에서 경제적 빈곤은 목숨을 담보로 하는 참혹한 게임으로 참가자들을 몰아넣는다. "오징어 게임"은 드라마지만 능력을 요구하는 시대에서 일어날 수 있기에 많은 시사점을 일으켰다. 현대의 산업구조에서는 능력으로 표현될 수 있는 업적 중심 또는 성과 중심의 노동이 장려된다. 능력이라는 것이 인간 부합적인지에 대한 질문은 윤리적틀, 특히 기독교윤리적 틀에서 중요하다.[31] 이런 의미에서 능력과 업적으로 해석될 수 있는 공적을 중요시했던 16세기 이전의 기독교 전통에 맞서 믿음으로 인해 의로움을 인정받는 칭의와 하나님으로부터의 전적인 은혜가 강조된 16세기 종교 개혁 운동의 전통이 소환될 수 있다. 루터(M. Luther)는 공적이 아니라 칭의의 의미를 찾으면서 종교개혁의 시작을 알린다. 철학적 입장에서는 정의의 틀 속에서 능력주의에 대한 경계가 논의되었다면, 신학적 입장에서는 칭의를 통해서, 특히 루터의 입장에서 연대할 수 있는 근거를 찾는 것이 좋을 듯하다.

"오징어 게임"에서 승자 기훈은 철저히 개인의 능력으로 승리한 것처럼 보이지만, 누군가와 연대함으로써 승자가 된 것이다. 기훈의 승리는 환호가 아닌 쏠쏠함이다. 일자리를 잃어버려 또는 일을 할 수 없

---

31   A. 리히는 인간들이 만들어낸 구조와 제도들이 인간 부합적인지에 대한 심도 있는 질문을 던지며 이를 기독교윤리적 입장, 특히 기독교 경제윤리적인 입장에서 탁월하게 분석한다. 그렇기에 인간 부합적인 것인지에 대한 질문은 기독교윤리적이라고 할 수 있다. 이는 Arthur Rich, *Wirtschaftsethik* Bd. 1(Gütersloh: Gütersloher Verlagshaus, 1984)을 참조하라.

어 사는 것이 사는 것이 아니기 때문에 "오징어 게임"에 참가한 극 중의 인물들을 대표하는 기훈의 승리는 오히려 능력보다는 같이 살아야 하지 않았나?라는 역설적 승리로 보인다. 이런 의미에서 노동에 대한 성서적·신학적 개념에 주목할 수 있다. 노동할 능력보다는 노동을 통한 연대의 해석으로서 노동의 개념이 언급되어야 한다.

1. 칭의를 통한 연대

바울에 따르면, 죄인인 인간은 하나님을 통해서만 의로움을 받는다.[32] 칭의의 개념은 종교개혁 시대에서 주요한 주제로 여겨진다. 칭의는 원래 법적 용어로, 범죄자지만 그가 제3자 또는 법을 해석하고 적용하는 사법부에 의해서 죄가 없다고 인정될 때 사용된다. 신학적 입장에서 인간은 죄인이며 하나님 앞에서 범법자지만, 신법을 적용하는 하나님께서 오직 은혜로 인간에게 죄가 없다고 인정하신 것이다. 그렇다고 해서 인간은 죄인이 아니고 의인이라는 의미가 아니다. 이렇게 볼 때, 인간은 죄인이며 의인인 모순성을 가지고 있어 죄인에 가까운 셈이다.[33]

　종교개혁 전통에서 루터는 교황을 중심으로 움직이던 당시 기독교에서 강조한 업적주의를 강력히 거부한다. 특히 인간의 노동은 업적

....

32 롬 1:16 이하.

33 이런 해석은 Reinhold Niebuhr, *Die Kinder des Lichts und die Kinder der Finsternis, Eine Rechtfertigung der Demokratie und eine Kritik ihrer herkömmlichen Verteilung*, (München: 1947), 8을 참조하라.

주의가 아니라 전적인 하나님의 은총에서부터 시작된다. 즉 이신칭의 (以信稱義)가 그 출발점이다. 루터는 인간의 행위 그 자체를 선한 것으로 보지 않는다. 하나님 앞에서, 오직 하나님께서 주신 은총으로만 인간은 의롭다고 간주된다. 그 결과로서 인간에게 선한 행위를 할 수 있는 가 능성이 부여된 것이다. 인간이 스스로 구원에 이르는 방법을 찾는 행위 를 철저히 거부한 루터는 자력 구원에서 벗어나 오직 하나님의 은혜를 힘입을 때 비로소 자유를 얻는다고 본다.[34]

하지만 루터가 인간의 업적 자체를 완강히 거부하거나 부인한 것 은 아니다. 그에 따르면 인간은 자신의 능력이나 업적을 통해서 자유를 획득한 것이 아니라 자신의 존재를 하나님의 피조물로 고백하는 믿음 을 통해서 자유를 얻는다. 이런 의미에서 자유란 하나님을 창조주로 고 백하는 믿음을 통해서 얻는 하나님의 선물이지 인간의 능력과 노력을 통해서 성취한 업적이 아니다.[35]

하나님의 전적인 은총에 의해 자유를 얻으며 의롭다고 칭함을 받 은 인간은 타인과 사물을 섬기는 자유로 확장시켜야 한다. 즉 봉사의 실행인 것이다. 엄격한 의미에서 봉사는 능력에 따른 업적에 해당한다. 하지만 루터에게서 봉사는 이기적인 측면을 넘어서 타인의, 기독교적 용어로 말한다면 이웃의 이익과 행복을 위한 업적이다. 타인을 향한 봉

....

34 M. Luter, *Weimarer Ausgabe7* (Weimar, 1872ff), 32. 이하의 *Weimarer Ausgabe*는 *WA* 로 약칭한다. 루터의 1차 문헌에 대한 각주는 *WA*의 순서를 따른다. 각 *WA*에 대한 제 목과 쪽수는 참고문헌에 기록한다. 이는 참고문헌을 참조하라.

35 위의 글, 또한 Günter Brakelmann, *Zur Arbeit geboren?, Beiträge zu einer christlichen Arbeitsethik* (Bochum: SWI, 1988), 34.

사는 이웃들과의 연대를 통해 가능하다. 인간들의 자유는 이웃들과 연대하면서 공동체의 행복을 증진시키기 위한 봉사로 표출되어야 한다.[36] 봉사는 인간의 노동을 통해서 가능하다.

기독교적 인간론은 죄인에서부터 출발한다. 하나님 앞에서만 의로운 인간이기에 서로 연대하여 공동체를 이루어가는 것이 칭의론에서 유출될 수 있다. 특히 루터가 말하는 이웃 사랑은 칭의론에서 이해될 수 있고 칭의론의 현대적 의미인 연대성으로 해석될 수 있다. 칭의론은 예수 그리스도의 죽음과 부활, 이를 통한 인간의 구원을 자양분으로 삼는다. 루터는 예수 그리스도의 십자가의 죽음을 하나님에 대한 순종인 동시에 인간을 위한, 이웃을 위한 사랑으로 이해한다.[37] 예수 그리스도를 따르는 제자로서 그리스도인들은 개인의 능력에 따라서 이익을 추구하지 않고 철저히 자신을 낮춰 인간을 섬기며 이웃을 섬긴 예수 그리스도가 걸었던 그 길을 따라서 이웃에게 관심을 보이고 이웃들과 연대해야 한다.

2. 노동을 통한 연대

능력에 따라서 노동의 대가를 얻는 것이 아니라 노동 그 자체로 존엄하다는 샌델의 견해는 신학적 노동의 개념과 유사하다. 창조신학적 관점

....

36   위의 책, 35.
37   M. Luther, *WA* 2, 146.

에서 성서는 노동을 하나님과의 계약으로 증언한다. 하나님은 인간에게 땅을 경작하고 보호하라고 위임하신다.[38] 종교개혁 전통에 따르면, 하나님은 모든 사람을 그분의 자녀로 부르셨다. 하나님의 자녀들은 공동체 속에서 자신에게 주어진 부르심에 따라서 노동을 하게 된다. 이런 노동은 반드시 이웃을 위한 봉사로 이어져야 한다.[39] 노동하기 위한 직업(Beruf)은 하나님의 부르심(Berufung)이기에 어떻게 해서든지 노동을 하며 그 속에서 하나님의 부르심의 의미를 숙고해야 한다. 직업을 통한 노동은 자신의 능력이지만, 공동체의 삶에 이바지해야 하는 목적을 분명히 가지고 있다.

창세기 2:15은 인간이 왜 노동에 참여하는지에 대해서 증언한다. 하나님이 창조하신 세계에 인간은 노동을 통해서 참여한다. 노동에 대한 광의적 의미인 셈이다. 임금 노동과 자신의 능력에 따라 협의적 의미의 노동의 개념이 현대 사회의 많은 사람에게서 인정받는다. 능력에 따른 돈벌이 노동이 사람들의 삶의 종류와 질을 결정시켜 노동으로부터 소외된 사람들이 발생하고 결국 이들은 사회로부터의 소외를 경험한다. 성서는 능력에 따른 협의적 노동의 의미를 경계하고 있다.[40]

오히려 성서는 노동을 통한 연대성에 강조점을 두고 있다. 창조신학적 입장에서 인간은 홀로 존재할 수 없다. 첫 번째 창조 기사에서 인

38 G. Brakelmann, *Zur Arbeit geboren?*, 9.

39 Evangelische Kirche in Deutschland(EKD), *Soliarität und Selbstbestimmung in Wandel der Arbeitswelt* (Gütersloh: Gütersloher Verlagshaus, 2015), 9.

40 이와 같은 해석은 G. Brakelmann, *Zur Arbeit geboren?*, 10을 참조하라.

간은 이미 조건이 다 갖춰진 상태에서 마지막에 창조된다. 두 번째 창조 기사도 사정은 마찬가지다. 사람을 만드신 하나님은 혼자 사는 것이 좋지 않아서 돕는 배필을 지으셨다(창 2:18). 첫 번째 창조 기사와 유사하게 돕는 배필은 더불어 사는 인간뿐만 아니라 하나님이 창조하신 전 피조세계다. 노동을 통해서만 살아야 하는 노동의 부정적 입장과 노동을 통해서 삶을 유지하는 긍정적 입장 속에서 공동체의 구성원은 서로 돕는 배필, 즉 연대하는 존재인 것이다. 성서는 노동하면서 서로 협력하는 공동체를 증언하고 있다. 산업화 이전 가정 중심의 공동체에서 산업화 이후 노동 사회의 공동체는 돕는 배필로 연대해야 한다.

노동을 연대적으로 해석하는 루터에게서도 사정은 마찬가지다. 노동은 봉사와 직접 연결된다.[41] 세속에서 하나님이 부여한 개개인의 노동은 이웃에게 봉사할 즐거움으로 연결되는 것이다. 종교개혁 시대의 도시들에서 살던 가난한 사람들과 일자리를 잃어버린 사람들은 기독교 공동체의 도움을 받아 연명할 수 있었다. 그러나 루터에 따르면, 사람들은 하나님의 명령인 노동을 통해서 세속적인 삶을 영위해야 한다. 하나님은 각 사람에게 특별한 임무를 부여하셨으며 그것이 바로 노동이다. 노동은 업적이나 능력 또는 사회적 지위를 획득하기 위한 것이 아니라 하나님이 인간에게 부여하신 이웃을 위한 봉사 또는 이웃에 대

---

41   이와 같은 해석은 H. E. Toedt, *Das Angebot des Lebens, Theologische Orientierung in den Umstellungskrisen der mordernen Welt* (Güterloh: Gütersloher Verlagshaus, 1978), 126을 참조하라.

한 사랑의 계명에 순종하며 따르는 것이다.[42] 노동은 이웃을 사랑하는 봉사라는 또 다른 측면을 가지고 있다. 즉 노동은 이웃과 연대하고 공동체의 행복을 증진시키기 위한 봉사인 셈이다.[43]

하나님께서 모든 사람에게 부여한 특별한 임무는 그의 부르심을 통해서 실현된다. 루터에 따르면, 세상의 삶에서 모든 사람에게 부여된 직무(Amt)가 있다. 아울러 그 직무에 맞는 신분(Stand)이 있다. 국가(정치가[politia]), 교회(종교가[ecclesia]) 그리고 가정(경제종사자[oeconomia])으로 구분되는 이른바 루터의 3신분 제도다. 루터는 이런 신분들을 하나님께서 세속 왕국과 영적 왕국을 치리하는 제도 또는 기구로 이해한다.[44] 모든 사람은 각자의 신분에 속해 있지만 서로 배타적이지 않다.[45] 오히려 각자의 신분에 따라서 이웃을 사랑하고 이웃에게 봉사하면서 그 신분을 유지할 수 있다. 왜냐하면 세상의 모든 직무와 그에 따라 하는 일은 상이하지만 하나님께서 주신 부르심이기 때문이다. 이런 의미에서 루터의 3신분은 서로에게 봉사하면서 유기적으로 연대하는 관계인 것이다.

이런 의미에서 가정은 연대의 표본이다. 오히려 연대보다는 더 강력한 사랑의 공동체가 바로 가정이다. 교회는 예수 그리스도를 주로 고백하는 공동체다. 그것은 예수 그리스도를 통한 구원을 선포한다. 또한

---

42   M. Luther, *WA 10/1*, 310과 *WA 49*, 609.

43   이와 같은 해석은 G. Brakelmann, *Zur Arbeit geboren?*, 36을 참조하라.

44   이와 같은 해석은 Torsten Meireis, *Tätiget und Erfüllung, Protestantische Ethik im Umbruch der Arbeitsgesellschaft,* (Tübingen: Mohr Siebeck, 2008), 78을 참조하라.

45   M. Luther, *WA 26*, 504-505.

구원의 값비싼 은혜에 응답하는 책임으로서 사랑을 실천한다. 구원의 선포와 사랑의 실천은 구별되어야 하지만 분리될 수 없다.[46] 사랑의 실천은 세상을 향한 교회의 봉사이며 책임이다. 교회는 하나님의 창조 질서를 존속시키고 돌보는 위임을 받았다. 교회는 이 위임 속에서 사회가 변화함에 따라 나타나는 정치적·사회적 조치들에 대해서 그것이 인간 부합적인지 감시하는 임무를 가진다.[47] 이런 의미에서 교회는 인간의 존엄성이 유린당한 곳에 예언자적 목소리를 내야 하며, "경제적·사회적 또는 정치적으로 소외당하는 사람들을 위한 교회"가 되어야 한다.[48] 사랑의 실천을 통해서 소외된 타자 앞으로 다가가서 사회적 연대를 위한 행동을 모색해야 한다.

사람들이 가난에서 벗어나는 방법은 개인의 능력과 국가의 지원에서 가능하다. 국민이 가난에서 벗어나도록 국가는 정책을 제시하고 실현해야 한다. 대한민국 헌법 34조 3항은 "국가는 사회 보장, 사회 복지의 증진에 노력할 의무를 진다"라고 천명한다. 사회 보장과 사회 복지를 증진시키기 위해서 국가는 국민들이 노동할 수 있는 일자리를 창출하는 데 정책을 마련해야 한다. 더 나아가서 기본 소득[49]을 통해 국민

....

46 Brakelmann, *Zur Arbeit geboren?*, 88.
47 위의 책, 89.
48 위의 책.
49 기독교윤리적 관점에서 기본소득의 필요성을 역설한 글로, 고재길, "기본 소득에 대한 기독교윤리적 연구", 「신학과 사회」 36(2022), 175-207을 참조하라. 그는 기본 소득의 개념부터, 사례, 그리고 한국 신학, 특히 기독교윤리적 시각에서 기본 소득에 대한 선행 연구를 소개하면서 기본 소득이 타자를 위한 교회의 책임임을 기독교윤리적으로 밝히고 있다.

이 연대할 수 있는 정책도 마련해야 한다.

오늘날 능력의 한계로 노동 시장에 참여하지 못해 생계를 이어가기 어려운 사람들에게 국가뿐만 아니라 교회도 관심을 기울여야 한다. 이런 관심은 그러나 무조건적 시혜적 차원에서 돌봄을 실천하는 온정주의와는 거리가 있다. 가정, 교회 그리고 국가라는 루터의 3신분의 시각에서 독일 개신교 백서인 『정의로운 참여』(Gerechte Teilhabe)[50]는 교회, 더 나아가서는 국가가 어떻게 가난한 사람들과 연대할지에 대해서 방향성을 제시한다. 먼저 "부를 축적한 사람들이 가난한 사람들에 대해 우선적으로 책임"을 지도록 한다. 가난한 사람들을 우선 생각하는 것에서 중요한 목표는 "모든 구성원이 경제적·사회적 과정으로 포함되는 것"이다. 가난한 사람들을 우선 생각하는 것은 "온정주의적 선택이 아니라…오히려 가난한 사람들이 가능한 한 주변인들에 머물러 있는 상태를 극복하도록 (그들에게) 능력을 주는 것"이다. 가난한 사람들을 단순히 물질적 가난이라는 시각에서 접근하는 일은 지양되어야 한다. 오히려 그들은 사회적·경제적·정치적 참여가 부족한 모든 사람이다. "때문에 가난한 사람들을 우선시하는 일은 물질적 참여의 안전 보장을 넘어서 가난한 사람들이 사회를 형성하는 데 도움을 줄 수 있는 기회를 개선시키는 활발한 사회 복지 국가를 포함한다."[51] 이 백서는 교회를 넘어 국가적 차원까지 방향성을 제시하기에 가정, 교회 그리고 국가가

---

50   EKD, *Gerechte Teilhabe* (Gütersloh: Gütersloher Verlagshaus, 2006), 46-47.
51   모든 이용은 위의 책, 46-47.

고려할 연대성을 제시하고 있다.

V. 나가는 말: 능력주의에 대한 신학적 평가

기독교는 의무론적 윤리나 목적론적 윤리나 능력보다는 연대에 무게
를 두고 있다. 신학에서 말하는 칭의와 성서에서 말하는 노동은 연대
에 힘을 실어준다. 신학과 성서에서 언급된 노동의 개념은 일자리가 없
는 사람들에게 봉사하며 연대하는 노동의 개념으로 확장된다. 구약성
서의 창조신학적 관점에서 볼 때 인간의 능력은 하나님이 주신 은사다.
능력이 있다는 것은 하나님께 감사할 것이 있다는 의미다. 이런 의미에
서 능력은 윤리적 판단 조건이 아니다. 능력이 많은 사람이 존엄하거
나 하나님의 축복을 가득 받은 존재로 인식될 수 없다. 인간은 하나님
의 형상, 하나님의 자녀, 그리고 하나님의 생령을 담지한 존재 그 자체
로서 존엄하다. 신약성서의 달란트 비유에서 알 수 있듯이 재능은 전적
으로 주인이 준 것이다. 잠시 주인이 맡긴 재능은 다시금 주인을 위해
서 활용되어야 한다. 칭의론에 의거할 때, 인간의 의로움은 그가 가진
능력에 의해 받은 것이 아니다. 의로움은 죄인인 인간이 오직 하나님의
전적인 은혜에 의해 믿음으로 받는 것이다.

　신학적 입장에서 하나님이 인간에게 준 능력이 공동체에 이바지
할 수 있는 능력일 때 그리고 사회적 약자들의 삶에 활력을 줄 때, 윤리

적 의미를 가질 수 있다.[52] 능력에 따른 사회가 지속되고 마치 그것이 진리인 양 포장될 때, "오징어 게임"에서 일남이 외쳤던 유명한 대사처럼 "이러다 우리 다 죽을" 수 있다. 오히려 서로가 서로에게 "깐부"가 될 때 같이 살 수 있다. 능력에 대한 후버(Wolfgang Huber)의 말로 글을 마무리 한다. "우리는 능력을 가진 사람들이 약자들의 삶의 조건을 개선시키는지 특권층만을 선호하는지를 반드시 물어야 합니다."[53]

52   Tilman Winkler, "Leistung", in: Honecker, M.(Hg.), *Evangelisches Soziallexikon*, (Stuttgart: Kohlhammer, 2001), 951.

53   Wolfgang Huber, "Leistung", in: Müller, G.(Hg.), *Theologische Realenzyklopädie 10*, (Berlin, 1990), 733.

참고문헌

고재길. "공정사회와 기독교 정의론에 대한 연구." 「선교와 신학」 35(2015), 161-199.

_____. "기본 소득에 대한 기독교윤리적 연구." 「신학과 사회」 36(2022), 175-207.

곽호철. "Making John Rawls' Political and Implications for Religion." 「신학논단」 74(2013), 311-352.

김동일. "공정 원리의 이론과 도덕적 기초." 「정치사상연구」 18-1(2012), 77-102.

롤즈, 존/황경식 옮김. 『정의론』. 서울: 이학사, 2003.

샌델, 마이클/이창신 옮김. 『정의란 무엇인가?』. 파주: 김영사, 2010.

_____. 함규진 옮김. 『공정하다는 착각』. 서울: 미래엔, 2020.

송용섭. "공감적 정의를 향하여: 일베 현상을 통한 롤즈의 정의론의 비판적 성찰과 대안으로서의 공감적 정의." 「한국기독교신학논총」 99(2016), 91-119.

유지황. "토마스 아퀴나스의 정치사상의 분석적 이해." 「철학사상」 25(2007), 31-66.

이군호. "「오징어 게임」과 괴테의 『파우스트』: 그 내용적 연관성에 대한 소고." 「괴테연구」 34(2021), 5-28.

이상원. "존 롤즈의 정의론: 공정성으로서의 정의." 신원하 편. 『기독교 윤리와 사회 정의』. 서울: 한들출판사, 2000, 21-67.

이혁배. "존 롤즈의 정의론에 대한 신학적 평가." 「신학과 실천」 28(2011), 857-877

전희원. "존 롤즈의 사회정의론에 대한 기독교윤리적 평가." 「한국여성신학」 76(2012), 75-101.

정기철. "리쾨르의 정의론: 롤즈와의 대화." 「한국개혁신학」 36(2012), 304-335.

Brakelmann, Günter. *Zur Arbeit geboren?, Beiträge zu einer christlichen Arbeitsethik. Bochum*: SWI, 1988..

Evangelische Kirche in Deutschland. *Gerechte Teilhabe*. Gütersloh: Gütersloher Verlagshaus, 2006.

_____. Soliarität und Selbstbestimmung in Wandel der Arbeitswelt. Gütersloh: Gütersloher Verlagshaus, 2015.

Huber, Wolfgang. "Leistung." in: Müller, G.(Hg.). *Theologische Realenzyklopädie 10*. Berlin, 1990, 729-734.

Luther, Martin. *Sermo de duplex iustitia, Weimarer Ausgabe2*(이하 *Weimarer Ausgabe* 는 *WA*로 약칭)". Weimar, 1872ff, 143-152.

_____. *Von der Freiheit eines Christenmenschen, WA 7. 20-38.*

_____. *Das Evangelium am S. Johannes-Tage, Joh. 21, 19-24, WA 10/1. 306-324.*

_____. *Vom Abendmahl Christi. Bekenntnis Mart. Luther, WA 26. 261-509.*

_____. *Predigt bei der Einweikung der Schlosskirche zu Torgau, WA 49. 588-796.*

Niebuhr, Reinhold. *Die Kinder des Lichts und die Kinder der Finsternis, Eine Rechtfertigung der Demokratie und eine Kritik ihrer herkömmlichen Verteilung.* München, 1947.

Rich, Arthur. *Wirtschaftsethik Bd. 1.* Gütersloh: Gütersloher Verlagshaus, 1984.

Sen, Amartya. *The Idea of Justice.* London: Penguin Books, 2009.

Toedt, H. E.. *Das Angebot des Lebens, Theologische Orientierung in den Umstellungskrisen der mordernen Welt.* Güterloh: Gütersloher Verlagshaus,1978.

Torsten, Meireis. *Tätigket und Erfüllung, Protestantische Ethik im Umbruch der Arbeitsgesellschaft.* Tübingen: Mohr Siebeck, 2008.

Winkler, Tilman. "Leistung." in: Honecker, M.(Hg.). *Evangelisches Soziallexikon*. Stuttgart: Kohlhammer, 2001, 947-952.

MERITOCRACY

한국 사회의 능력주의 현상에 대한 이해와 기독교윤리적 제안

이봉석 | 감리교신학대학교 겸임교수

* 이 글은 "한국 사회의 능력주의 현상에 대한 이해와 기독교 윤리적 제안"이라는 제목으로『기독교사회윤리』, 53(2022), 79-110에 게재된 것이다.

I. 들어가는 말

능력주의는 각자가 노력하여 얻은 성과에 따라 몫을 주는 것이 정당하다는 개념에 근거를 두고 있다. 각자의 공로에 대해 몫을 주장하는 것은 일견 정당해 보인다. 그러나 각자에게 주어져야 할 몫의 배분 논리에는 두 개의 원리가 공존하며 숨겨져 있음을 알아야 한다. 장-뤽 낭시(Jean-Luc Nancy)에 의하면 정의 속에는 평등과 차이(혹은 단수성[singularité])가 들어 있다. 이 두 원리는 정의라는 개념에서 분리될 수 없으며 동시에 분쟁을 일으킬 여지가 있다. 왜냐하면 나에게 주어진 몫을 받아야 하는 것처럼 내 앞의 타자 역시 그의 몫을 받아야 하는데 이때 평등과 차이의 원리는 부당함을 유발할 수 있기 때문이다. 달리 말해 배제되는 것을 거부하는 것이 평등이다. 남과 다른 것을 인정해 차별적 보상을 요구하는 것이 차이다. 만약 "나는 다르다"는 차이에 따라 보상하려 하면 그 목록은 사회 구성원 수만큼 기록되어야 하므로 목록 자체를 완성하지 못할 것이다.[1] 장-뤽 낭시는 정당함과 부당함 사이의 갈등이 끊임없이 분쟁을 일으키며 조정되는 과정에서 정의가 여전히 만들어지고 있다고 보았다. 본 논문은 장-뤽 낭시의 말에 동의하면서 능력주의에서 더 찾을 만한 정의는 무엇인지 연구하고자 한다.

한국적 능력주의의 특수한 정의 개념을 포착하고 기독교윤리적

1 　장-뤽 낭시/이영선 옮김, 『신, 정의, 사랑, 아름다움』(*Dieu, la justice, l'amour, la beauté*, 서울: 갈무리, 2012), 80-84

차원의 정의와 대화시키기 위하여 위상학적 방법론을 이용하여 능력주의의 은폐된 억압의 실재를 이해하려 한다. 연구 방법론으로서 위상학은 동일한 사회적 사태를 파악하는 데 관찰자가 점하고 있는 위치에 따라 관찰 대상이 다르게 기술되는 데 착안하고 있다. 다시 말해 사회학적 접근, 경제학적 접근, 기독교윤리적 접근은 사회적 사태로서 능력주의를 다르게 인식하고 기술한다. 그러나 능력주의에 대한 각 분야의 고유의 인식이 종합되면 능력주의가 일으키는 갈등을 명료하게 파악할 수 있고 부족한 부분을 찾는 데 유효한 연구 방법이라 생각한다. 이 방법론을 통해 본 논문이 목표로 하는 "만들어지고 있는 정의"를 발견할 것으로 기대한다.

본 논문은 첫 번째 장에서 사회학에서 다루고 있는 능력주의와 관련된 사회 구조를 살펴 능력주의가 가리고 있는 기회의 불평등과 개인에게 덧씌워진 책임을 검토할 것이다. 두 번째 장에서 능력주의에 자유 사상을 덧입힌 경제학적 주장을 듣게 될 것이다. 동시에 능력주의를 비판적으로 보는 부의 불평등 연구를 소개하며 능력주의가 지닌 본원적 의도를 파악할 것이다. 세 번째 장은 캐스린 태너의 신학적 접근을 통해 능력주의를 넘어 정의로운 새로운 세상을 구상했다. 그 새로운 세상은 각 사람의 마음속에 임하시는 하나님 나라로서 사랑으로 다스려지는 세상이다. 세상을 근원적으로 변혁하는 "그리스도에 대한 헌신"과 하나님과 연합한 "삶의 공동체"를 소개함으로써 온전한 정의 개념을 얻을 것을 기대한다.

Ⅱ. 능력주의에 대한 사회학적 위상

기독교 사상사 속에서 세상 나라와 하나님 나라의 구분은 명확하다. 바울과 아우구스티누스 이후 두 도성에 대한 논의를 개신교 신앙의 독특성으로 전개한 사상가는 루터다. 루터가 기독교 사상적 전승을 이으면서 말했던 하나님 나라는 죽은 다음에 가는 저세상의 나라가 아니며 또한 하나님의 뜻대로 다스려지는 지상의 어떤 나라도 아니다. 루터의 「소교리문답」에 나오는 것과 같이 성령의 인도하심을 받는 모든 개인의 영혼에 하나님 나라가 임한다.[2] 세상 나라와 구별되는 각 개인의 영혼에 임한 하나님 나라는 각 사람 안에서 정의 관념을 구상하는 데 결정적이다. 다시 말해 세상 나라는 인간들의 욕망과 중앙 권력에 의해 세워진 구상적 질서로 다스려지는 국가라 할 수 있다. 따라서 "'세상 나라' 개념에는 국가와 법의 문제뿐 아니라 법에 들어 있는 인류의 관습과 문화 그리고 생활 방식에 대한 비판 의식이 포함되어 있다."[3] 이와 같은 루터의 "세상 나라" 개념 속에서 정의는 공동체를 유지하고 보전하는 데 "필요"하다. 그러나 신학의 정의는 모든 인간의 내면에 속한 것이기 때문에 세상이 세운 정의와 때로는 충돌하고 때로는 합일할 수 있다. 신학적 정의는 인간의 구원과 관련된 추상적이며 관념적인 정의다.

----

2   양명수, 『아무도 내게 명령할 수 없다』(서울: 이화여자대학교출판문화원, 2018), 22.
3   위의 책.

법은 시민적 정의를 통해 외부적 평화와 질서를 이루며 삶과 세상을 보존한다. 그러나 법은 죄인을 구원하지 못한다. 그리스도인은 세상 법정뿐 아니라 하나님의 법정을 의식한다. 신학적 정의는 내면의 깊은 곳에서 죄의 회개와 용서하시는 하나님의 은총으로 이루어진다. 그러므로 신학적 정의는 정의에 그치지 않고 하나님의 사랑으로 이끈다.[4]

세속을 위한 정치적 정의(*justitia politica*) 또는 시민적 정의(*justitia civili*)는 각 개인에게 그 자신의 몫을 따라 이익과 불이익을 분배한다. 그렇다고 하여 정치적 정의가 몫의 배분만으로 이루어져서는 안 된다. 하나님의 의에 근거한 근원적 정의(*justitia prima*)가 정치적 정의의 토대가 되어야 한다. 다시 말해 세상으로부터 온 육신의 정욕과 안목의 정욕과 이생의 자랑으로 얼룩져 의롭지 못함에 대한 애통함이 각 개인 안에서 일어날 때, 하나님의 의에 근거한 근원적 정의가 이루어진다. 용서와 위로가 주어지는 사랑의 정의가 시민적 정의로부터 배제되지 않을 때 진정한 정의가 확립될 수 있다.

이와 같은 신학적 정의 개념에서 능력주의를 보면, 그것은 회개할 것 없는 자기 의고, 용서와 위로보다 자기 몫의 확보라는 독점적이며 배타적 권리의 주장이라 할 수 있다. 공동체의 보전이라는 시민적 정의 차원에서 첫째로 능력주의에 불평등 구조가 숨겨져 있음을 밝혀야 할 것이고, 둘째로 능력주의가 실패에 대한 모든 책임을 개인화하고 있음

---

4   위의 책, 111.

을 보아야 할 것이다. 능력주의의 두 가지 의도를 알면 위로와 용서 그리고 인정의 덕목이 신학적 정의로서 공동체에 필요하다는 것을 알게 될 것이다.

1. 능력주의에 은폐된 기회의 불평등

2013년, 사회학자 오찬호는 『우리는 차별에 찬성합니다』에서 한국 사회의 능력주의 안에 실제적 배타성과 혐오가 들어 있음을 드러냈다. 일견 자본주의 경쟁 시스템 속에서 재능과 노력으로 부와 지위를 얻는 것이 자연스러우며 정당한 것으로 여겨졌다. 사람마다 타고난 재능이 다르고 각자의 기질을 따른 노력의 양이 다르기 때문에 몫의 분배에 있어 차별은 지극히 당연한 것으로 인정된다. 그러나 재능과 노력의 차이가 인정되기 이전부터 자리 잡은 기회의 불평등이 은폐되어 있음을 알아야 한다. 특별히 오찬호는 대학교 이름의 서열화가 기회의 불평등을 공고히 하고 있음을 강조했다.

2013년 KTX에서 여승무원의 비정규직의 정규직화되는 일이 이루어졌다. 이를 보는 당시 대학생들을 상대로 오찬호는 비정규직 노동자들에 관한 2,000건이 넘는 이십 대의 반응을 접하며 "이것은 결코 아름다운 이야기가 아니다. 암울한 시대에 더 암울하게 변해버린 '자기 계발하는 이십 대들의 슬픈 집착'에 관한 몽타주다. 아니 어쩌면 괴물이 되어버린 그들을 만나는 일일는지도 모른다"고 근심과 우려 섞인

분석을 내놓았다.[5]

　　"KTX 여승무원들의 정규직 전환 사건"은 확실히 이십 대가 능력주의 사회에서 느끼는 "부당하고" "정의롭지 못한" 전형적인 사례다. 왜 당시 젊은이들은 부당하다고 느낀 것일까? 2013년 당시 KTX 여승무원의 정규직화에 예민했던 이십 대들은 한 번의 파업으로 정규직으로 전환되는 과정이 부당하고 공정하지 못하다고 느꼈다. 그것은 자신들이 정규직 직원이 되기 위해 들인 노력에 비해 비교할 수 없는 작은 단체 행위로 젖과 꿀이 흐르는 정규직이 된 것에 대해 기회의 불평등과 과정의 불공정으로 이해한 것이다. "노력"이란 개인적 변수가 사회적 승패의 결정적 요인이 되는 사회에서 특정 집단에 대한 사회적 특혜라 생각한 것이다.

　　이러한 판단에 대해 오찬호는 자기 계발과 자기 관리 아래 "노력"이 있어도 통하지 않는 사회 구조가 있음을 보아야 한다고 밝힌다. 놀랍게도 2020년 6월에도 인천국제공항공사 보안 요원의 정규직 전환(약칭 인국공 논란)이 동일한 논리로 부정되고 문제시되었다. 7년여 시간이 지나 2013년 KTX 여승무원의 정규직화를 비판했던 이십 대들이 "기회는 균등했는가?", "절차는 공정했는가?", 그리고 "결과는 정의로운가?"의 물음을 던지며 자신들이 차별의 피해자가 되지 않기 위해 가해자의 자리에 있었던 일을 다시 되풀이했다. 교육계에서도 비슷한 일이 벌어졌다. "교육공무직법안"의 핵심 취지는 교육공무직의 신설을

5　　오찬호, 『우리는 차별에 찬성합니다』(고양: 개마고원, 2014), 100.

통해 우리나라 초중등학교에서 일하는 많은 비정규직 직원들을 정규직화하자는 것이었다. 이 법이 발의 되었을 때 전교조와 교총 할 것 없이 모두 합심해서 학교에서 아무나 정규직이 되게 해서는 안 된다며 크게 반발했다. 결국 법안의 발의는 취소되었다.

여기서 비정규직 노동자의 지위를 정규직으로 전환해주는 것에 대한 공정성 논란은 실상 "능력주의"라는 내면적 도덕 감정이 재화와 서비스에 대한 "분배적 정의"와 "공정함"의 외피를 두르고 표출된 집단적이며 무의식적인 피해 의식이지 옳음이 아니다. 장은주는 능력주의가 표방하는 "기회 균등"이 정의로우려면 우선 성, 인종, 출신, 학력, 학벌 등의 요소가 공정한 평가를 위해 제거되어야 하고, 경쟁 관계의 출발선상에 있는 사람들의 조건의 차이가 해소되어야 한다고 말한다. "능력주의 체제에서 개인들에 대한 평가의 기초가 된다고 가정되는 능력은 상당한 정도로 부모의 지능이나 외모의 유전에서부터 경제적 수준, 학력, 사회적 지위 등의 상속에 영향을 받는다."[6]

사회학자 박일권은 『한국의 능력주의』에서 "할 수 있는 자의 권리"를 정의라고 말하는 것에 대해 동일한 비판을 가한다. 박일권은 한국 사회의 독특함으로서 능력주의(meritocracy)를 역사적으로 좇으며, 한국의 능력주의의 기원을 과거제도에서부터 고시에 이르기까지 살

....

6 장은주, "능력주의 함정에서 벗어나기", 「철학과 현실」 28(2021), 143. 장은주는 민주적 평등의 바탕 위에서 모두가 이 사회의 가치 있고 소중한 존재로서 인정되고 존중받을 수 있는 새로운 도덕적 질서를 세울 것을 제안한다. 그는 아이리스 매리언 영의 주장과 같이 올바른 제도를 수립하는 과정에서 정의에 접근한다.

펴본다. 그는 시험의 결과로서 긍정적 차별(discrimination positive)과 실패한 이의 배제가 긍정적으로 사회에서 용인되었다고 본다. 차별과 배제가 당위로서 한국 사회에 뿌리를 내린 것이다. 오랜 시간을 두고 한국인은 신분 상승에 대한 열망을 실현할 수 있는 제도적 장치를 가지고 있었고 교육과 시험을 통해 사회적 지위의 상승이 가능하다고 믿고 있다.

> 역사학자 알렉산더 우드사이드(Alexander Woodside)는 동아시아 3국, 즉 중국, 한국, 베트남 역사에서 시행된 과거제도를 살펴보며…그 시기는 서구 사회가 세습적 신분 사회에 머물러 능력주의적 인재 선발을 아직 상상도 못 하던 때였고 같은 동아시아의 일본도 유사했다. …혈통이나 신분이 아니라 개인의 능력과 업적에 따라 지위와 권한을 배분하는 능력주의 체제는 서구 사회에서 프랑스 혁명 이후에야 출현했다. 근대적 합리성이 오래전에 제도 안에 정착되었던 것이다.[7]

한국 사회에서 능력이 우월하면 더 많은 몫을 가져야 하고 능력이 열등하면 더 적은 몫을 가지는 것이 오래전부터 당연시되었다. 따라서 천부적 재능과 노력에 정당한 보상 체계에 근거한 능력주의가 정의롭다는 보편적 인식이 자본주의 이전부터 구축되었다. 박일권에 의하면 "한국인은 불평등에 분노하기는커녕 불평등(차등 분배)을 지고의 사회정의로

....

7   박일권, 『한국의 능력주의』(서울: 이데아, 2021), 28.

적극 요구하고 있다."[8] 그는 한국인이 특권을 누리는 불평등에 분노하는 것이 아니라 자신이 가질 수 있으리라 생각하는 특권에 접근할 기회를 주지 않는 것에 분노를 느낀다고 분석했다.

그러나 부유층에서 태어난 남성과 지방의 빈곤층에서 태어난 여성이 똑같은 기회를 가졌다고 할 수 없다. 기회의 불평등이 엄연히 존재하나 능력에 따른 차등 분배의 원칙에서는 이러한 불평등이 숨겨져 있는 것이다.

사회학자 오찬호, 박일권 그리고 사회철학자 장은주는 한국 사회에서 교육을 통해 오를 수 있는 신분 상승의 사다리가 이미 공정하지 않을 뿐 아니라 하나의 허상임을 지적했다. 이런 의미에서 "능력주의 속에 드러나지 않은 노력 없이 점유한 세습적 부에 대한 성찰이 요구되는 바다. 능력주의를 두고 정의를 가장한 부정의, 즉 사이비 정의다"라고 직설적으로 비판한 것은 능력주의가 자연법에 부응하는 정의일 수 없음을 말한 것이다.[9] 결과적으로 능력에 따른 차별은 공정하지도 정의롭지도 못하며, 배제와 특권의 강화라는 측면에서 불공정하고 부정의하다. 박일권은 능력주의를 따른 정의를 임마누엘 월러스틴(Immanuel Wallerstein)의 말을 빌려 "자본주의 사회의 작동 장치" 혹은 "끝없는 축적의 불합리성을 감추는 가면"이라고 표현했다.[10]

경제학자 주병기는 부모의 사회적·경제적 배경에 따른 기회 불평

8   위의 책, 162.
9   위의 책, 8.
10   위의 책, 15.

등에 대한 인식을 조사했다. 조사에 의하면 지난 20년간 기회 불평등은 급속히 악화해왔다. 계층 간 교육 격차가 크다는 인식 역시 최근 매우 높게 나타났다. 이러한 현상은 신분 상승의 에스컬레이터로서 교육의 역할이 제대로 작동하고 있지 못하기 때문에 일어난 것이다.[11] 달리 말해 아버지의 학력이나 가구 소득이 높을수록 자녀의 교육 성취 기회가 많아져 교육의 기회 불평등이 발생한다는 연구 결과가 나온 것이다.[12] 동일한 결과가 독일 사회학 교수들의 연구에서 확인된다. 파트리크 자흐베(Patrick Sachweh), 자라 렌츠(Sarah Lenz), 에벨린 슈타머(Evelyn Sthamer)는 "불평등 증가 추세 속의 주관적 계층 상승 인식"에서 "가난한 부모를 둔 아동이 부모보다 더 높은 소득 지위로 이동할 가능성은 거의 없고, 그들 중 거의 절반은 초기 청년기를 불안정한 지위에서 보낸다"고 보고했다.[13] 한국 사회에서 각 개인의 재능과 노력으로 좋은 대학에 가고 좋은 직장을 얻을 수 있다는 논리는 개인의 노력 외에 부모의 직업과 학력이라는 외적인 조건이 결정적 영향을 끼치는 한 잘못된

---

11 한국조세재정연구원, (2021.11.25.), 조세재정브리프, https://www.kipf.re.kr/bbs/kor_Plaza_PressRelease/view.do?nttId=B000000016035Wj4kA5g/(2020. 4. 15. 접속).

12 오성재·주병기, "한국의 소득기회 평등에 대한 연구", 「재정학연구」 10-3(2017), 23. 주병기는 사회경제적 환경별로 가구 소득의 확률 분포를 도출하여 다음과 같은 결과를 얻었다. "가구주 부친의 직업과 학력이라는 두 가지 환경 변수를 활용하여 기회 불평등의 존재 여부를 살펴본바, 두 환경 모두에서 기회 불평등이 존재하는 것으로 나타났고 특히 기회 불평등이 가장 낮은 수준의 환경 집단과 다른 집단과의 비교에서 지속해서 존재하는 것이 확인되었다."

13 파트리크 자흐베 외/김광식 외, 『능력주의와 페미니즘』(*MERITOCRACY AND FEMINISM*, 고양: 사월의 책, 2021), 21.

이데올로기일 것이다.

2. 개인에게 도덕적 책임을 묻는 능력주의

한국의 능력주의는 도덕적이며 윤리적인 가치로 개인을 압박한다. 따라서 능력주의의 핵심은 성공이 아닌 실패의 모든 책임을 개인에게 전가한다. 여기서 적자생존의 원칙에 적응하지 못한 개인은 죄인일 수밖에 없다. 정치적 정의로 풀어야 할 사회 구조적 모순은 보지 않은 채 게으름과 무능으로 사회적 신분 상승의 결과를 따지다 보니 각 개인이 사회적 요구에 이르지 못해 도덕적 비난의 대상이 된 것이다. 결과적으로 한국 사회의 젊은이들은 노력하지 않아 좋은 대학을 가지 못한 것이고 준비하지 못해 직장을 얻지 못한 것이다. 개인의 노력이 서열화된 도덕의 위치에 눌려 불평등 해소로 가야 할 문제의식이 각 개별적 집단이나 개인의 불공정 논란으로, 그리고 업신여길 권리를 부여한 서열화 안으로 빨려 들어가고 만다.[14] 분명 노력으로 발생하는 불평등에 대해서는 마땅히 그 개인이 책임져야 할 부분이 있다. 그러나 개인의 의지와 무관하게 주어지는 환경에 따라 발생하는 불평등에 대해서까지 개인에게 책임을 지워 피해자를 만드는 것은 가난의 설움에 모욕까지 더하는

---

14   오찬호, 『우리는 차별에 찬성합니다』, 168. 오찬호는 과거의 대학 서열화와 지금의 서열화는 다르다고 본다. 지금의 서열화는 학벌을 형성하는 형태가 아니라 멸시와 업신여김의 가해자적 서열화로 이해해야 한다. "멸시의 피해자들은 또 어떤 지점에선 멸시의 가해자로 존재한다. 서울대생은 연고대생을, 연고대생은 서강대생을, 서강대생은 또…그렇게 밑바닥까지 멸시의 고리는 이어진다."

것이다.

사회학자 피에르 부르디외(Pierre Bourdieu)는 사회적 상승에 대한 모든 합당한 희망만이 아니라 그런 희망에 대한 생각조차도 금지된 알제리 하층 프롤레타리아들의 삶의 이야기를 소개한다.

> 그(하층 프롤레타리아)의 자식들에 대해 그가 소망하는 미래를 질문받고, 그는 다음과 같이 말한다. 그들은 학교에 갈 거예요. 그들이 충분히 교육받으면, 그들 자신이 직업을 선택할 거예요. 그러나 나는 그들을 학교에 보낼 수 없어요. 내가 할 수만 있다면, 그들이 의사나 변호사가 될 수 있도록 오랫동안 교육시키고 싶어요. 그러나 나는 도움을 받지 못해요. 나에겐 꿈꾸는 것만이 허락되오.[15]

위에 소개된 알제리 노동자와의 심층 연구 인터뷰에서 알 수 있듯이 노동자는 새롭게 형성된 자본주의에 의해 자신의 바람이 확장되고 있다. 의사나 변호사는 노동자의 자녀가 바라는 선망 직종이다. 그러나 현실적 상황을 보면 이는 불가능하다. 교육 없이 의사나 변호사가 될 수 없기 때문이다. 따라서 노동자는 희망과 현실적 상황 사이에 단절이 있음을 알고 있다. 사회적 공간에서 1세대 내의 지위 상승과 마찬가지로 2세대 간의 사회적 이동이 거의 이루어질 수 없음을 보여주기도 한다.

---

15 피에르 부르디외/최종철 옮김, 『자본주의 아비투스』(*ALGÉRIE 60 structures économiques et structures temporelles*, 서울: 동문선, 2002), 80.

문화·학력 자본이 만든 아비투스가 형성되지 못하면 "노동자의 자식은 노동자가 된다." 노동자 자신과 자식의 미래를 고려하여 신분 상승할 희망이나 가능성에 대해 질문이 던져지는 순간 이들은 쓴웃음을 지으며 절망을 강요당한다.

마이어의 제안과 해석은 능력주의의 영향력을 과소평가한 것일 수 있고 현실적 "필요"로부터 회피하는 것으로 보일 수 있다. 그러나 그가 지적하는 능력주의의 근거에 대한 부정은 능력주의 안에 은폐된 책임의 개인화를 드러내는 데 중요하다. 그것은 "특권을 지향하는 것이 보편적이다" 혹은 "지위 상승을 위한 노력은 일반적이다"라는 대전제를 흔듦으로써 능력주의가 공격하는 각 개인의 존엄감을 회복한다는 데 있다.

같은 맥락에서 아이리스 매리언 영(Iris Marion Young)은 어떤 좋은 삶의 가치를 개인들 안에서 실현하는 것을 정의로 보지 않고, 그 좋은 삶의 가치들이 실현되는 데 필요한 제도적 조건을 사회가 어느 정도 담아내며 지원할 수 있는가에서 정의를 구상했다. 이런 관점에서 볼 때, 근대적 "정의" 개념은 음험하고 위험한 전제 위에 구상된 것이다. 다시 말해 근대적 정의는 "자신의 역량을 계발하고 행사하며 자신의 체험을 표현하는 것, 그리고 자신이 어떤 행동을 할지 결정하는 데 참여하며, 또 자신이 행동하게 될 조건들을 결정하는 데 참여해야 한다"는 인류 보편적인 가치에 암묵적이든 명목적이든 의존하고 있다. "모든 인간이 동등한 도덕적 가치를 가진다"고 대전제를 상정한 것이다. 그런데 인간 본성이라는 관념 자체가 오도하는 기능을 하거나 억압(주변화)하는 기능을 하므로 선한 제도를 만드는 데 힘을 기울여야 할 것이다.[16] "도덕적 주체가 되고 완전한 시민권을 누리려면 자율적이고 독립적인 개인이어야 한다"라는 확고한 근대적 정신이 능력을 발휘할 수 없는 이들을 향해 억압을 가하고 주변화시키고 있다. 아이리스 매리언 영은 이러한 만장일치적 정의론이 각 개인을 주변화하며 억압하고 있음을 주장했다.

> 오늘날 복지 수급자가 평등한 시민적 지위로부터 배제되는 것은 빙산의 일각일 뿐이다. 노인들, 가난한 사람들, 지적장애인들과 신체장애인들은 지원과 서비스를 받기 위해 관료적 기관들에 의존하기 때문에 복지 관료 체제 관련자들과 정책들이 거들먹거리고, 보복하며, 모욕하고, 자의적으로 취급해도 그대로 당할 수밖에 없다.[17]

결과적으로 어떤 특정 집단들은 자신들이 지금 억압받는 방식으로 다른 특정 집단을 억압한다. 각 개인이나 집단은 피해자인 동시에 가해자가 된 것이다. 능력주의가 정의롭다는 착각에서 벗어나기 위해 노력과 보상의 분배적 정의 패러다임에서 의사 결정 절차, 노동의 사회적 분업, 문화 등을 포함하는 "정의로운 제도 수립 과정"으로 나가야 한다. 이런 관계적 정의(정치적 정의)로의 접근이 필요하다.

....

16 아이리스 매리언 영/김도균·조국 옮김, 『차이의 정치와 정의』(*Justice and the Politics of Difference*, 서울: 모티브북, 2019), 96-97.
17 위의 책, 133.

지금까지 살펴본 사회적 측면에서 능력주의는 "나의 세습적 지위는 보지 말고 차별하라"는 지배 이데올로기다. 그리고 좁은 의미에서 "나의 노력이 아무것도 아닌 것이 될 수 있다"는 불안과 두려움에서 나오는 정의의 요청이었다. 이러한 유형의 정의는 상대적이며 부분적이다. 부족한 부분을 만족시키기 위해 인간 내면에 형성된 하나님에 대한 사랑이 세속의 정의에 근거가 되어야 할 것이다. 인간이란 존재는 "나" 밖의 타자의 아름다움을 보고 사랑을 느끼듯이 밖에서 인간 내부로 요청하는 신적인 옳음을 알게 될 때 의로울 수 있기 때문이다. 신학적 정의가 분배적 정의의 근거가 됨은 세상이 발전시킨 정의 담론이 틀려서가 아니라 모든 인간이 애통함과 자비를 지닐 때 더 공동체 안에 옳음을 구현해낼 수 있기 때문이다.

Ⅲ. 능력주의에 대한 경제적 위상학

1. 능력주의를 지탱해주는 자본주의 정신과 개신교 복음주의

경제적 측면에서 능력주의에 대한 논의는 개인 자유의 실현이라는 전혀 다른 심급으로 정의 개념을 이끌어간다. 경제학자 하이에크(Hayek)는 출발이 다른 것에서 기인하는 불평등에 대해 불평등이 아니라 자유의 실현이라 변증한다. 가족, 상속, 특별한 교육, 문화적 및 도덕적 차이, 기후 토양 등 개인의 의사와 무관하게 주어진 조건들의 불평등성은 많은 사람에 의해 비판받는 부분이다. 그러나 하이에크는 가족을 통해서 더욱 효율적으로 전달되는 사회의 문화적 유산이 있음을 인정해야 한다고 말한다. 그에 따르면, 이것이 인정되면 신분 상승이 꼭 한 세대에서만 일어나야 하는 것이 아니라 두세 세대에 걸친 계속된 노력으로 형성될 수 있는 것도 알게 될 것이다.[18] 게다가 각 개인이 모두 동일한 출발 수준에 있어야 하는 것도 아니다. 이처럼 각 개인을 동일한 출발 수준에 맞추는 것이야말로 개인의 능력을 인위적으로 발휘하지 못하게 낮추는 것이기 때문에 자유에 대립한다. 다음으로 기회의 평등에 대하여 특정인에게 제공되는 최상의 교육은 불평등이라 비판받고 있다. 하이에크는 이러한 비판이 성공하지 못한 사람들에 의해 불러일으켜진 질투라 평가절하한다. 만약 모든 충족되지 못한 욕구들이 공동체에 대해 청구권을 갖는다면 번영을 이끄는 개인의 책임은 사라진다. 따라서 성공하지 못한 이들의 질투를 용인해서도 안 되고, 이러한 요구를 사회 정의로 위장한 것에 대해 승인하지도 말아야 한다. 그는 그것이 자유 사회를 보전하는 일이라 주장한다.[19]

능력주의를 따른 차별의 정당화 논리는 역사적 뿌리가 깊다. 막스 베버(Max Weber)는 개신교 금욕주의가 근대 자본주의 정신과 함께 사회적 규범을 형성했다고 보았다. 다시 말해 경제와 종교 두 영역에서 공통으로 보이는 근검, 근면, 절제 등의 금욕주의적 행위가 사회적 규

---

18 프리드리히 A. 하이에크/김균 옮김, 『자유헌정론 I』(*The Constitution of Liberty I*, 서울: CFE자유기업원, 2014), 156.

19 위의 책, 159-161.

범으로서 서구 자본주의의 자본 형성과 노동 원칙을 이끌었다는 것이다. 더욱이 칼뱅의 "구원 예정론"과 관련하여 "나는 선택받은 자 중 한 사람인가?"라는 구원의 물음은 종교적 불안을 신자들 사이에 일으켰고 구원받았음을 확인하기 위해 세상에서 성공해야 한다는 규범적 명령을 보편화시켰다.[20] 결과적으로 개신교의 금욕주의와 자본주의 정신의 유사성에 대한 연구는 개인의 노력을 중시하며 목표가 이끄는 삶에 대한 가치를 행함의 원칙으로 삼았다. 베버 자신이 사랑의 윤리 혹은 신념의 윤리를 따르기보다 책임 윤리 편에 선 것이다. 그것은 모두가 성인일 수 없고 악에 대해 불가피하게 폭력으로 저항해야 하는 악한 현실 인식 때문이다.

> 세상의 그 어떤 윤리도 피해갈 수 없는 사실은 "선한 목적을 달성하기 위해 많은 경우 우리는 도덕적으로 의심스럽거나 위험한 수단을 택하지 않을 수 없다는 것이다. 또한 윤리적으로 선한 목적을 갖는다고 해서 그것이 윤리적으로 위험한 수단과 부정적 결과를, 언제 그리고 어느 정도 '정당화'해줄 수 있는지를 가리켜줄 수 있는 그 어떤 윤리도 세상에는 없다."[21]

베버가 "한쪽 뺨을 치거든 다른 뺨도 내주어라"는 무조건적 사랑의 윤리를 인정하면서도 책임 윤리적 태도를 취한 것에서 우리는 정의의 상

---

20   유경동 외, 『기독교윤리학 사전』(용인: 킹덤북스, 2021), 758.
21   막스 베버/박상훈 옮김, 『소명으로서의 정치』(서울: 후마니타스, 2016), 212-213.

대성을 보아야 한다. 사실 정의가 현실적 책임을 고려한 상대이어야 자유가 보장되고 산상수훈과 같은 절대 원칙으로부터 인간의 행함이 자유로울 수 있다. 이런 의미에서 베버는 개신교 경건주의 전통을 자신의 연구에 반영했다.

영국의 청교도 전통에 속한 사회진화론자 허버트 스펜서(Herbert Spencer)는 인류가 살아남기 위해 벌이는 적자생존을 사회에 적용했다. 그는 강한 자가 살아남고 약한 자는 사회에서 도태되는 과정에서 인류가 진화한다고 본 것이다. 19세기 말 스펜서의 사회진화론은 미국에서 더 인기를 얻게 되었는데, 그 이유는 그것이 미국 사회가 추구했던 자본적이며 자유주의적인 사회적 분위기에 부합했기 때문이다.

> 실상 스펜서는 빈부 격차의 심화는 사회진화 과정에서 불가피하고 기업의 활동을 규제하는 것은 종(種)의 자연적 진화를 막는 것과 같으며 가난한 사람들에게 사적으로든 공적으로든 도움을 주는 것은 인류의 진보를 심하게 방해하는 것이라고 주장하기도 했다.[22]

사회진화론이 통용되는 사회적 상황에서는 각 개인이나 기업이 더 공격적으로 자기 능력을 발휘하는 것이 사회에 유익이 된다. 하이에크는 스펜서의 사회진화론을 수용하며 자기 생각을 증명하는 논거로 사용했다. 그것은 자연 선택에 의한 진화가 아니라 "배워서 습득한 규율"

----

22   유경동 외, 『기독교윤리학 사전』, 608.

에 기초한 문화적 경쟁의 선택이다.[23] 문화적 경쟁을 따른 사회적 선택이 시스템으로 작동하는 사회가 더 많은 자유를 보장하며 이런 열린 사회 속에서 개개인들이 서로 다른 다양한 능력을 발휘할 수 있다. 하이에크가 보기에 인류의 문제는 모든 인간을 똑같이 만드는 공식을 각 개인에게 강제하는 데 있다. 인류 발전을 인류 스스로가 종결시키는 결정은 모든 인간을 똑같이 만드는 공식, 즉 분배적 정의를 사회에 구현하는 일이다. 하이에크는 스펜서의 사회진화론을 차용하여 평등주의를 비판하고 개인주의를 옹호했다.

청교도 전통에 속한 애덤 스미스(Adam Smith) 역시 초기 자본주의 원리로서 능력주의를 도덕적인 차원에서 설명했다. 애덤 스미스에 의하면 부, 명예 그리고 높은 지위로 승진하기 위해 벌이는 경주에서 각 개인은 모든 경쟁 상대를 능가하기 위해 가능한 한 열심히 달리고 모든 신경과 모든 근육을 최대한 활용해야 한다. 그리고 적절한 동기로부터 관대한 행위를 수행한 사람은 자신의 봉사를 받은 사람들로부터 애정과 감사를 받고 존경과 승인의 대상이 되어야 한다. 그것이 정의로운 행동을 한 사람이 가지는 공로 의식(consciousness of merit) 혹은 응분의 보상 의식이다.[24] 반대로 지위 상승을 위한 열정이 한 사회 안에서 옳은 것으로 권장되지 못하고 나태와 게으름 등 방종한 관행을 따르는 사

---

23   프리드리히 A. 하이에크/민경국 편역, 『자본주의냐, 사회주의냐』(서울: 문예출판사, 1990), 187.

24   애덤 스미스/김광수 옮김, 『도덕 감정론』(*The Theory of Moral Sentiments* 파주: 한길사, 2017), 233-236.

람이 많으면 사회의 번영은 파괴되는 경향이 있다. 방종한 관행에 대해 처벌해야 한다. 그러므로 사회 질서를 유지하기 위해 공로에 대해 감사와 존경을, 그리고 과오에 대해 분노와 처벌이 뒤따라야 한다. 공과에 대한 상벌의 도덕 감정들은 현세에서 그치지 않는다. 종교는 사후의 세계까지 그 행위를 추적하여 불의한 행위가 내세에서 처벌되리라고 가르친다. 그러한 심판을 기대하는 것이 정당하다. 신의 정의는 현세에서 공로와 과오를 인정하여 사회 질서를 세우는 데 여전히 필요하다.[25]

애덤 스미스는 도덕철학에서 관찰한 "정의" 개념을 경제 영역에도 그대로 적용했다. 초기 자본이 어떻게 형성되는가에 대한 설명을 보면, 생산을 위한 자본은 극도의 절약에 의해 증가하며 낭비와 서툰 행동에 의해 감소한다고 보았다. 근면이 자본을 증가시키는 것이 아니라 극도의 절약이 자본이 증가하는 직접적인 원인이라는 것이다.[26] 자본과 도덕적 행함이 함께 연동된다. 이러한 자본가의 금욕의 태도를 개신교 윤리에 접목하는 일은 이후 베버에 의해서 재확인되고 있다.

지금까지 살펴본 자본주의 안의 능력주의의 사상적 계보의 뿌리는 개인의 능력을 발현할 수 있고 장래의 희망을 기대할 수 있는 가장 타당한 정의론이다. 개인의 자유를 최대한 보장해줄 수 있는 열린 사회에서 능력주의야말로 불공평의 문제를 풀어줄 수 있다. 이러한 자유주의 입장의 정의론을 기독교 복음주의는 공유할 뿐 아니라 강하게 지

---

25   위의 책, 248.
26   위의 책, 417-418.

지하고 있다. 그러나 능력주의는 자유를 신봉하는 이념적 측면이 있다. 개인의 능력을 제한 없이 발휘하는 것과 개인의 목표 달성을 위해 어떤 강제도 없어야 한다는 점에서 자유주의 경제를 표방하는 정치 철학이다. 한마디로 소극적 정의와 자유 방임을 이상화한다. 한 사회에서 일어나는 차별과 불평등을 해결하고 조정하는 과정에서 능력주의는 개인의 자유를 최대한 보장하는 정치체를 구상할 수밖에 없다. 정의를 집행하는 주체가 국가인 이상 공동체주의의 비판이 고려되어야 할 것이다. 이제 공동체주의자들의 반증을 살펴보자.

2. 금융 자본주의가 낳은 불평등 해소 이론

경제학자 토마 피케티(Thomas Piketty)는 현대 자본주의가 직면한 양극화 현상과 부의 불평등 문제를 다루었다. 그의 연구가 본 연구에 의미 있는 것은 피케티 자신이 밝히듯이 부의 불평등 분배 문제가 다시 중심 이슈가 되면 부의 분배에 대한 역사적 자료는 불평등의 작동 원리를 밝히고 미래에 대한 명료한 견해를 얻을 수 있도록 해주기 때문이다.[27] 사실 피케티의 연구 성과는 21세기 초 번성하고 있는 세습 자본주의가 새로운 현상이 아니라 과거의 반복이라는 점이다.

부의 분배 문제에 집중한 피케티는 진지하게 묻는다. 노동이냐 유

---

27 토마 피케티/장경덕 외 옮김, 『21세기 자본론』(*LE CAPITAL AU XXI SIÈCLE*, 파주: 글항아리, 2014), 27.

산이냐? 이 문제의 답을 찾아가는 데 있어 피케티는 19세기 소설이 묘사했던 시대의 풍조를 경유한다. 1835년 출판된 『고리오 영감』의 내용 요약을 보면 당시 검찰 공무원의 연봉으로 부자가 될 수 없다는 것과 유산을 통해서만 자신의 희망을 이룰 수 있다는 것을 보게 될 것이다. 다음은 『고리오 영감』에 나오는 부자 보트랭이 공부, 재능, 노력으로 성공할 수 있다고 주장하는 라스티냐크에게 하는 설교다.

> 프랑스에 검사장은 고작 스무 명뿐인데, 그 자리를 노리는 자가 2만 명이나 된다는 사실을 명심해야 하네. 그들 중에는 출세를 위해서라면 기꺼이 자기 가족도 팔아넘길 우매한 자들도 있지. 이 직업이 혐오스럽다면 다른 직업을 골라보게.…자네는 매달 1,000프랑씩 써가며 10년을 고생한 끝에 서재와 사무실을 얻고, 여러 모임에 바쁘게 뛰어다니며, 소송을 얻기 위해 서기에게 아부하고 법정 마루를 혀로 핥기까지 해야 할 거야.[28]

프랑스에서 20세기 초까지 노동과 학업만으로 상속받은 부를 통해 얻은 안락함을 얻기 힘든 것이 사실이다. 이러한 환경 속에서 상속받은 부에 의한 부의 쏠림 현상과 매우 심한 임금 불평등에 대한 정당화로서 능력주의가 동원되었다. 다시 말해 높은 임금을 지급하는 이유는 가장 유능하고 재능 있는 개인들이 부유한 상속인들만큼 품위 있고 고상한 생활을 할 수 있어야 한다는 것이다. 피케티는 이런 유의 주장이 미래

....

28   위의 책, 289.

에 더 극심한 불평등을 낳는 토대가 될 것이라고 우려의 예측을 한다.

표 1은 노동보다 상속이 더 많은 부를 점유한다는 역사적 기록이다.[29] 표 1에서 보는 바와 같이 2010년 자본 소유의 불평등 수치를 통해 보아도 자본소득의 분배는 항상 노동 소득의 분배보다 훨씬 더 집중적이고 약탈적이다. 대부분의 선진 사회에서 어떤 시기든지 인구의 절반은 전체 부의 5% 조금 넘게 소유했지만, 상위 10%의 부유층은 전체 부의 60%를 때로는 90%를 소유했다. 그리고 40%의 중간 계층이 전체 부의 5-35%를 소유했다. 인구의 절반이 5%의 부를 얻었다고 하니 5천 1백만명의 남한 인구의 절반인 2천6백만명이 5%의 부를 얻었다는 말이다. 이는 신분 상승이 이루어지지 못하고 있음을 의미한다.

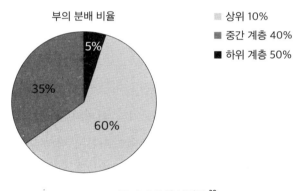

부의 분배 비율

■ 상위 10%
■ 중간 계층 40%
■ 하위 계층 50%

5%
35%
60%

(표 1) 소유의 불평등.[30]

29 위의 책, 410. "조사의 자료는 1791년 프랑스 사회가 상속세와 증여세를 도입하고 난 이후 재산 등기소에 보관된 데이터를 토대로 작성되었기에 그 객관성이 담보되었다고 할 수 있다."
30 위의 책, 299.

표 2는 전체 부에서 상위 10% 혹은 상위 1%가 차지하는 몫을 시기별로 나타낸 그래프다. 검은색 삼각형의 연결선이 상위 10%가 차지하는 몫이고, 흰색 사각형의 연결선은 상위 1%가 차지하는 몫이다. 그래프상의 1910년 제1차 세계대전 직전에 상위 10%가 차지하는 부의 불평등 수치는 무려 90%에 달한다. 이러한 부의 분배는 매우 높은 불평등 비율로서 착취적 상황이라 할 수 있다. 전쟁 이후 부의 불평등이 60%로 낮아진 것을 볼 수 있는데 이 수치마저 스칸디나비아의 북유럽이 50%인 것과 비교하면 중간보다 높은 불평등 비율이라 할 수 있다.

피케티는 자본주의 역사 200년의 변천 과정에서 부의 분배 문제가 고정적으로 유지되는 것을 보여주었다. 더욱이 농지 재분배, 공공부채 말소 그리고 귀족들의 재산에 가한 충격 등과 같은 프랑스 혁명이 있었음에도 불구하고 자본과 소득 비율에는 거의 영향을 끼치지 못했다.[31] 그것은 프랑스가 자본의 집중이 공고한 세습 사회였고 유산과 결혼을 통해 부를 대물림했음을 말해준다. 이는 역으로 노력과 재능으로 신분 상승하는 것이 어려웠다는 반증이다. 어쩌면 능력주의는 하나의 불편한 진실을 감추고 있다. 그것은 출발이 다른 경쟁의 끝은 불공정한 부의 분배라는 것이다.

---

31   위의 책, 410.

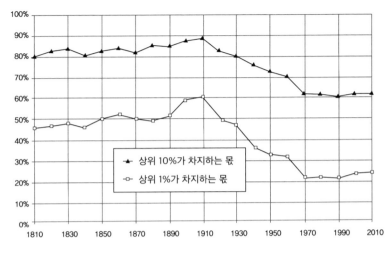

(표 2) 프랑스에서의 부의 불평등, 1810-2010.[32]

인류학자 캐런 호는 금융 자본주의 시대에 능력주의의 환상을 여과 없이 드러냈다. 캐런 호는『호모 인베스투스』에서 공부와 재능을 통해 선망하는 월스트리트에 진입하는 것이 아니라 아이비리그 대학과 투자기관 사이의 친족 네트워크와 학연에 의해서 이루어짐을 밝혔다. 캐런 호에 의하면 월스트리트의 투자 은행이 특별히 선호하는 대학교가 있다. 그들은 하버드 대학교나 프린스턴 대학교 출신의 학생들만을 선발한 것이다.

　개별적인 엘리트 집안 대신 프린스턴이나 하버드 같은 엘리트 가족이 자

32　위의 책, 408.

리를 채웠다. 이 가족은 올드보이 연줄보다는 대학교 동문에 근거한 새로운 종류의 친족 관계에 의존했다.…이 과정에서 여성과 소수 인종이 노골적으로 배제되지 않는다는 점이 새로운 능력주의 이데올로기에서 결정적으로 중요한 부분이었다. 이렇게 모든 동문에게 배타적 특권을 확대하면 엘리트주의가 희석될 염려가 있는데도 월스트리트가 "엘리트-대학-동문"이라는 중심적 접착제를 받아들인 이유는 일반적인 최고의 문화가 형성됐기 때문이다.…"인간 친족 다리 놓기"라고 부르는 과정을 통해 엘리트주의를 확대하고 이동시킨다.[33]

월스트리트에 진입하는 내부 통로가 따로 있었다. 월스트리트와 대학교의 위계를 재생산함으로써 최고의 지위를 유지하고 엘리트 대학교에 대해 "긍정적 차별"을 시행한 것이다. 차별을 통해 피라미드의 꼭대기를 훨씬 좁게 만들어야 했고 이로써 최고의 지위를 누렸다. 실상 캐런 호의 심층 연구를 통해 알게 된 사실은 놀랍다. 투자 은행의 프린스턴과 하버드 채용 담당자는 학부생들이 금융 분야의 훈련을 받았는지 여부에 관심 없다고 말한다. 그들은 숙련된 경력이나 이미 획득한 기술적 전문성을 찾지 않는다. 그저 프린스턴이나 하버드 출신의 똑똑하고 매력적인 젊은이면 된다.[34] 이 사실은 능력주의나 엘리트주의에 위배된다. 그냥 세습적인 인적 자본이다. 이것이 피라미드 꼭대기를 좁히는

---

33   캐런 호/유강은 옮김, 『호모 인베스투스』(*Homo Investus*, 서울: 이매진, 2013), 98.
34   위의 책, 103.

방법이다. 친족과 가족을 자본주의 형성 과정으로부터 외부적인 것으로 규정하는 것이 의도적이라면 위험한 것이다. 자본주의 생산을 가능케 하는 친족의 연줄과 정서의 중요성을 결코 무시할 수 없다.

캐런 호의 "인간 친족 다리 놓기"는 능력주의를 통한 부의 분배 방식이 실질적으로 감추고 있는 부당성을 드러내고 있다. 이러한 현상 파악은 토마 피케티의 연구와 맥을 같이한다. 결과적으로 현대 금융 자본주의 안에서 막스 베버가 지지했던 개신교 노동 윤리, 즉 근면과 절제가 온정주의적 입장이라는 것을 확인하게 된다. 어떻게 해야 할 것인가?

IV. 능력주의에 대한 신학적 위상

베버, 스펜서, 애덤 스미스 등이 속했던 복음주의 계열의 기독교는 자본주의 요구에 합치될 수 있는 이론과 메시지를 지속해서 제시했다. 신학자 캐스린 태너(Kathryn Tanner)는 금융 자본주의 시대 기독교 전통과의 단절을 주장하며 나섰다.

기독교 신학자로서 내가 여기서 하려는 것은 (1) 안녕할 권리와 일을 묶어놓은 연결 고리 타파, (2) 우리를 "생산적" 자아와 동일시하는 것 타파, (3) 현재의 자본주의 구성 방식 아래서 창의적 가능성을 구속하는 시간의 연속성과 시간의 함몰 타파를 위한 내가 믿기로 훌륭한 신앙적 이유를

제시함으로써 개신교 반-노동 윤리를 제시하는 것이다.[35]

캐스린 태너가 복음주의적 전통과의 단절을 결단한 이유는 자본주의가 개인에 끼치는 부작용과 사람들과의 관계 맺는 방식에 미치는 기형적 영향 때문이다. 사실 태안화력발전소에서 일어난 청년 비정규직 고 김용균 씨 사고는 일터가 언제든지 죽음의 장소가 될 수 있음을 드러냈다.[36] 또한 2016년 5월 스크린도어를 홀로 수리하다 숨진 구의역 승강장의 "김 군" 역시 이렇게 구조 조정이 수익이 되는 산업 구조가 만들어낸 불행한 사건이다.[37] 해고가 자유로운 노동의 유연성과 노동 대가의 차별화를 용인하는 정규직과 비정규직의 구별 짓기는 결국 금융 자본이 생산 기업에 요구한 대답인 셈이다. 금융 자본주의 세상에는 모든 것이 개인의 책임이고, 함께 얽매인 노동 속에서 죽임을 당한 젊은이를 위해 함께 애통해할 공동체도 없다. 비정한 세상이다.

....

35 캐스린 태너/백지윤 옮김, 『기독교와 새로운 자본주의 정신』(*Christianity and The New Spirit of Capitalism*, 서울: IVP, 2021), 45.

36 김용균 재단, (2022. 02. 15), 김용균 재판 1심에 부쳐 http://yongkyun.nodong.org/?p=2732/(2022년 4월 8일 2시 접속). "산업안전보건법이 제정된 이래 40여 년 동안 노동자의 안전과 생명에 대한 인식이 이렇게 한결같았기에 우리는 하루에도 5-6명의 노동자들이 일하다 죽어가는 사회에서 살고 있다. 단순 사고와 같이 개인들의 잘잘못을 가리는 것으로는, 구조적으로 책임 있는 위치에 있는 자들이 몰랐다는 이유로 책임을 덮어주는 것으로는 현실을 바꿀 수 없다. 또한 자본주의 사회에서 생산성과 효율성이 최우선되고 안전과 생명의 문제를 이해득실을 따져 계산하는 방식은 변하지 않을 것이다."

37 연합뉴스, 김은경, (2016. 12. 14.), 구의역 스크린도어 사고…비정규직 하청노동자 실태 드러내, https://www.yna.co.kr/view/AKR20161213169000004/(2022. 4. 9. 접속).

캐스린 태너는 새로운 삶을 열기 위해 기독교 본연의 가치를 다시 언급한다. 다시 말해 기독교에서는 경제적 목적을 위한 일보다 하나님께 대한 헌신을 더 가치 있게 여겼다. 하나님이 사람을 통하여 자신의 뜻을 이루셨듯이 구원은 단순히 다가올 육체의 부활을 기대하는 것이 아니라 물질적 삶을 변화시키기 위해 바로 지금 여기서 작동하는 것이다. 그러므로 세상과의 단절을 통한 근원적 혁명으로서 하나님께 헌신하는 자아를 만드는 것이 중요하다. 이러한 구상은 이미 루터에 의해 설파되었다. 성령의 인도하심을 받는 모든 개인의 영혼에 하나님 나라가 임한다. 분명한 것은 보편적 자비를 베푸시는 하나님의 의도가 확장되기를 원한다면, 현재 세상의 경제 구조는 변화되어야 한다.

수익을 극대화하기 위한 노력의 결과가 성공 혹은 구원의 증표일수 없다. 캐스린 태너의 말처럼 종교적 의미에서 성공은 기독교인의 노력에 달린 것이 아니라 하나님의 능력이 하는 것이다. 이것을 은혜라고한다. 따라서 기독교인은 자신의 죄로 인한 무능력과 실패로 인한 순간들을 두려워하거나 자책할 것이 없다. 중요한 것은 하나님과의 관계이고, 하나님이 보실 때 나의 가치이지 다른 사람과 비교하여 평가된 나의 상대적 가치가 아니다.[38] 이와 같이 하나님 앞에 섰을 때 "나"의 가치를 높이는 것은 생산적 "자아"에 순종하여 얻은 성공이 아니다. 하나님은 성공했기 때문에 나를 사랑하시는 것이 아니라 죄인이기에 나의 구원자가 되기를 원하신다. 캐스린 태너가 추구하는 "나"의 개별성은 세

....

38　　Kathryn Tanner, *Christianity and The New Spirit of Capitalism*, 232.

상 속에 있으나 세상과 같지 않은 하나님께 헌신하는 개인이다. 따라서 기존의 노동 윤리가 하나님의 창조와 구원의 목적에서 어떤 부분도 차지하지 못한다.

다음으로 캐스린 태너는 "종교적 기획이 협동 기획이라는 것은 세상을 향한 하나님 자신의 목적과도 일치한다"고 말한다.[39] 그리스도께서 인간의 삶을 사셨던 것은 하나님이 인간과 함께하신다는 중요한 증언이다.

> 정말로 오직 하나님만이 구원받은 존재의 특징인 인간의 변혁을 가능케 하는 힘을 공급하실 수 있지만, 그 힘이 누군가의 삶 안으로 들어와 그것을 변화시키기 위해서는 그리스도의 인성과 함께 시작되어 그의 몸을 이루는 지체인 다른 인간들의 협력을 통해 그 영향력이 이어지는 중개 없이는 불가능하다. 즉 그들 자신에 대하여 죽음으로써 이제 그리스도의 생명으로 살아가며 그들 자신의 삶이 근본적으로 개조되어 그리스도의 삶이 연장이 된 인간들을 통해 전달된다.[40]

변화되어 그리스도와 연합되고 사람과 연합하는 공동체는 경제 공동체와 같이 이익을 추구하지 않는다. 공동체의 구성원들은 "삶의 공동체"를 형성하고자 한다. 그러므로 성공과 실패의 결과로 서로를 평가하

....

39   위의 책, 240.
40   위의 책, 240-241.

지 않으며 그것들을 따라서 서로를 조정하지 않는다. 공동체의 구성원들은 특정한 개인으로서 하나님의 뜻에 순응하고자 노력하며 그 과정에서 각자의 행동은 부차적 효과로서 서로를 뒷받침하는 방식으로 조정될 수 있다.

금융 자본주의 시대 기독교 전통과의 단절은 몫의 배분에 온 열정을 쏟아붓는 자본주의를 정의롭게 보지 않겠다는 위상의 변화다. 그것은 분배적 정의보다 용서와 위로의 사랑을 다시 강조함으로써 각 사람이 마음속에 임한 하나님 나라와 예수의 정신으로 살겠다는 회개다. 일등만 인정되는 세계 속에서 하나님 나라의 되새김은 능력주의에 대한 기독교적 비판일 것이다.

V. 나가는 말

한국 사회에서 능력주의는 분배와 공정에 관련된 정의 담론 가운데 위치한다. 한 사회 안에서 다수의 사람은 각 개인이 자신의 노력과 재능에 따라 보상을 받는 것이 당연하고 옳은 것으로 여기기 때문에 정의라 생각한다. 사실 한 사회가 재화와 서비스를 나누는 데 있어 사회주의의 시스템을 따를 것인지 혹은 시장과 경쟁 원리를 따를 것인지는 그 사회의 다수의 구성원이 정하는 법과 제도를 따라 결정된다. 이런 의미에서 정의라고 여기는 사람들의 의식은 어느 시점이 되면 변화할 수 있다. 예를 들어 20세기 초 미국 남부 도시의 전차들은 백인은 앞쪽에, 흑인은 뒤쪽에 타도록 분리되었다. 경제학자 제니 로백에 따르면 전차의 인종 차별은 인종 격리를 의무화한 법 때문이었다. 이 법이 시행되기 전 전차 좌석의 인종 차별은 드문 일이었다. 더구나 전차 회사들은 인종 차별에 반대했다. 인종별로 다른 좌석을 마련하는 것이 비용이 상승하고 이윤이 감소했기 때문이다.[41] 결과적으로 차별을 세상의 법으로 용인한 것이다. 이처럼 세상의 정의는 구상적이며 상대적이다. 문제는 다수의 구성원이 정의롭다고 여기는 정의가 어떤 개인이나 집단에는 불공정이 될 수 있다는 데 있다. 능력주의 역시 같은 맥락에서 이해할 수 있다. 이런 이유로 본 논문은 사회적 위상, 경제적 위상, 신학적 위상에서 능력주의에 접근했다.

먼저 사회적 위상을 통해 능력주의가 숨긴 구조적 모순이 발견되었다. 능력주의가 표방하는 "기회 균등"이 사회에서 성, 인종, 출신, 학력, 학벌 등의 요소로 그 평등성을 잃으면서 사람들 조건의 차이를 해소해야 할 과제를 확인한 것이다. 그리고 성공하지 못한 책임이 개인에게 있어 성공하지 못한 개인은 도덕적 죄인이 되었다. 여기서 하나님의 의로서 애통한 자를 위로하는 사랑의 윤리가 필요하다는 것을 인지하게 된다.

....

41 그레고리 N. 맨큐/김경환·김종석 옮김, 『맨큐의 경제학』(*Principles of Economics*, 서울: 센게이지러닝코리아, 2018), 469. "전차 회사는 인종 격리 정책을 요청한 적도, 이를 적극적으로 준수할 의사도 없었다. 단지 인종 격리법 제정, 여론의 압력, 회사 사장을 구속하겠다는 위협 때문이었다. 전차 회사 간부들이 인권이나 정의감 때문에 인종 격리를 반대했다는 증거는 어디에도 없다. 오히려 인종 격리 제도가 비용을 상승시킨다는 경제적 고려 때문에 이를 반대한 징후가 여러 군데에서 발견되고 있다."

다음으로 우리는 경제적 위상을 통해 능력주의는 개인 자유의 심급으로 전환되는 것을 보았다. 경제학자와 이를 지지하는 기독교 복음주의 계통의 학자들이 합일하여 근면, 절제, 검소를 강조하며 성공을 구원으로 혹은 개인 자유의 실현으로 주장한 것이다. 그러나 능력주의가 자유의 확장이 아니고 여전히 부의 쏠림 현상을 은폐하고 포장하는 이데올로기였다는 점을 재확인했다. 피케티는 지난 200년간의 자본소득의 자료를 통해 최상위 1%가 독점한 부를 설명하면서 개인의 노력으로 이러한 부에 접근하는 것이 불가능함을 증명했다.

끝으로 신학적 위상은 경제적 위상으로부터 구상되었다. 현대 금융 자본주의에 대해 불의함을 종교적으로 지지할 이유가 없을 만큼 금융 자본주의 정신에 개신교 윤리는 반대된다. 이전에 자본주의 정신과 기독교 윤리가 합일되었던 것을 분리하여 기독교 본원의 정신, 곧 하나님의 사랑을 이 땅에서 지금 실현해 나가자는 것과 그리스도의 삶이 각 사람 안에서 연장된 삶을 공동체 안에서 살아가자는 것이다. 이것이 정의를 완성할 사랑의 윤리다.

결과적으로 노력과 재능의 발현에 따른 몫의 배분이 온당하게 여겨져야 한다는 주장은 전혀 다른 방향으로 담론을 형성했다. 그것은 적어도 한국 사회에서 배제, 사회적 분노, 그리고 혐오와 차별의 정서였다. 애통한 자에게 위로해주고 자비를 베푸는 것이 아니라 약한 개인이나 집단을 향하여 거들먹거리고, 보복하며, 모욕하고, 자의적으로 취급해도 되는 사회적 분위기가 조성된 것이다. 엄밀히 능력주의는 "세습적 중산층"을 위한 정의이지 전체 부의 5%를 놓고 근심하는 인구의 절반

(2천 5백 50만 명)을 위한 정의는 아니다. 이를 확인하면서 장-뤽 낭시의 말에 공감한다. "즉 정당하다는 것은 여전히 더 찾아내고 납득할 수 있는 정당함이 있다는 사실을 유념하는 데 있습니다. 달리 말하면 정의란 여전히 만들어지고 있다고, 즉 더 많이 기대하고 더 앞서가야 한다는 사실을 기억하는 것, 그것이 정당한 것입니다."[42] 한국 사회가 공정 담론을 통하여 새롭게 만들어지는 정의, 곧 하나님의 사랑을 담은 "선한 제도"를 실현하기를 기대한다.

....

42   Jean-Luc Nancy, *Dieu la Justice l'amour la beauté*, 88.

참고문헌

낭시, 장-뤽/이영선 옮김.『신, 정의, 사랑, 아름다움』. 서울: 갈무리, 2012.

맨큐, N., 그레고리/김경환·김종석 옮김.『맨큐의 경제학』. 서울: 센게이지러닝코리아, 2018.

박일권.『한국의 능력주의』. 서울: 이데아, 2021.

베버, 막스/박상훈 옮김.『소명으로서의 정치』. 서울: 후마니타스, 2016.

부르디외, 피에르. 최종철 옮김.『자본주의 아비투스』. 서울: 동문선, 2002.

스미스, 아담/김광수 옮김.『도덕감정론』. 파주: 한길사, 2017.

양명수.『아무도 내게 명령할 수 없다』. 서울: 이화여자대학교출판문화원, 2018.

영, 아이리스 매리언/김도균·조국 옮김.『차이의 정치와 정의』. 서울: 모티브북, 2019.

오성재·주병기. "한국의 소득기회불평등에 대한 연구."「재정학연구」10-3(2017), 1-30.

오찬호.『우리는 차별에 찬성합니다』. 고양: 개마고원, 2014.

유경동 외.『기독교 윤리학 사전』. 용인: 킹덤북스, 2021.

자흐베, 파트리크 외/김광식 외 옮김.『능력주의와 페미니즘』. 고양: 사월의 책, 2021.

장은주. "능력주의 함정에서 벗어나기."「철학과 현실」28(2021), 134-151.

태너, 캐스린/백지윤 옮김.『기독교와 새로운 자본주의 정신』. 서울: Ivp, 2021.

피케티, 토마/장경덕 외 옮김.『21세기 자본론』. 파주: 글항아리, 2014.

하이에크, 프리드리히 A./김균 옮김.『자유헌정론 I』. 서울: CFE 자유기업원, 2014.

하이에크, 프리드리히 A./민경국 편역.『자본주의냐, 사회주의냐』. 서울: 문예출판사, 1990.

호, 캐런/유강은 옮김.『호모 인베스투스』. 서울: 이매진, 2013.

연합뉴스. 김은경. 2016.12.14., 구의역 스크린도어 사고…비정규직 하청노동자 실태 드러내, https://www.yna.co.kr/view/AKR20161213169000004 (2022. 4. 9. 접속)

김용균 재단. 2022.02.15., 김용균 재판 1심에 부쳐 http://yongkyun.nodong.org/?p=2732 (2022. 4. 8. 접속)

한국조세재정연구원. (2021.11.25), 조세재정브리프 https://www.kipf.re.kr/bbs/kor_Plaza_PressRelease/view.do?nttId=B000000016035Wj4kA5g (2020. 4. 15. 접속)

필자 소개(가나다순)

김성수

서울신학대학교(B.A.), 서울신학대학교 신학대학원/일반대학원(M.Div./Th.M.), 독일 보훔 대학교(Dr.theol.)에서 기독교 윤리학을 공부했다. 명지전문대학 교목을 역임했고, 현재 서울신학대학교와 숭실대학교에 출강하고 있다. 『정의로운 기독시민』(공저)을 출간했으며 국내외 전문 학술지에 여러 편의 논문을 발표했다.

신혜진

이화여자대학교 기독교학과(B.A.)와 동 대학원(M.A./Ph.D.)에서 문학, 신학, 철학, 사회학을 공부했다. 기독교윤리신학 분야에서 이성적 신앙에 뿌리를 둔 현대 사상과 한국적 신학의 대화, 한국 개신교의 정체성 문제와 사회적 역할 문제에 주된 관심을 두고 있다. 최근 저서와 논문은 한국 현대사에 기반한 한국 개신교 현상과 그 해석 문제를 다루었으며, 이성신학의 관점에서 본 종교 현상, 자유, 주체, 여성 문제 등 한국적 신학의 토대와 방향성에 대해 계속 연구 중이다. 성공회대학교, 감리교 신학대학교 외래교수를 역임했고 현재 이화여자대학교 강사로 "기독교와 세계"를 가르치고 있다. 저서로는 『3·1 정신과 '이후' 기독교』, 『한국전쟁 70년과 '이후' 교회』, 『3·1 정신과 한반도평화』, 『원초 박순경의 삶과 통리신학 톺아보기』(이상 공저) 등이 있다.

이봉석

감리교신학대학교(Th.B.)와 프랑스 국립 스트라스부르 대학교(Th.M./Th.D.)에서 개신교 윤리와 신학을 공부했고 현재 감리교신학대학교에서 기독교윤리 겸임교수로 활동하고 있다. 『원초 박순경의 삶과 통일신학 톺아보기』 및 『기독교 윤리학 사전』(이상 공저)을 저술했고 『기독교인과 폭력』을 번역했으며 전문 학술지에 다수의 논문을 발표했다.

이지성

루터대학교(B.A.), 숭실대학교(M.A./Ph.D.)에서 신학, 철학, 기독교 윤리를 공부하고 현재 루터대학교 디아코니아 교양대학 교수로 철학과 윤리학을 가르치고 있다. 공동체 윤리를 고민한 "연민을 넘어 공감으로", "대화를 넘어 콘비벤츠로", 세월호를 겪으며 새긴 "침묵하는 신 외면하는 교회", 마르틴 루터와의 인연을 엮은 "루터 저작에 나타난 이솝우화 연구", "종교 개혁과 대학교육 개혁, 그리고 교양교육" 등 다수의 논문과 저서를 발표하며, 기독교와 사회를 키워드로 한 내러티브 윤리에 관심을 두고 연구하고 있다.

최경석

강남대학교(B.A./Th.M.)와 보훔 대학교(Dr.theol.)에서 신학을 공부했고, 현재 남서울대학교 교양 대학 부교수로 재직 중이다. *Auf dem Weg zu einer oekumenischen Wirtschaftsethik*(RUB, 2009)를 출간했고, 국제 전문학술지(A & HCI)에 2편, 국내 전문 학술지에 다수의 논문을 발표했다. 기독교경제윤리, 노동윤리, 대중문화와 기독교윤리에 관심을 가지고 있다.

편집자 소개

조용훈

장로회신학대학교(Th.B./M.Div./Th.M.)에서 신학을 공부했고, 독일 본 대학교(Dr. theol.)에서 기독교윤리를 공부했다. 1995년부터 한남대학교 기독교학과에서 학생들을 가르치고 있으며 교목 실장과 대학교회 담임목사로도 사역했다. 『마을공동체와 교회공동체』(2018)를 비롯하여 다수의 저서와 "글로벌 재난 윤리의 종교적 접근 가능성과 중요성에 대한 연구"(2022) 등 다수의 학술지 논문이 있다.

이종원

숭실대학교 철학과(B.A.), 장로회신학대학원(M.Div.), 연세대학교 연합신학대학원(Th.M.), 그리고 숭실대학교 대학원(Ph.D.)에서 수학하고, 숭실대학교 베어드학부대학 조교수를 거쳐 지금은 계명대학교 타불라라사대학 교수로서 교목 실장과 연합신학대학원장 직무대리를 맡고 있다. 저서로는 『기독교윤리로 보는 현대사회』, 『기독교 생명윤리』, 『희생양과 호모 사케르』(2020년 세종 우수학술 도서 선정), 『선한 영향력과 서번트 리더십』 등이 있으며, 그 외 다수의 공저가 있다.

능력주의의 함정

기독교윤리의 관점에서 본 능력주의

Copyright © 조용훈 외 6인 **2023**

1쇄 발행 2023년 10월 17일

지은이	조용훈 외 6인
펴낸이	김요한
펴낸곳	새물결플러스

편 집	왕희광 정인철 노재현 이형일 나유영 노동래
디자인	황진주 김은경
마케팅	박성민
총 무	김명화 이성순
영 상	최정호 곽상원
아카데미	차상희

홈페이지	www.holywaveplus.com
이메일	hwpbooks@hwpbooks.com
출판등록	2008년 8월 21일 제2008-24호
주 소	(우) 04114 서울시 마포구 신촌로28가길 29
전 화	02) 2652-3161
팩 스	02) 2652-3191

ISBN 979-11-6129-264-9 93230

책값은 뒤표지에 있습니다.